JN116351

明治国家と柳田国男

「地方」をめぐる「農」と「民俗」への探求

菊池清麿

Kikuchi Kiyomaro

◉弦書房

装丁＝毛利一枝

目次

はじめに

日本の開国の頃、カール・マルクスはその天才的な洞察の眼をもって日本の内部を深く考察していた。彼は資本主義社会を科学的に分析しその構造を展開した『資本論』において日本の模範的農業の終焉を予見していたのである。マルクスの予見どおり資本主義生産様式が生み出す「商品という名の砲弾」によって、民俗が色濃く反映される日本農業が大きな転換に迫られることは必然だった。

そのカール・マルクスの透徹した分析の所産といえる『資本論』がハンブルグのオットー・マイナー書店より刊行されたのが一八六七年。それから三〇数年後、日本資本主義の成立期に経済合理性による近代農政学によって日本の農業問題に対処しようとしたのが柳田国男だった。

柳田はマルクスの分析対象となった十九世紀のヨーロッパ資本主義の状況をつぎのように認識していた。

「現時の社会においては、ことにその惨毒の見るに忍びざるものあり。けだしいわゆる第十九世紀の文明は、各種の部門において人智の開発を誘導したること少小ならざるが中に、ことに技術工芸界においてはその結果もっとも著しく、蒸気、電気その他の動力の性質の発見は夙に機械の精巧を致し、製造運搬の業のこれによりて利便を得たるもの挙げて数うべからず。通商の発達はたちまちにして世界の市場を共通にし、昔時は交通の不便なるがために、各地方に割拠して手工をもって貨物を産出し生計を営みたる者も一朝機械によりて製造されたる低価の貨物の競争に遭いて、またその業を継続する事あたわず、ようやくその独立の境涯を捨てて、賃銀もって生活するいわゆる労働者の階級に下るのやむを得ざるに至れり」（柳田国男『最新産業組合通解』）

柳田はイギリスの十九世紀における商工業国の跛行的な発展の弊害を指摘している。バランスが図られた「商工農鼎立論」を唱えたのだ。そして、柳田は夜警国家から行政国家への歴史転換を認識し、社会政策、社会改良の主体を国家に求めたのである。

マルクスは現存する被抑圧階級である労働者の利害を対象化したが、柳田の場合、その国家観において現存する者のみならず、過去の魂、これから生まれる未来の国民も含まれ、柳田自身の独得な国家観において後の民俗学の対象となる祖先崇拝、祭祀、家の永続への願いなどの通路が包摂されている。このように経済合理性の理論によって構築された農政学において民俗学が包摂されていることは柳田国男の思想のユニークな形象であり、彼の学問的態度を決定しているのである。

本書は明治国家官僚である柳田国男の「地方」の主体をめぐる「農」の世界と「民俗」への探求という思想的展開を主題とする。明治国家の近代化への根本的批判を展開し、民衆の生活原理から国家の繁栄と国民の幸福という真の近代化を達成するために、反近代的方法である民俗学にそれを求めた柳田国男の思想と行動がテーマとなるのである。

第Ⅰ部はその資質の形成をまず少年体験（身体的感受性・感覚的記憶の持続・異常体験）に求めることにする。そして、このような民俗学の資質を構築した少年体験に対して、柳田の青年体験には文学と農政学の奇妙な組み合わせが存在する。柳田の文学体験は、和歌、新体詩、詩的散文の創作と抒情詩人としての文学交流である。一方、柳田の農政学は経済合理性とドイツの社会政策学派の歴史主義に彩られた近代的な学問体系である。しかも、柳田の農政学はそのようなドイツの社会政策学派の経済学を基礎にしているが、ジョン・スチュアート・ミルの古典派の合理的経済学、フェビアン協会の社会改良主義が相互に補完している。柳田の『最新産業組合通解』『中農養成策』『農政学』『農業政策学』『農業政策』などの著述は当時の農本主義を思想基盤にした明治国家の農政思想とは一線を画する体系であった。

たしかに、柳田国男の農政学は近代的学問体系であり、経済合理性に特徴がある。彼の農政学の著書は自助尊重の理念、国家による社会政策、生産政策よりも分配政策、「産業組合」による農業経営の拡大（中農養成）、地方・地域を主体にした地域振興、市場構造論の展開、経世済民の理念と国民総体の幸福などに特徴付けられる農政思想体系である。日本資本主義下における日本農業の近代化が論じられている。だが、「農」を中心とする民俗学の世界はこの近代的学問体系の合理的思考では説明できない領域である。柳田がそのような世界に踏み込めたのも「少年体験」によって形成された、いわゆる彼の身体的感受性の豊かな記憶の持続性があったからである。それが民俗学への資質として多いに与っていると思われる。

さらに、青年期に入り、近代合理性からみれば非合理な反近代の世界（民俗領域）へ眼が向けられたことには旅が大きく影響している。柳田の旅は彼の思想形成にとっては必須である。自然に触れ、文学時代の抒情性（自然に対する感情表現）が蘇ったことも事実である。「産業組合」の普及のための農村視察・講演の旅が日本の農村を内側から見る視点を深めることになった。つまり、内視が旅を通して少年時代の感覚的持続と異常体験と連動するのである。そして、和歌を通じて感得した自然のしらべ、感動を呼び起こす自然のリズム、神秘な幽冥の世界を実際に知るのである。まさに近代的学問体系の合理性では説明できない世界の展開であり、それに遭遇することによって、柳田の資質（民俗への探求）が開花する瞬間でもあった。

農政から自然な民俗への旅立ちは『時代ト農政』に象徴されている。『時代ト農政』にはラジカルな批判精神と歴史主義に立つ「問いと解答」の徹底、帰納と内省によって自己を知り、眼の前の疑問に答えるという民俗学の方法と理念の原初形態がベースとなっている。民俗世界は非合理性と論理以前の領域である。それが柳田の合理的思考の根底にしっかりと存在し構築されているのだ。報徳社、小作料米納の慣行の非合理性を徹底的に批判し、近代的組織形態や近代的租税システムに転換するために反近代的手法（民俗学）を求めたことに柳田のユニークな思想の形象があるのだ。

第Ⅱ部は日露戦後の明治国家再編運動、いわゆる地方改良運動時期において明治国家への批判と懐疑を深めた柳田のユニークな思想と行動を軸に「民俗」への本格的な志向と探求を考察する。柳田学が明治以後の政治や近代化のあり方に対する根本的批判として形成されたという視角は近代日本思想史の領域において一般認識となっている。柳田は批判と抵抗の精神を展開したが、国家そのものを批判する方法ではなく、反近代的手法である民俗学のなかにその解決方法を模索した。

ここでは日本の近代化を総体的に反省する時期を迎えた明治四十年代の思想状況が焦点となる。北一輝は国家論の視点から国家の無限の進化の構想を描き、石川啄木は文学の領域から明治国家の内面支配がもたらす思想の閉塞状況を批判した。一方、この明治四十年代の思想状況において、柳田国男は民俗学の対象である人間生活の詳細微視の事実に着目し、明治国家の権力支配が貫徹できなかった民衆生活の内部世界である心意形態をリアルに認識したのである。『後狩詞記』『石神問答』『遠野物語』の著述は「地方」をめぐる明治国家の正統に対する民俗思想（非政治領域）の見地からの批判である。

このような柳田の姿勢から明治国家官僚としては特異な個性を容易に理解できる。柳田には観察・体験と練達した推理力によっての予測力があり、設計主義や頑迷固陋な伝統主義とは異なる真正の保守主義のパーソナリティーがあった。ここにおいても少年時代の豊かな身体的感受性と感覚の持続が結びついている。その態度が帰納・実証、内省的方法、「常民」概念の萌芽へと到達する。

このように柳田は生活事実と意識の表層の奥に内在する思想をテーマにしたが、マルクスは柳田学が対象にした観念形態の上部構造に対して、下部構造における人間の生産関係が観念・意識を左右するという認識を持っていた。そのマルクスについて最近の研究において、彼が地質学、農芸化学などの自然科学分野に知見を持ち、環境思想や環境倫理にまで研究が及んでいたことがマルクス自身の研究ノートや草稿の発見によって知られるようになった。これは斎藤幸平の『人新世の「資本論」』が指摘しているところでもある。マルクスが経済学のみならずエコロジー、環境問題などと関係があったことが大きな注目となっているのである。
マルクス主義に新たな展望が生まれたように柳田国男の思想と学問にも新たな発見と展望があってもいいはずである。第Ⅲ部はその予備的段階として柳田国男の学問体系の樹立が主題となる。柳田国男の学問論については体系的な書誌がなかった。本書では『青年と学問』『明治大正史 世相篇』『都市と農村』『民間伝承論』『郷土生活の研究法』の過程において学問の方法論と「常民」概念の成立をテーマとする。

柳田国男の思想形成に重要なことは「常民」概念の成立である。柳田国男の新たな出発はジュネーヴから帰国し関東大震災（一九二三）以後における危機意識から「常民」概念の成立による民俗学の樹立へと向かったという思想的展開が一般的な認識である。その時代は大正デモクラシーから軍部の台頭、戦争への途が背景となっている。たしかにこの日本近代の負の歴史に抗うかのように柳田国男の民俗学（反近代的手法）は体系の樹立へと向かったという視点は正しい。だが、柳田国男の学問体系の樹立に新たな視点から考察するとするならば、もう一つの時代相があるはずだ。柳田の学問と思想が近代批判を出発とするならば、その批判対象となるもう一つの近代が柳田の眼に映っていた。

民俗学は生活文化の歴史でもある。その歴史に重要な事象がある。それはアメリカニズムの影響を受けた変貌するモダン都市東京のその空間である。従来の柳田国男論にはモダン都市への変容を伝える昭和モダンへの言及がなかった。そこで本書の第Ⅲ部においては予備的段階とはいえ、昭和モダンの展開と柳田国男の学問体系の樹立を捉えることにしたい。もし、柳田国男の常民思想（日常の生活者の思想）が民俗政治思想（日常における生活者の政治行動力）であるならば、その思想形成は、複層する時代が反映されている。ファシズムという熱狂と恐慌・戦争の不安と恐怖の時代に咲いた日本を蔽ったモダン都市の生活文化を彩るアメリカ文化の繁栄と、どう関係があるのか、興味のあるところでもある。

そして、本書では最後に近代日本思想史研究と柳田国男というテーマで柳田学の思想史における成立史を概観することにしたい。これはすでに後藤総一郎によって行われてきた整理作業だが、この後藤総一郎の視角作業も踏まえ、さらに後藤が提起した民衆の内側に存在する非権力の体系・共同の幻覚（イリュージョン）としての天皇制の実像への接近を加えることにした。これによって、丸山眞男の近代日本思想史の方法（『超国家主義の論理と心理』）―吉本隆明の丸山眞男批判の展開（「民俗」のエートスの欠如）―神島二郎（『近代日本の精神構造』）―橋川文三（「反政治的思想体系」）―後藤総一郎（天皇制の心性構造）という思想史における柳田国男の学問と思想の成立の意義を体系化することにする。この作業が政治学の分野（「個」としての日常における政治機能と集団的知性）において常民の民俗政治思想という新たな問題提起となれば幸いである。もし、橋川文三がのべるように柳田国男の民俗学思想が政治思想的意味である「反政治的思想体系」であるとするならば、「常民」概念が如何に自治の政治機能を発揮できる主権者としての「個」の確立となるのか、その解答を柳田学に求めることは有効である。また、地方行政の実務者が自治の主体者に果たしてなり得るのか、本書においてその視角に予備的段階とはいえアプローチするつもりである。

I　明治国家官僚への途

1　柳田国男の少年体験

常民の原像

橋川文三は柳田国男のユニークな異彩を放つ独自の方法が「常民の理念」とその内容を規定する「反省の方法」であるとのべている。そのような柳田の学問の主調基底となる日常の生活史を営む常民の原像は少年時代の体験に求めることができる。彼の感覚的記憶の中にその原像が存在するのである。

豊かな体験は人間の履歴である。一つ一つが断片化せず、意味づけられ自己のものとなっているからだ。一生が思想生活の生涯（価値と体系）となるのだ。

「柳田の感受性の鋭敏さ、記憶と想起の能力の豊かさは、彼を知るすべての人々が驚嘆するところであるが、そうした素質的なものとの結びつきなしには、柳田の全業績はほとんど考えられないところがある」（橋川文三「柳田国男―その人と思想」）

だが、その記憶は単なる反芻ではなく、ロマン的美的世界の基因となる抒情的回想でもない。学問的発想の磁場となる具象を伴った再体験の積重ねである。ふと嗅ぎとめる焚火の匂い、人間の生理現象が発する匂い、視覚的に捉えられた空と光の情景の記憶、幻想の海原、鬱蒼と繁る緑豊かな森林、爽やかな風の気配を感じる身体的感覚が鮮やかに生きた経験として再現されるのだ。このように柳田は少年期において感覚的具体的な記憶を保持し価値と体系を以って、後年の人々を驚嘆させた学問・思想形成に役立てたのである。

橋川文三は柳田の少年体験を「通常の意味をこえて、普遍的で、持続な作用を及ぼしている」(「同上」)とべている。柳田の感受性は敏感であり記憶と想起力は豊かである。それが後年の混沌・多様から法則の発見へと向かう学問的発想力の有力な動機となっている。日常生活において無意識に繰り返される些細な日常の事実を察知する感受性、それを記憶し持続する記憶の感覚には驚嘆を禁じ得ない。

橋川の視点をさらに推し進めた後藤総一郎は吉本隆明の『初期ノート』に所収された論稿「夕ぐれと夜との独白」と「過去についての自註」を引用し柳田の歴史意識と常民の原像をやはり柳田国男の少年体験に求めている。後藤によれば、吉本の思想の強さは「すべての思想体験の経路は、どんなにつまらぬものでも、捨てるものでも秘匿すべきものでもない。それは包括され、止揚されるべきものとして存在」していることにあり、その先達者である柳田国男の生涯を通じての学問形成と思想営為のベースにもなっている。

柳田の少年時代の体験は「地方」という郷土空間において形成され重層化している。それはまるで映画のように映るパノラマを伴いながら重ねられているのだ。しかも、その全体験思想を観念の空転（美的回想の観念）に終わらせずに包括・止揚し自己認識するところに柳田国男の学問の出発点が存在する。

柳田学の学問業績の出発点となった少年体験の記憶が蘇る。辻川・布川時代の生活環境において、主体的に活動し日常の日々を生きた人々の姿が柳田の常民理念の原像のイメージを鮮やかなものにしている。このような郷土を生活単位にして、村を動かす判断力を持ち行動するのが「常民」（村のインテリと無識者の集合体）である。風物詩となった「村の物売り」、村の中産階級で発言力と交渉力のある「有志家」、学識の豊かな「土地の歌人」、「村のインテリ婦人」「大庄屋の三木家」の人々、『祖先の話』に登場する「伊藤一族」など、柳田の少年体験の記憶の中にその原像が具象化されている。

このイメージは色川大吉の言うところの「支配エネルギー」と「基層エネルギー」を連結する「指導エネルギー」（〈媒介エネルギー〉・篤農・老農・有識者・地方インテリ）の実像でもある。あきらかに日本マルクス主義が描いた抽象的な大衆の原像とは異なっている。日本マルクス主義の大衆の「原像」はプロレタリアートという当為の立場から抽象的な人民として描かれたにすぎなかった。それは階級闘争史観に拘束され具体化された概念である。生活者としての生々しい人間像を捉えることができなかった。それに対して、柳田の「常民」は郷土という生活を単位に生きた実像が存在するのである。

「常民」は日常生活の移り変わりの中で無意識に繰り返される些細な事実を育み行動する姿であ

る。つまり、「文字以外の力によって保留せられている従来の活き方、または働き方、考え方を、弘く人生を学び知る手段」（柳田国男『民間伝承論』）をもつ人々でもある。彼らが織りなす生活感覚と普遍化され共通の行動様式が「常民」という実像を浮き彫りにするのだ。日本人の豊かな生活史を彩った人々の姿が少年期の記憶に具象を伴いながら深く刻まれ、それが単なる美的回想に終わらずに柳田国男の学問の方法指標となる常民の理念の原像になっているといえよう。このように少年期に見た常民が「この階級がやはり明治を作ったのであった」（『故郷七十年』）と柳田を言わしめているのである。

辻川の風土

柳田国男は明治八年年七月三十一日、兵庫県神東郡田原村辻川、現在の兵庫県神崎郡福崎町辻川に生まれた。柳田の生誕の地は中国山系の赤松の茂る山並みが背後にある緑豊かな風景に彩られた農村地帯である。辻川は兵庫県のほぼ中央を北から南へ流れる清流の市川が山間部から播州平野へ抜けて間もなく因幡街道と交わるあたりに位置している。姫路から市川の流れを北に遡ること一五キロ、古くから民俗の色彩が濃い土地として開けていた。

辻川は境界線を象徴する地名である。なぜなら、辻川は但馬国生野と飾磨の港を結ぶ南北の道と生野街道と加西郡北条へと繋がる東西の道を結んでいるからだ。それは柳田が自ら語った「辻川を東西に貫いて前之庄を通り、佐用の方へと延びる古い街道に、十文字に交叉して、古く開けた港の飾磨津（しかまづ）より北上して生野方へ達する道のあることがその由来である」（柳田国男『故郷七十年』）という言葉がそれを証明している。

辻川は物資・情報機能を持つ要路である。上田秋成の紀行文（「秋山記」『藤簍冊子（つづらぶみ）』享和二年）にもその名称が登場するのだ。また、天保の改革の水野忠邦のブレーン的立場にいた羽倉外記が訪れたことでも知られている。羽倉については布川時代の第二次濫読時代に氏の著書（『西上録』）を読んだ時、生野銀山視察のための辻川来訪（天保一四年）を知り心に深く刻んでいた。

柳田の生まれ故郷はすでにのべたように田原村辻川である。橋川がのべるように「日本民俗学の萌芽的発想を培養した土地という意味さえもつことになった」（前掲「柳田国男—その人と思想」）舞台でもある。だが、柳田が生まれ育った頃の同地方は、まだ水利が不便な時代であり豊かな拓かれた田園の色彩は無く、柳田の脳裏に記憶された地形は「一面荒れた平原」であった。この地方の郡境は原野であり、水利も不便な地域で「草を刈りにゆくだけの荒蕪地」（前掲、『故郷七十年』）だった。とはいえ、柳田の後年の民俗学へと向かう資質はこの辻川の外形、風物詩が少年時代の深い洞察力と鋭利な感覚を培っている。彼の思想形成に永続的影響をもたらしたといえよう。

神島二郎は柳田民俗学の特徴に「変遷」への眼をあげているが、この柳田の学問的視点は少年時代に形成されている。たとえば、辻川の街道に集まる鯛、若狭カレイを売る魚売り、山茶売り、牛の背に幾把の薪を乗せて売りにくる薪売りなどは少年時代の柳田に人間生活が織りなす「世間」を教えてくれた「村の風物詩」だった。そのなかでも金こき（扱き）売りはもっとも印象に残った物売りである。

「稲の穂を、昔は親指と人さし指とにはめこんだ二本の竹切れで扱き落としていた。それが竹を櫛の歯のようなにならべた器具に変り、一度にざっと穂を扱くことが普通になるのだが、やがて竹は金物に変わったのである」(前掲、『故郷七十年』)

柳田の生まれ育った辻川は交通の要路である。旧い街道の十文字になっていた場所であり、彼自身の変化に対する感覚の鋭敏さに大きな影響をもたらした。世の中の変わり目に敏感に反応する素質はこの辻川時代の少年期の環境によって形成された。後年の柳田学は現前の推移の過程における変化・変遷に重点が置かれている。生死観の変化、婚姻制度の変化、日本語の表現の推移、説話、昔話の変化、農村生活の変遷などを追求する学問が多い。そして、そのような日常生活の変遷の諸様相、いわゆる世相の変わり目を包括的に捉えたのが後の『明治大正史 世相篇』である。これらの諸研究や著作は柳田の生まれた時代環境と生まれ育った辻川という要路が構成する空間の利点が大きく作用している。己の身の回りの変化、延いては日本の変化を探り、将来への希望を何に託すればよいのかという命題を探る感覚をすでに身に付けていたといえよう。

柳田民俗学の特徴の一つに生活の歴史の変遷を知ること、身の周りの過去を自己認識することがある(実用性の重視)。柳田は時代の変化に対応する人間の生活の歴史の変化が微妙に推移して行く過程を視る眼を少年時代に養っていたのだ。これが後に柳田が自らの言葉で記したように「人間の歴史は、必ずしも時代の変遷を輪切りのように区切るわけにはゆかないのである」(前掲、『故郷七十年』）という認識となり、民俗学の方法的視点となるのである。

柳田の少年期はまさに新旧の人間生活様式が交錯する時代である。その交錯がいかに人間生活に影響し合っているのかその内実を理解するようになった。また、明治以後の成人教育の新しい勢力の増大によって、旧時代の古い風習が崩壊していくという変動を察知する感覚も子ども時代に養ったのである。そして、社会改良と変革はまず変遷を知覚することがそのベースになることを知ったのである。これが後の実践的態度（社会・生活改良）に結びついたといえよう。

柳田の少年期の明治十年代においても、この辻川は前近代的な気風と習俗、伝承に彩られた民俗的な空間を濃厚にしていた。たしかに、柳田は故郷辻川の風景を終生記憶から消し去ることなく、民俗学者としての長い生涯においてまぼろしのように後年蘇らせることが多かった。だが、それは単純な望郷の念ではなかった。過去を反芻し美しいパノラマとして回想するだけのことでもない。前近代化から近代化という社会の変化を柔軟に受け入れながらも、それとパラレルに失われてゆくものを少年でありながら冷静な眼で見る態度があった。それが民俗学研究へと飛翔するのである。そこには「価値の創造者としての時間＝持続の体験」（持続）と「現在は過去のすべての過去の直接的現存」（生成）という保守主義としての思考原理の資質も宿されていたのである。

生家と父母、兄弟

柳田国男の旧姓は「松岡」という姓である。明治という新時代になると旧時代の家は亡びゆく運命が待っていたが、松岡家もその一つだったと柳田は自伝に記している。松岡家は代々医家である。祖父の至（幼名・清五、緯・維恕、字・中卿）は播磨網干中川家の出である。漢籍を学び、詩人としての才も発揮し、中川至と改称する。神東郡の医師・松岡左仲に養われ、その娘、小鶴の婿となった。

至は柳田の父・「操」が七歳のとき家を去り、後年、生野の真継家に入り、維恕を通称・登に改め、真継立斎と号した。しかし、やがて陶淵明に因んで「陶庵」と号した。祖母小鶴は松岡左仲の長女（中川家からの養女）、医者にして漢籍に造詣が深く、文才豊かな女性だった。柳田は祖母について「身体は余り丈夫な方ではなかったが、気性の烈しい婦人で、一生涯、片時も孝と貞とを忘れずに暮らしたというわけで、死ぬときも、自ら諡して、『孝貞烈女』と云ったほどであった」（前掲、『故郷七十年』）と記している。

父松岡賢次（約斎）は、天保三年六月十二日、辻川の生まれ。通称は賢次、後の操と改めた。名は「文」、字は「孔礼」そして、号は「雪香」、晩年は「約斎」と称した。九歳、十歳の頃に漢詩を善くし、十三歳で加古郡に行き医家梅谷左門恒徳のところで漢籍・儒学・医学を修めた。十四歳となり、弘化二年姫路藩好古堂に転じ角田心臓（義方）を師と仰いだ。そして、十九歳の嘉永三年、飾東郡木場村の三木某について稼業となる医学を学び、幕末の文久三年姫路藩の熊川舎に招かれ師範となり姫路に移住した。塾監という地位を得て漢学を教えた。維新後は、明治三年十月、廃藩置県後、熊川舎を辞職。同年、林田県の敬業館教育に補任した。明治五年、辻川に戻り、翌六年十一月、飾磨県立辰野更化中学校の一等助教に迎えられた。明治十年には多可郡荒田神社の宮司を務めるなど社会変動期の波瀾を生きたのである。

柳田の父は敬神の念と勤王の志とが非常に篤かった。柳田は『神道と民俗学』の自序において「敬虔なる貧しい神道学者、すなわち亡き父松岡約斎翁とを念頭に置きつつ」と記しているが、柳田の神道全般の著作は父からの影響が非常に大きく、父への感情が固く結びついている。また、父約斎は漢学、医学においても造詣が深く、国学、仏典にもかなり通じていた。とはいえ、世事には疎く、その社会動乱の時代、その父を支えたのが妻である竹子であった。

母たけ（竹子）は「民俗学でいう伝承型のタイプに属する婦人」である。世の中の様子と人間の心理の微妙な変化を的確に理解する能力をもっていた。柳田の母は演繹的思考というよりも帰納法的なのである。また、『大学』『中庸』の四書などの書物からの知識も文字を追う視覚からではなく、聴覚から覚え頭で理解し覚えていく人だった。

彼女は村のインテリ婦人を納得させる豊富な語彙の持ち主であり、それは仲裁に必要な一種の説得という政治力でもあった。橋川文三が指摘するように後年の柳田の旺盛な読書の濫読による知識欲と「神秘的な他界感」の資質は父から、「潔癖なリアリストの素質と負けじ魂」は母から受け継がられていた。

岡谷公二によると、柳田の女性観は兄嫁の優しさとは別に母親の存在が女性への敬意を形作っている。村を動かす判断力の富んだ人間の一例に必ず母のイメージが柳田には存在する。母への敬意は女性一般へのそれであり、生活史において果たしてきた女性の力を認識したことが「女性と民間伝承」「妹の力」の執筆の動機でもある。

幕末から維新の動乱を生き抜いた松岡家の子どもは八人の男兄弟だった。日本の近代を彩る活躍をそれぞれの分野で見せる兄弟たちであった。国男は六番目。長男鼎以下、俊治、泰蔵（通泰）、芳江、友治、国男、静雄、輝夫。その内、俊治、芳江、友治は早世している。鼎は故郷辻川で小学校の校長をしていたが、志を興し東京へ行き医学を勉強した。布川（後に布佐へ移転）で町医をする一方で、政治に眼を向け県会議員、町長を歴任した。町長時代、鼎は利根川の対岸どおしに布川と布佐に橋を架けている。彼は地味な一生だったが、兄弟の中では柳田の常民像に最も近い。

泰蔵は郷里の名家井上家の養子となり通泰と名を改めて、香川景樹の桂園派に傾倒し、松波遊山に師事し歌人として名を成す。森鷗外とは同窓の医師で新声社を興し、『しがらみ草紙』『めざまし草紙』の創刊など、二人の親交が厚かった。宮中の御歌所寄人、山県有朋を中心にした常盤（磐）会の主宰、宮中顧問官、帝国芸術院会員、貴族院勅撰議員を歴任した。

静雄は海軍の軍人で、日露戦争に千代田艦の航海長（大尉）として従軍。仁川沖の海戦でロシア軍艦ワリヤークとコレーツを沈め戦功をたてる。海軍の『日露海戦史』の編纂をきっかけに言語学、国語学の才をしめし、『日本言語学』『太平洋民族誌』などの著作を残した。

末弟の輝夫は日本画家の松岡映丘（帝国芸術院会員）。大和絵を中心に独特の作風を描いた。それは甘美な装飾的画趣の色彩感覚と構図が彩る画風であり、土佐派の斬新な手法を以て独自の境地を築いた。

国男をはじめこの五人兄弟は凝り性と利かぬ気、野心と負けん気が貫かれており、いずれもそれぞれの分野で卓越した才能を発揮し個性的な一生を送っている。

柳田が生まれた明治八年、明治農政の歴史を鑑みれば、内務省は樹芸、養蚕、本草の「現業錬熟且老実ナル農学家」、いわゆる「老農」の調査を府県に下命している。また、二年前には、地租改正が始まり日本農業の近代革命の悲劇の幕が切って下ろされ、柳田国男の農政学者としての舞台が用意されたのである。

明治国家の租税制度は江戸時代の年貢という物納から地租の三パーセントを現金で納める金納システムに転化した。そのために農民は貨幣経済の渦に巻き込まれることになった。だが、農村内部の市場経済は停滞し、それと相俟って日本農業は近代的経営による農業生産に向かうことができなかった。この農村内部の市場経済の問題は後の柳田農政学の課題となった。

確かに自然経済において農民は農業技術を持って生産し、その自己の農業生産物を消費する。しかし、貨幣経済においては農業生産物を市場で販売し収益を手にしなければならない。その利潤から地租を納税する義務が発生する。そのためには農家にも企業努力が必要となる時代が到来したのである。しかし、日本の農業は自然経済の時代から脱することができず、農業の企業経営に転化できなかったのだ。収入がなければ地租も納めることができない。法の定めによる罰則規定によって厳しい処罰が待っている。当然、地租反対一揆が各地で起こり、西南戦争の前の年には、一揆が多発した。

五月には和歌山県、十月には茨城県（真壁騒動）、十二月には三重、愛知、岐阜、堺にわたる広範囲な大一揆が起こり、軍隊が出動して鎮圧にあたった。そして、この民衆運動はやがて、自由民権運動の地租軽減というスローガンと結びつき反政府運動へと展開するのである。一方、新政権の正統性を争う最後の武力闘争といえた西南戦争が終焉した。その後、藩閥官僚的中央政権機構が整備された。これによって、橋川文三が指摘するように「新政府の実力と権威は不動のものとなり、旧士族層の政治的、社会的地位は完全に一掃」されることになった。明治国家は近代化の主導権を掌握したのである。そして、条約改正に着手し、立憲政体の樹立を漸次に進め、自由民権運動の鋭峰を挫くために、近代国家建築の土台の完成を急ピッチに推進したのである。

小さな家

明治十四年の政変によって、国会開設の詔書が発布され一〇年後に国会が開かれることになった。柳田国男、七歳の時である。翌年伊藤博文は憲法調査のためにヨーロッパに向かった。グナイスト、シュタイン、モッセについて憲法の調査・研究に従事した。一方、自由民権側は政党の結成へと向かった。

帰国後、伊藤は権力を操縦することになり、明治十七年、華族令の発布、翌年には内閣制度を樹立し政務の効率化を図った。これによって伊藤を中心とする藩閥支配が近代的な政治形態に粉飾化されたのである。翌年から伊藤らは憲法の起草に着手し、明治二十一年、憲法審議のために枢密院を設置、明治二十一年、市制・町村制を制定し地方自治の中央集権化を図り、明治二十二年、大日本帝国憲法が発布され、明治憲法体制が樹立したのである。

このように明治維新から二〇年の歳月は、天皇制という復古的な政治シンボルを近代国家の装置によって、独特な近代国家に完成させた。そして、大日本帝国憲法と帝国議会の成立、政党の勃興と発展、教育勅語発布による国家主義的教育（愛国心の涵養）の完成、諸法典の整備、資本生産様式の展開と産業革命の始動、議会政治の展開と、明治三十年代、一九〇〇年体制に向かって日本の近代化は急激なスピードで達成されたのである。だが、柳田国男の生活環境には和歌、国学、漢籍、儒学などの江戸期の教養文化だけではなく、民俗学につながる前近代的な気風・風土、古い仕来り、習俗、伝承の世界が濃厚にその彩りをとどめていた。この世界に触れることによって柳田は己の民俗学を支えた身体的感受性、感覚的記憶の持続性を磨くことになるのである。そして、柳田の少年期の体験に重要なことは民俗世界が色濃く展開する生活の記録といえる一種の神秘的異常体験である。

柳田の民俗学的な体験は幼少期に始まる。柳田は「播州は神隠しの話が非常に多いところであった」と、後の『山の人生』『妖怪談義』につながる少年期の特異体験をのべている。殊に柳田は『山の人生』を著したとき、自分の神隠しの体験や鈴森神社の話を盛り込んだ。この柳田の体験が後に神隠しにあった少年に何か共通する普遍的な特徴があることを悟らせた。柳田の幽世と現世の境界の一種の異常体験は貴重な民俗体験といえよう。

柳田は数え五歳の時、彼の類まれな記憶力を買われて結婚式の口上をのべる「男蝶・女蝶」の役をこなした。この結婚の習俗の体験が後に「そのときの光景は、今でも婚姻問題、日本婚姻史といったものを書いて見ようとすると、いつでも鮮やかに描かれるのである」（前掲、『故郷七十年』）と、美としての習俗と風化していく民俗文化への哀惜をこめて書かれた『婚姻の話』へとつながったのである。そして、婚姻によって成立する夫婦生活の住居空間の原体験が民俗学への動機にもつながっている。

　二夫婦が住めない「小さな家」は彼の民俗学への途への一つでもある。柳田は生家について「辻川の街道に面して黒板塀があり、表の空き地には兄が永住の地と定めて、さまざまな花木を植えていた。白桃や八重桜などが、春ともなれば道ゆく人々の話題となるほどに、美しく咲きそろったものである」（『故郷七十年』）とのべているが、二つの夫婦が住むのには狭すぎた。ここに柳田の「性」への問題意識の原初が存在する。


「長兄は二十歳で近村から嫁をもらった。しかし私の家は二夫婦の住めない小さい家だった。母がきつい、しっかりした人だったから、まして同じ家に二夫婦住んでうまくゆくわけがない〈中略〉私は、こうした兄の悲劇を思うとき、『私の家は日本一小さい家だ』ということを、しばしば人に説いてみようとするが、じつは、この家の小ささ、という運命から、私の民俗学への志も源を発したといってもよいのである」（前掲、『故郷七十年』）

　柳田の生家は、「座敷が四畳半、間には唐紙（からかみ）があって隣りが四畳半の納戸（なんど）、横に三畳ずつの二間があり、片方の入り口の三畳を玄関といい、他の三畳の台所を茶の間と呼んでいた」（『同上』）とあるように小さい家だが、後年の日本家屋の構造研究のベースとなりその出発点となっている。

　柳田少年は家の性における民俗思想の不幸を背負った兄嫁を慕っていた。柳田は彼女を生涯慕い続けることになる。岡谷公二は「この兄嫁によって、はじめて女性の美しさ、優しさ、情のこまやかさに触れたと思われる。私は、この兄嫁への思慕の中に、後年の彼の恋愛感情の原型を見るように思う」（岡谷公二『柳田国男の青春』）とのべているが、性の問題も含めて柳田の女性観のトニカ（基音）でもある。

兄嫁は再婚し、伊勢和山の天台宗寺院妙徳山の住職の大塚大真という人に嫁いだ。彼は福本藩士で家の習いによって出家し僧門に入った。僧侶として修行を積んだ風采のある徳分・能力も申し分のない美僧の有力者でもある。柳田は後年、幼き日の情愛への感謝をのべようと極楽寺を訪ねたことがあるが、兄嫁とは会うことができなかった。

感覚的記憶の持続

この時期の郷土感情はこの辻川時代が最も色濃く反映されている。それが後年の民俗学の萌芽となっている。「夫婦生活と住居空間」「神隠し」「飢饉体験」（農政研究＊北条町）「ズズ玉の記憶」（日本民族起源論）「稲荷祠の記憶」（稲荷信仰の研究）など己の身体的感受性や感覚とむすびついた生活体験事実によって、多様・重層な集成から帰納してゆく思考・発想の源が形成されたからである。それは布川時代も同様な体験事実の例証を残している。

橋川文三が指摘しているように「幼少期における柳田の郷土的諸体験は、ほとんど奇跡的な印象を与えるほど、その後八十数年にわたる柳田の思想形成に、永続的な影響を付与」（前掲、「柳田国男—その人と思想」）しているといえる。

確かに、幼少期の記憶は誰にとっても通常の常識的な範疇において重要な意味を持つ。しかし、柳田の場合は幼少期の体験からの思想の連環が想起させる普遍的、持続的な作用の豊かさによって、鋭敏な感受性を伴い人々を驚嘆させるものであった。そして、その柳田の記憶と想起能力による回想の特質は物の匂い、空の光、風の気配などの感覚的記憶と深く結合し、「過去のある情景を鮮やかに喚起する能力という形」を回想という表現様式にし、つぎのように自伝に展開している。

「子供のころ、私は毎朝、厨(くりや)の方から伝わって来るパチパチという木の燃える音と、それに伴って漂って来る懐しい匂いとによって目を覚ますことになっていた。母が朝飯のかまどの下に、炭俵の口にあたっていた小枝の束を少しずつ折っては燃し付けているのが、私の枕もとに伝わってくるのであった。〈中略〉そのころ私の家などでは、わざわざ山の柴木を採ることはしないで、それをとっておいて、毎朝用いたのである。しかしその木がいったい何という名であるかは長らく知ることもなかった。ところが、後年になって、ふと嗅ぎとめた焚火の匂いから、あれがクロモジの木であったことに気がついたのである。そして、良い匂いの記憶がふと蘇ったことから、私の考えは遠く日本民族の問題にまで導かれていったのであった」（前掲、『故郷七十年』）

柳田はこの少年期の感覚的記憶から鳥柴を思い出した。それを東北地方に伝わる神を祀る風習の研究につなげたのだ。そして、榊を祭木にする風習と比較しながら神に捧げた日本の固有信仰の特色を明らかにしている。また、柳田は不快な匂い、懐かしい匂いについても記憶している。

確かに柳田の少年期の回想には匂いの記憶が数多く出て来る。在堂という古井戸があった薬師堂の床の下で、子犬を産んだ匂い、新興宗教の黒住経の偉い人の吐く息、家にあった蔵書の匂いなど、それらは感覚的記憶なのである。橋川文三はこの少年期の感覚を「自然人に近いような、自然と人間の境界面に入り込むことができるような感受性」（神島二郎、伊藤幹治編『シンポジウム柳田國男』）とのべているが、匂いは視覚・聴覚では捉えることができない現象である。

すでにのべたように後年の柳田の学問の特質は決して抽象的な知識体系や原理から、演繹するのではなかった。感覚や感受性によって体感する体験的事実の綜合から帰納するという学問的資質が育まれていたのである。たとえば、洗足という地名から端を発した日本葬制への研究、ズズ玉の記憶から日本民族の起源を探究した『海上への道』、柳田が「森には小さな稲荷様の祠があった。いまではそれを中心に稲荷講も結ばれていると聞いたが、当時はほんの小さな祠であって、その森へのなつかしみが、稲荷信仰や、狐の研究に心を寄せるようになったもとであった」（前掲、『故郷七十年』）とのべているように稲荷祠の記憶から、稲荷信仰への研究へというように、柳田の学問への資質は知識だけで形成されたものではなかった。それは類まれな記憶力に加え、民俗事象を豊富に含んだ年中行事、祭事への関心、身体的感受性の豊さが大きく影響している。この資質が特殊な体験（一種の異常体験）を徹頭徹尾追求し分析・総合し普遍的な学問へと導く土台となったのである。

このような少年期の身体的感受性は「持続」・「生成」という保守主義の資質を形成し、後の『民間伝承論』における民俗学の「生活外形」（視覚）「生活解説」（視覚・聴覚）「生活意識」（心意）という三分類形態、また、『郷土生活の研究研法』において展開された「眼に訴えるもの」「耳を通して得られるもの」「感覚に訴えるもの」という資料採集方法と分類に大きな影響を与えている。柳田国男は後年の学問の基礎視角を国が自己を知り、さらに周辺（郷土を単位とする己の生活）の過去を問う「自己認識」と定義したが、生活史において重層的に堆積された体験事実を帰納的手続きに従って収集・分析・綜合する資質がすでに宿されていたのである。

また、価値認識のベースとなった感覚は社会現象や世界の事物と交流することによって「眼を開き耳を傾ければ視聴し得るものの限り、そうして只少しく心を潜めるならば、必ず思い至るであろう所の意見だけをのべた」という『明治大正史 世相編』の視角へと結びついている。

読書童子

明治十七年、柳田の一家は加西郡北条町に移転した。北条町は辻川から東西を貫く街道から五キロを西にむかったところに位置する。街道の民俗というべきこの空間も柳田の民俗体験を豊かにしてくれた。だが、長兄の夫婦離別、次兄俊治の病死、先祖伝来の家屋敷の売却、神経衰弱で生活能力を喪失した父、約斎の窮状、そして、飢饉体験と、暗い松岡家の生活史の展開だった。とはいえ、むしろこの現実の厳しさが柳田の身体的感受性をさらに鋭くし豊かにしたのではなかろうか。

辻川と北条を結ぶ街道に大門という小字があった。妙徳山神積寺（九九一年開基）の大門の跡地である。柳田自身、自伝で「子供にとっては、その行事はいちばん大きい興奮」とのべている「鬼追い」」の年中行事（妙徳山神積寺の鎮守社岩尾神社の文珠菩薩の「文珠祭」）は柳田の民俗体験の記憶に深く刻まれている。岩尾神社は清流が綺麗な岩尾川の上流にあり、神社のお宮の左のところには柳田が通った昌文小学校があった。妙徳山は古風な情緒豊かな歴史のある寺で、その鎮守社に祀られている文珠菩薩の佇まいは幼い少年期の柳田に深い印象を与えている。

明治十八年、柳田は近隣の豪農三木氏の家（辻川）に預けられた。三木家は代々庄屋を営みその当主が学問に造詣が深く蔵書家だった。その家の裏手の丘には「ナツハゼ」という夏になると赤い葉を茂らす木々が豊かにその色彩を放っていた。三木家と松岡家とは好学同士の古くからの付き合いである。村の大庄屋の若主人三木公逢は若い頃、大坂で中井竹山に学んだ。研究に邁進し莫大な蔵書群を残したのである。

柳田の学問と思想は感覚と結び付く「幼少期のナイーブな体験のさまざまな様相」に加え、旅と読書の体験と一般に認識されている。三木家は汗牛充棟な四万冊におよぶ蔵書を所有し、柳田はそれを貪り、博覧強記の少年時代を送ったのである。これが少年期における柳田の著しい資質、いわゆる文学と書籍に対する早熟な嗜好を形成した最初の濫読時代である。

もともと、松岡家も『三世相』『武家百人一首』『八犬伝』『蒙求和解』『近世名家集』『播陽風雅』（青年雑誌）『唐詩選』『日本外史』などの潤沢な読書空間に相応しいほどの書物に溢れていたが、家が貧窮することにおよんで蔵書はほとんどどんなくなっていた。それを考えれば、三木家における生活は貴重な体験であり、このような読書の耽溺生活が柳田の豊富な読書体験のベースを形成したのである。

「私が裏座敷の二階の本箱の間に入っておとなしく本を立ち読みしている時には、妙に段梯子(だんはしご)の下に来て、声をかけられることが何度かあった。細かく終いまで読み通したい本があったら、それをそっくり持って降りることもゆるされるのだが、名も聞かぬような本があまり多いので、つい目移りがして次々と本箱の蓋をとる。中には謡曲の本だの、草双紙だの、用もないのにひっかかって半日潰してしまう日も折にはあった」（柳田国男『故郷七十年』）

三木家の蔵書は実に豊富だった。柳田の耽読・濫読の日々は続き、彼自身の雑学風の基礎がこの一年間で形成されたのだ。柳田は『読書遍歴』に「書物との因縁は最初から随分と深かった」と記しているように、ある種の早熟な「読書童子」の素質が濃厚に表れていた。柳田は難解な箇所に出会っても辟易しないで読み進んだ。局部の字句に拘泥や屈託せずに先を進んで読んでいるうちに前に難解だった語句、文、章節を自然に会得し、書籍の征服に到達したのだ。だが、柳田の三木家における体験は読書三昧だけではなかった。

三木家は、上も下も八畳二室のがっしりとした新築家屋で四十二歳の厄よけのため大祝宴を催すことがあった。これは三日続きの盛宴でそこで少年の柳田は哀れな光景を眼にするのである。

「町から招き寄せられた何人かの歌い女に付いて出た、歳は私より一つか二つも上かと思う舞妓が、はじめは左右に二人並んで、つぎに一人ずつで、それぞれの曲に合せて美しく、またいたいけに舞い、かつ踊ったことであった」（前掲、『故郷七十年』）

柳田の眼は一人の丸顔の背の低い舞妓に向けられた。いつも伴内のような役にまわるので哀れに思われ、少女らの生涯につきまとう哀しい運命を感じたのである。踊子たちの艶やかな舞姿の裏に潜む哀れな印象は少年の心に刻印を残し消えることはなかった。柳田は後年自伝『故郷七十年』において「その日の少年らしい思い出が、花やいだ記憶とともに、いくどか感傷めいて蘇った」と記しているが、俗謡・流行り唄の主調基層となる退嬰的感傷、哀調趣味、過度なセンチメンタリズム（感傷主義）を感じたのである。

饑饉体験

明治十七年の冬、すでにのべたが柳田の松岡家は加西郡北条町に移転する。柳田の『故郷七十年』によると、兄夫婦の別れが原因だった。兄がやけ酒を煽り、家が治まらなくなったので、父母は一計を案じた。松岡家が代々医者の家であることから、辻川の先祖伝来の家土地を売却し、鼎を帝大の別科に遊学させたからである。

この少年時代、柳田は後年の農政学、民俗学に貫かれた「経世済民の学」「学問救世」を認識する体験をしている。それが明治十八年に遭遇する北条町での饑饉体験の惨事である。柳田は「恐らく日本における饑饉の最後のもの」とのべているが、この惨状は少年にとって衝撃だった。柳田の住んでいた横町の裕福な商家では「餘源」を始めた。貧民窟の家の前に竈を構え、炊き出しを行い餓えた人々に粥の施しを始めたのだ。『朝野新聞』は「有志者の義捐を以て粥を施与する町村枚挙に遑あらず」と、その様子を伝えているようにこれが一ヶ月ほど続いた。

柳田はこの大惨事の光景を具に視た。柳田はその様子を「人々が土瓶を提げてお粥を貰いに行くのであるから、恐らく米粒もないような重湯であったと思われる」（『故郷七十年』）と記しているようにまざまざとその光景を記憶していた。柳田は母たけから「人のうらやむやうなものを食べてはいけない」と諭された。柳田の母は、明治初年に起きた神東郡一帯の大規模な打毀しの記憶が生々しかった。辻川の大庄屋三木家に来た民生奉行西松謹吾を襲撃し同家に放火したことが発端となり、周辺の農民が結集し五、六千人に膨れ上がり、大規模な打毀しに発展したのである。母たけは辻川の村から沿道の各所を打ち毀し神崎郡を北進するこの暴徒化した群衆を目の当たりした。柳田は母からの伝聞を覚えており、饑饉と暴徒化した一揆・打毀しは少年にとっては身近に起こった歴史的な惨事だったのである。少年時代の柳田は群化する民衆の膨大な暴力的エネルギーの凄まじさを伝聞とはいえ、肌で知ったのである。同じ歴史過程に現れる暴徒化した群衆と「常民」との差異を認識したのである。

このような幼少期の体験は一三歳で『救荒要覧』を読み、江戸期の社倉の第一人者中井竹山を知ることになり、これらの救荒施設を最も有効に利用した二宮尊徳の報徳社に繋がるのである。大学時代には近代農政学を学び、それとパラレルに救荒貯蓄施設の歴史である『三倉』研究に向かった。柳田の産業組合思想には自治、信用機関、相互主義があるが、それは社倉（自治と信用機関）、義倉

（相互主義）の影響からきている。また、この饑饉体験は農商務省に入る動機となり、自己認識の学として後年の柳田国男の学問態度の萌芽でもあった。

「饑饉といえば、私自身もその惨事にあった経験がある。その経験が、私を民俗学研究に導いた一つの動機ともいえるのであって、饑饉を絶滅しなければならないという気持ちが、私をこの学問にかり立て、かつ農商務省に入らせる動機にもなった」（前掲、『故郷七十年』）

この饑饉体験と生の問題は切実だった。この惨事と構造化されたのが「ツワイ・キンダー・システム」（二児制）だった。当時の社会の人口調節は戦争か災害による「死」以外になかった。饑饉と産児制限は密接な関係があり、柳田自身、この惨事の現実に遭遇し「寒いような心になった」と自伝に記している。柳田の郷土の一つである布川は天明、天保の大饑饉の歴史が語るように酷い饑饉が広まった地域で、食糧が欠乏した場合、調整方法は死以外ありえなかった。柳田が利根川畔徳満寺地蔵堂で見た絵馬はその悲劇を物語っていた。医師の長兄のところに町民が死亡診断書を依頼に訪れることがあったが、兄はきっぱりとその作成を拒絶していた。

柳田の農政研究への志向も含めた学問への動機には、吉本隆明が指摘するように農政学と民俗学の「このふたつの志向は同一視」され、動機の濃淡と微妙な差異は解消されている。「農」と「民俗」、いずれの領域において根源的問題である死と生の問題が関係していたのだ。なぜ、柳田国男の自己認識の学が国民総体の幸福につながるのか、人間の生存が大きく関係していたからである。

また、柳田の郷土を単位とした実体験においては、貧困という深刻な現実問題、豊かな身体的感受性による感覚的持続、神秘的な幻覚体験も少年時代に繰り返し経験しており、近代の知的世界を構成する理性や合理主義では説明できない身体論的な現象に接したことは貴重である。柳田は少年時代に人間の最も微妙な心意生活、感覚的な世界へ傾倒し、早熟な「読書童子」の素質を濃厚に顕在させながら、身体が外界に反応し全生涯を貫く日本民俗学に対する予感を抱いていたのである。

布川時代

明治二十年夏、柳田は兄、鼎が開業医をしていた茨城県北相馬郡布川に移った。その旅発ちの時、柳田少年は父にすすめられて『竹馬余事』（父が「ちくばよじ」と命名）という校本を作った。それは、『詩語砕金』や『幼学詩韻』などを参考にした送別と留別の漢詩、小学校時代の作文、和歌、などをまとめた真書きである。橋川は「一種東洋的な古典趣味(ヒユマニズム)が終生そのあとをとどめているが、それは父約斎の教養と気質に影響されたものにほかならない」（橋川文三「柳田国男—その人と思想」）とのべている。その父は辻川を離れる息子国男のために一首の歌を詠んでいる。

その玉もみがけやみがけ細戈千足の国をかがやかすまで

柳田は北条町から人力車にのって神戸へ出た。途中の明石の光景、四囲の風物の印象は強く少年の記憶に刻まれている。殊に海との機縁は後の『海上の道』の著作へと繋がるのである。海は絶えず変化する。柳田は潮の香りを嗅ぎながら、変化する海の風景を眺めた。海上では表面に照らされる色彩の光と揺らぐ影が交錯し、日光は光り輝き、黄昏時になると神秘の色を帯びるのだ。常に変化する海面の姿と海の情緒は少年柳田自身を魅了したのである。

柳田は利根川のほとりの新たな生活環境において、関西農村と関東農村の比較が印象づけられる。気風、風俗習慣、言葉も、目に映るもの、耳にするものあらゆる事象が対照的だった。

柳田はこの生活移動によって、異化と馴生を察知する感受性が磨かれた。橋川が指摘するように「少年期の柳田の生活環境が、布川への移転で大きく変わることによって、周囲の風景や社会の関係、あるいは労働と祭礼の様式というものが、すべて、関西のそれと違った色彩を帯びたもの」（前掲、『シンポジウム柳田國男』）として柳田自身に深い印象を与えたからである。この感覚的な比較体験は『時代ト農政』にもつぎのように記されている。

「関東の村々と畿内の村々とは村の外形がまるでちがいます。関東では宅地の周囲には樹木があり畠があり、村は一言でいえば青いという感じを与えます。上方（かみがた）では純然たる農村でも人家が密集し樹木が少なく、白壁や瓦屋根（かわらやね）が露出しておりまして、一言にいえば白いという感じであります」

（柳田国男『時代ト農政』）

柳田は布川では食の違いも体験した。その少年期の印象がその後の農政と「地方」の問題に影響とになる。

を及ぼし、延いては穀物栽培の比較、労働、女唄・男唄に分類・採集する民謡研究までつながるこ

「私の故郷では、よく『津の国は七分の飯』といって、摂津の国は麦七分に米三分の混合率の食事を摂る所であると、貧しさの譬えに引いたものである。〈中略〉ところが十三歳の時、長兄のいる茨城県布川に移ってみると、驚いたことに、まだこの地方に裸麦は伝播しておらず、麦といえば大麦のことであり、引割麦という名称さえ知る人もなかった。〈中略〉私はこうした播州・下総両国間の距離を子供心に考え、ひいては女性労働の問題、民謡その他の事柄に目をひらいていったのである」（前掲、『故郷七十年』）

この地において柳田は利根川べりの生活をおくりながら、衝撃的な絵馬に遭遇する。その絵馬は河畔の近くの地蔵堂（徳満寺）に奉納されていた。少年が見たものは「産褥（さんじょく）の女が鉢巻を締めて生まれたばかりの嬰児を抑えつけている悲惨な」絵馬の図柄だった。障子に角の生えた女の影絵が映っている。その傍らに地蔵が泣いて立っていた。柳田少年は子供心にその図柄が何を意味しているのかを理解した。少年の心を寒々させたこの体験は民俗と貧困の問題を少年の記憶に刻んでいる。これが辻川時代の「飢饉体験」の惨事と構造化され農政学への動機となり、また、貧困と殺人は柳田の問題意識をさらに深化させた。西美濃で炭を焼く男が子ども二人を鉞で切り落とす殺人事件、駆け落ちし生活に行き詰まった男女が乳飲み子を抱え滝に身を投げて無理心中を図った

が母親だけが助かったという悲劇、これらが素材となり、『山の人生』へと繋がっている。

吉本隆明は「過去についての自註」（『初期ノート』）において、「すべての思想経路は、どんなにつまらぬものでも、捨てるものでも秘匿すべきものでもない」とのべているが、柳田の布川時代の少年期の集積された全体験もまたその一つ一つがつながりを持ち、民俗学の資質を形成している。布川時代のイナサ風の印象も少年時代の民俗学的体験事実の例証である。

「利根川の川口から十七、八里も上がった布川の辺を、白帆をはった川船がひんぴんと通る日の風は、あの付近ではイナサと呼んでいた。『良いイナサが吹く』といえば、風が海の方から吹いて来ることを指していたのである。私はイナサという風の名を初めて耳にした時、非常に深い印象を受けた」（前掲、『故郷七十年』）

イナサとは海の古語である。少年期のイナサの風の風景は遥かな広い空想世界へ誘う。柳田が「初めてイナサに吹かれて一日に何百も利根川を上ってゆく白帆を見たとき、本当に広い世の中を見たいという気がしたのである」（『同上』）とのべているように、人間は物理的自然空間に生きている。柳田の学問にとって、日本の自然史を研究し日本の国土の研究をするための感覚的記憶の再生は重要である。それによって風と潮の情景を鮮やかに回想のパノラマに映し出すのである。

また、悠久の昔から海を大事にしてきた日本人の信仰の痕跡をかたちづくったイナサの不思議な力は心理的な実存空間、いわゆる空想という観念の世界という海のロマンスを想像させてくれる。

海のイメージは幻想の海原の涯まで広がり、後年の沖縄の島々、潮流の民俗学へとその関心は広がり成長していくのである。

この布川時代、辻川の生活と同様に神秘的な異常心理体験をしている。布川の小川家の祠が祭ってある土蔵のことである。柳田は神秘性を感じ、ある春の日、ひとのいないときこっそり中を恐る恐る覗いてみた。そこで柳田が視たものは「一握りくらいの大きさの、じつに綺麗な蠟石の珠」だった。珠は美しく、しゃがんでそれを視ている柳田は「フーッと興奮してしまって何ともいえない妙な気持」となった。しゃがんだまま、良く晴れ澄み切った青い空を見上げた。すると、数十の星が見えたのだ。柳田はこの体験を近代的な知の世界とは全く異質なそれとして「今考えてみても、あれはたしかに異常心理だったと思う」（前掲、『故郷七十年』）と記している。このような辻川時代からの様々な様相の中の神秘体験は一種の精神＝身体となり、柳田に天啓の直感を宿し、民俗学者としての資質を形成したといえよう。

物心二元論の近代哲学の祖であるデカルトは精神と物質、内面的世界（主体）と外的世界（客体）の調和を生涯の問題テーマにしたが、柳田も同様である。少年期の柳田は感覚を通じての経験によって主体と客体を結合させる体験をしたといえる。

第二次読書時代

柳田の布川時代、いわゆるこの異郷での生活が第二の濫読の読書体験である。隣家の小川家には蔵書家に相応しい書籍が所蔵されている土蔵があった。幕末の学者田口江村が維新の混乱期を避けるために小川家の敷地内に建てた住居がそうである。『我楽多文庫』『浮世雑誌』などを借りて来て読みふけった。柳田の濫読時代が再び始まったのである。

小川家での乱読時代に柳田を昂奮させ、衝撃をあたえた書物がある。それが『利根川図志』という本だった。それは利根川流域の民俗が織りなす地誌である。これを著した赤松宗旦義知は文化三年、下総国相馬郡布川村の生まれ。その家柄は代々医師を正業にしていた。著者の「義知」は二代目である。

柳田は旧姓の「松岡」が播磨の守護赤松氏系ということから、祖先的つながりを感じ、親近感を持っていた。この地誌は写実性が色濃く反映されている。この「精細を極めた叙述」は利根川の流域に展開する民俗学的世界への理解を深めさせてくれた。常陸の古河村から下総の銚子までの地域に展開する名所、名産品、風俗、風習、自然風土が描写されている。多数の絵師による挿絵が挿入されており、生活者の諸様相がリアルに展開されている。殊に徹底した写実性は後の柳田学の疑問―実証・帰納という知巧・感覚を動員した方法論における即物主義に大きな影響をもたらした。

利根川の水運が江戸の経済発展に重要視されるようになったのは田沼意次の治世の頃である。手賀沼、印旛沼を干拓し、運河を醸成し利根川と江戸川を水路で繋ぎ経済水路の拡大を図ったのだ。印旛沼の開発計画（利根川と鬼怒川の連結）もこの地誌には叙述されている。下野の方から利根川に合流する鬼怒川は主に奥州からの豊富な荷物を利根川に運搬する水運である。豊富な物資を積み込んだ北前船が陸奥湾の十三湊で別れ、野辺地、大湊、田名部に積み上げられる。そこから宮古を経由して太平洋側を運行する東回り航路に入り関東の利根川に入るのである。文化文政期の江戸地回り経済圏の需要・供給に応えたのである。

鬼怒川の水は実に綺麗な清流である。利根川と合流しても濁らなかった。布川で生活していた頃、柳田少年は「親の日」「祖先の日」などの歳時にはお茶を飲むとき、鬼怒川の清流を汲んで使った。各家は布川よりの水量豊かな澄んだ水を汲むときは「お茶のお舟」と称された小舟を使った。各家ではそのときのための小舟を所有しており、普段は岸に繋いでいた。

柳田はこの布川時代、利根川の川筋の交通風俗の変化を眼にしている。銚子から関宿まで米を運搬した白帆の川船から川蒸気への交通形態の変遷である。銚子から関宿まで二五里を上り、江戸川に入り隅田川につながるのである。川蒸気が運航するようになると、利根川と江戸川の連結がうまくいかなくなり、二つの川が接近するところに切通しを作って両側の外輪船を往復するようにした。利用客は土手の上を一里も歩き向こう側の川蒸気に乗る。柳田も東京への上京の折にはこの交通手段を利用した。

柳田は布川時代に大塚戸の花火大会での記憶が強く印象に残った。土地の人々の性風俗をまじかに見た経験があるからだ。「風俗壊乱おかまいなし」の光景を見たのだ。

「花火の大会だけは毎年愉快にやり、そのために人がうんと集まった。花火だけを見に行くのではなくて、途中で羽目を外して遊ぶために集まるのだった。〈中略〉林の真中に御堂がある。信心のあついものはすぐ堂の近くに行っている。しかしその他の連中は、林の外側か、広い林の中かを男女みな相携えて暗い所を歩いているのであった」（前掲、『故郷七十年』）

柳田は花火の明るさで映る男女の異様な光景を印象に残ったと何気ない言葉で記している。柳田民俗学には性への眼がないという批判があるがそのようなことは決してない。彼の著作には何気ない言葉で女性の苦界である都市の悪所、廃頽・堕落した遊戯が巧みに描写されている。農村の風俗においても日本社会の根幹に誤解をあたえることを避けているにすぎない。柳田は性についてオブラートに包んだ言わずもがなの表現で巧緻に描いている。

東京の次兄からは、県居（賀茂真淵が創始）の門下の著作、村田春海、加藤千蔭らの歌集などが送られ、柳田はそれも読破し古典知識を養った。古典といえば、柳田は十六歳の時、大国隆正の門人の『秋元安民伝』を読破している。また、次兄の書生たちが読む花柳界を話題にした『浮世雑誌』、都々逸の流行を背景にした雑誌『親釜集』なども思春期特有のオマセぶりを発揮しながら、読み漁った。

このような博覧強記の生活によって蓄積された知的財産が後に一高・帝国大学における文学者グループとの交流を通じて深まり学問・思想形成の源泉となるのである。読書体験も含めて布川の生活が豊富な民俗学への萌芽ともいうべき体験とともに最も郷土感情が濃く彩られている。

後藤総一郎は柳田の少年体験を学問・思想形成の出発点としてつぎのようにのべている。

「さまざまな郷土での体験が柳田の学問と思想をたかめ、その個性を形づくっていった。〈中略〉

自らの体験をバネに己れにまつわる問題関心を日本人総体の問題として、さらに人類史の問題としてその波紋を押しひろげそしてその解明へと向かっていった」（後藤総一郎「柳田国男の少年体験」）

柳田の少年体験には活動の主体となる精神＝身体としての人間像が宿されている。活動は認識という精神内部とその対象であり、身体に影響を与える外部から成り立っている。外部は空間と時間のなかで起こる出来事や現象、内部は理性、悟性、認識による思考である。柳田国男の後の民俗学の学問態度は現前の疑問に答えることである。自らを知ることであり、反省である。柳田は己の体験を透過し徹頭徹尾探求することによって、己の思索によって歴史を知り同時に己を知ること、置かれた情況に対する知識を得ると同時に多様な人間を知ることである。

柳田学は人間の研究である。人間を知ることは自然との相互作用によって形成される人間の研究、コミュニケーションのそれである。民俗学はその歴史への考察でもある。この場合の歴史とは過去からの変遷・変化を知り疑問に答えることである。柳田の場合は視覚認識を第一とし、感覚に訴えた疑問から発する則物主義的である。その意味において柳田国男の学問は実証主義による科学といえる。少年期の柳田の内部にすでにそれらが宿っていたのである。

辻川も布川も交通の要衝である。内外の人の往来は頻繁である。ここに人間生活の事象・活動・事実、眼前の物質文化の様相が展開するのだ。柳田自身も少年期において漂泊・流転という生活の流動を体験している。

推移と流動における主体の活動は精神と身体の統合によってあらゆる思考を含む。柳田の思考は少年体験によって過去の歴史が現在に構造化されているというプロセスをベースに育んだ自己認識である。それは、後の柳田国男の学問研究の理念を特徴づける帰納と実証、「即ち反省である」という内省的方法、常民の理念に深く結びついているのである。柳田の少年体験は精神と身体、内部（主体）と外部（客体）が統一された豊富なそれだった。やがて少年は青年へと成長し、時間と空間によって起こる出来事、多様・混沌とした人間生活の微妙な心意生活には法則があることを発見する。そのプロセスが後の柳田学の方法（採集、観察、比較）、手続き（仮説作業）の基礎となっているといえよう。

2　柳田国男の青年体験——抒情と屈折

文学

柳田国男の青年体験はロマンティックな文学青年の時代から始まる。だが、文学の抒情を体験したとはいえ、その文学にも別れを告げ、経済合理性を基調にした農政学を研鑽した。そして、農商務省に入り、民俗への視点をもちながら青年官僚として実務に従事した。明治国家の近代化に対する批判を起点に農政学から民俗学へというコースが一般認識されているが、その内部（農政学）からすでに包摂されていた民俗学への志向がどのように生まれたのか、思想史の視点においてポレミークな命題となっている。

思想史として柳田国男を捉えた後藤総一郎は「一般に、その人間の思想構築におけるいわゆる精神形成の主要なトーンのなかにはその時代の『存在拘束性』（マンハイム）を色濃く宿しているといわれる」（後藤総一郎「柳田国男の青春体験」）とのべているが、柳田の場合の精神形成のトニカ（基音）は、文学、殊に明治二十年代から三十年代にかけての日本文学の思潮・潮流でもあった抒情詩の世界であった。

柳田は己の文学体験をつぎのようにのべている。

「歌や文学のもつ両面を、私は身をもって経験させられたと思っている。すなわち一つはいわゆるロマンチックなフィクションで、自分で空想して何の恋の歌でも詠めるというような側と、もう一つ、自分の経験したことでなければ詠めない、あるいはありのままのことを書く真摯（しんし）が文学だという、近ごろの人々のいうような側との二つで、この対立を私はかなりはっきり経験させられた」（前掲、『故郷七十年』）

柳田は幼少時代から読書のみならず創作の資質がすでに芽生えていた。「花鳥春秋」や父が表の題と裏の名前を書いてくれた「竹馬余事」（『詩語砕金』『幼学詩韻』を手本にした送別と留別の詩）などがそうである。このような才能は『しがらみ草紙』『帝国文学』『国民之友』『文学界』へと歌、抒情詩、散文という文学作品となり、柳田の青年期において見事に開花してゆくのである。

柳田の文学は和歌を出発点にしている。北条町時代、東京の兄通泰が送ってよこす歌集に香川景樹の桂園派、県居門下、村田春海、加藤千蔭らの歌集もあり、古今集を中心にした和歌の基礎ができあがっていた。桂園派の和歌は柳田にとって辻川時代からの憧れであり、創作というまた一歩進んだ世界に入ることにもなった。

明治二十年八月三十一日、柳田国男は次兄通泰に伴われ、北条町を発って上京した。旅の途中、神戸の旅館で兄通泰に香川景樹の和歌を吟じて驚かした。

敷栲（しきたえ）の枕の下に太刀（たち）はあれど鋭（と）き心なし妹（いも）と寝たれば

柳田の香川景樹の歌の暗誦は兄通泰を大いに刺激した。『古今和歌集』を家風を理想にした香川景樹の歌集である『桂園一枝』に没入したのだ。やがて、通泰は桂園派の代表的歌人の松波資之（遊山）の指導を受けるようになる。

明治二十一年の暮れ、通泰は賀古鶴所から帰朝（明治二十一年九月）したばかりの森鷗外を紹介される。賀古鶴所に伴われ千住の鷗外宅を訪れたのだ。鷗外との知己は通泰が松波門下になる前のことである。

通泰、鶴所、鷗外、落合直文、市村瓚次郎らは「新声社」を興し、文芸評論『しらがみ草紙』（『於母影』の稿料五十円を基金）を創刊した。その『しがらみ草紙』第二号（明治二二年十一月二十日）に柳田が布川から寄せた和歌一首（「五色の歌よみけり中に黒を」）が掲載されたのだ。

夕からすねくらもとむる山寺ののきにほすなり墨染のそて

明治二十三年の冬、柳田は布佐から上京した。兄井上通泰宅に住むことになった（下谷区徒士町一―二五）。柳田の兄、通泰は大学の助手を務める傍ら御徒町に医院を開業していた。上京後、柳田は播州の歌人秋元安民の略伝『秋元安民伝』も寄稿し、これを契機に『しがらみ草紙』は彼の創作発表の舞台となるのである。

この年は、最初の農会が誕生し、パウル・マイエットが日本の農業事情の調査や政策研究を委嘱され、農商務省に入った年でもある。明治二十六年、帰国するまで日本の農業保険制度の立案と制定に従事した。『日本農民ノ疲弊及其救治策』を著し日本農業政策の革新に大きな功績を残した。この明治二十年代、日本は独特の近代国家の体裁を構築し完成させていく。大日本帝国憲法発布と諸法律の整備、帝国議会の成立、諸政党の政治的発言の増大、教育勅語の発布、日清戦争前後の第一次産業革命による資本主義生産様式の展開と労働運動の勃興、このように明治国家は日本の近代化を達成し、近代国家の完成を目前にするのである。

柳田が東京に上京した明治二十三年、通泰を介して柳田は森鷗外と会う。これが柳田国男にとって本格的な西洋文学との出会いだった。この出会いによって、柳田内部の深部に奥深く潜在していた広大な無辺の情緒が呼び覚まされたといえよう。

和歌

明治二十四年六月、柳田は平田派国学（神道）の松浦辰夫（萩坪）の門（桂園派）に入った。『古今集』を手本にしたオーソドックスな感情表現・技巧・声調に加え、民俗の信仰の根源ともいえる神秘的な幽冥観の影響を受けることになる。松浦萩坪の歌学は森鷗外と並び柳田の精神形成、殊に「人生の観方」において大きな影響を与えた人物である。

松浦は香川景樹の直系の香川景恒の門下の歌人である。兄通泰の歌の師松波遊山とは知己であり、その縁で柳田は松浦門下となったのである。通泰は『国民之友』に「香川景樹伝」を書いた経緯があり、その論稿が、松波遊山との出会いにつながっていた。また、遊山は柳田の義父柳田直平の母安東菊子の師であり、国男の養子縁組の労を取った人物でもある。

柳田が主情主義（律令国家の完成という幸福の絶頂に向かう感情）の『万葉集』よりも象徴化された技巧形式を重視する『古今集』に魅かれるようになったのも、無常感を帯びながら推移する悲哀の感情、きめ細かい情緒、神秘的な幽冥観へのつながりがあったからであろう。柳田は時間の流れに浮かぶ微小な存在としての人間への眼差しに魅かれ、生滅する存在のはかなさを感じたと思われる。

柳田の古雅の心は父・約斎の感化によるところが大きい。彼の歌魂は和歌から恋心を知り、人生を学んだ。そして、万葉調、伝統歌学に拘泥しない桂園派の世界（自然・天然のしらべ）に没入することによって、さらにその神秘・幽冥への感性が研ぎすまされてゆく。

また、すでにのべたが、父からの伝聞をまとめた『秋元安民伝』（旧播磨国姫路藩の藩士で大国隆正に国学・和歌を師事し伴信友にも学んだ国学者の小伝）を『しがらみ草紙』（明治二十三年）に寄稿している。萩坪の周りには歌へ創作意欲の旺盛な若者が集った。このような萩坪門下の気鋭の歌人たちは競って歌の創作に励んだのである。柳田もその一人だった。

また、その一方で、自然主義文学の田山花袋（松浦萩坪門下の同門）との交流など、西洋文学への門をくぐり、紅葉会のメンバーとなる宮崎湖処子、太田玉茗らと出会うなど多彩な文学環境によって、柳田の感性が磨かれた。柳田はロマンチシズムに彩られた青春期を送った。殊に宮崎の当時の若者に共通する「故郷」という感覚をテーマにした『帰省』という作品には柳田は大きな感銘を受けた。このような文学体験が詩作における柳田の鮮明な個性を作り上げたといえよう。

田山花袋と柳田は松浦萩坪の門下において同門である。橋川文三は二人についてつぎのようにのべている。

「人の心の真と自然の交渉について、ある幽玄な意味を教えられながら花袋はのちにそれを自然主義の骨髄として生かし、柳田はそれを抒情詩的ロマンティシズムに表現したのち、しだいに民間の古意をさぐる方向へとみちびかれていったといえよう」（前掲、「柳田国男—その人と思想」）

柳田は花袋とは自然主義文学をめぐって己の文学観との相違から反撥するが、人間的には好感を持っており、終生親交を深めた。また、同時に柳田は田山花袋からの西洋文学の影響を深めながらすでにのべたとおり、松浦の歌学の影響もかなり大きかった。松浦は忠実な香川景樹の歌の継承者である。その教えから柳田は自然・天然のしらべ、感動が生み出す歌のリズム（「自然の語勢無我の音響」）を会得した。これは自然の擬人化でもなければ客体化でもない。自然に人間内部の情念を仮託することでもないのだ。自然が奏でる音響を聞きそれを言葉で語るのである。これが幼少年時代の神秘体験と一体化し、柳田独自の歌・詩想を形成するのである。そして、日本の古意に潜む「神秘的な幽冥観」が柳田の少年期の感受性と父約斎から受けた教養と気質（「一種東洋的な古典趣味」）とに融合し、形而上の世界（幽冥界）への感性を磨かれた。それらが後の民俗学に影響を与えることになる独特の文学的個性を形成したのである。

明治二十五年一月、『しがらみ草紙』（二八号）に萩坪門下の紅葉会のメンバーが登場する。松浦の門下は有栖川宮家の人々が多く、高齢者が多く若い層が少なかった。

柳田ら青年層はそのような事情から同会を作り、花袋、湖処子らと歌の習作に励んだ。同年五月『しがらみ草紙』（三二号）に柳田は「松岡国男」で紅葉会のメンバーに名前を連ねている。萩坪門下の歌人たちは競って『しがらみ草紙』に発表した。そして、花袋が出入りしていた硯友社の江見水蔭の個人雑誌『小桜縅』、一高在学中の『交友会雑誌』などに若き歌人たちは新しい歌の世界に魅力を感じ創作意欲を湧かしたのである。

鷗外

柳田国男は布川時代から森鷗外の作品に親しんでいた。ツルゲーネフの「まぼろし」の一部である「羅馬」（明治二三年六月一日付『東京日日新聞』初号付録）を恍惚となりながら我を忘れて読んだのもこの頃である。

森鷗外がドイツから帰朝したのは明治二十一年。大日本帝国憲法の発布によって完成する明治憲法体制の前夜である。翌年には日本の近代詩壇に大きな影響を与えた『於母影』を徳富蘇峰が主宰する雑誌『国民之友』（第八号）に発表し、ついで『舞姫』『うたかたの記』『文づかひ』の三部作によって、日本文壇に浪漫主義の抒情をもたらした。人間の自我の尊重、理想主義の賛美、主情的・内面的世界が文学の世界に流布することになった。このような浪漫主義的風潮は青年期の柳田に大きな影響をあたえたといえよう。

通泰の交友には森鷗外をはじめ文学者が多かった。その交友は『於母影』のきっかけを作った『国民之友』の主宰者・徳富蘇峰、『日本新聞』で健筆をふるい国民主義を主張する陸羯南ら言論界にもおよんでいた。通泰の書生たちも森鷗外の愛読者が多く、『しがらみ草紙』の頃、井上医院の玄関が文学談で賑わいを見せたことも柳田にとって幸運だった。次兄からの当時の文壇の情報は青年期へと向かう柳田を大いに刺激し、彼自身も文学的野心を抱くことにもなった。

明治二十三年の冬、柳田は上京まもなく兄の紹介で森鷗外と知己になった。しかし、本格的に森家に出入りし始めるのは明治二十六年四月以後ということになる。それは通泰が東京を離れた頃だった（「柳翁閑談」『朝日新聞』昭和三十六年八月十三日には「岡山」とあるが実際は姫路に赴任）。兄が弟の後事を鷗外に託し、柳田は高等学校進学後も森家に出入りしていた。鷗外は、一高の学生に快く会ってくれた。短編小説家・パウル・ハイゼの短編を所収した『ノイエン・シャッツ』（ドイツ短編集）などの翻訳を読むようになったのも鷗外の影響によるものである。柳田は鷗外に対して崇敬の念も厚く、この森鷗外との出会いとその感化は西欧文学に目覚めたという点において非常に重要なことだった。

鷗外と柳田の共通点はどちらも官の世界に生き「立身」したということを考えれば、私的活動において共通する二人の内省には生の欲求を満たす「ディレッタンティズム」という純粋精神の発露があった。また、二人の共通項にはもう一つ、「アマチュアリズム」が存在する。

鷗外と柳田は「医」と「農」の違いこそあれ、お互い明治国家のエリート官僚である。公的な立場から国家・国民への貢献を価値の第一義としながらも私的領域においては独自の世界を構築した。森鷗外は明治人として形式と規範を文学に求めそれを重んじた。無形式、野放図で不羈な個人生活（偏狭な自己体験）を素材にした無理想な文学に対して批判的な態度をとったのである。

柳田も農政学と民俗学の無限の往復において、やはり自然主義文学には批判的な態度であった。牛島史彦が指摘するように二人の生き方においては「内省的孤高な態度」という点が共通していた。鷗外は形式と規範を歴史小説の世界において儒教、武士道の中に求めた。柳田は民俗学において過去を知る態度を徹底し、自己認識の方法を探求し国民共同の疑いに応えようとしたのである。

柳田は文学世界との交流の一方で、郁文館中学、開成中学などの二、三の中学の課程を終えて、明治二十六年九月十二日、一高（当時は第一高等中学校）に入学した。柳田の寄宿舎生活がスタートした。割与えられた部屋は北側の寒い部屋だった。

「同室に乾政彦（いぬいまさひこ）や菊地駒次（きくちこまじ）などがいた。乾は大和十津川人（やまととつかわ）の特徴を備えているのが、われわれの敬愛した点であり、菊地は旧幕臣の御家人の出で、外務省に入り、後にはフランスの参事官になったりした。一年おくれて松本烝治（まつもとじょうじ）が加わった」（前掲、『故郷七十年』）

松本烝治は松本荘一郎の子であり、戦後幣原喜重郎内閣の国務大臣として新憲法制定に従事した。柳田が心許し合える友として「じつにいい友達で、かなりいやなことも遠慮なくいい合えるような間柄であった」（『同上』）と自伝に記している。二人は公私にわたって終生付き合いが深かった。一年上級には木戸孝允の遺児、木戸忠太郎、岡田武松（中央気象台長・文化勲章）、井上毅の養子の井上匡四郎（第一次若槻礼次郎内閣の鉄道大臣）、斯波孝四郎（三菱造船常務取締役）らが柳田の記憶に鮮明に残っている。

高等学校時代の生活は幼少年期の経歴の波瀾とは対照的に勉学に励む平穏の日々だった。彼の少年期の流浪、「半漂泊民」の精神体験の痛みを補ってくれたのが、同輩の愛情と彼に対する敬意であり、橋川が指摘するように「新しい同世代集団の結集力」が補完してくれたのである。さて、柳田が鷗外の謦咳に接したのは明治三十二年六月、鷗外の小倉赴任迄の時期である。この時期まで、柳田は松浦萩坪の歌学、紅葉会のメンバー、『しがらみ草紙』『めざまし草紙』への寄稿、田山花袋、大田玉茗、宮崎湖処子ら文学仲間、『文学界』の同人との関り、『抒情詩』の創刊の中で抒情詩人としての文学的資質を開花させていくのである。

文学の抒情

明治二十代から三十年代にかけては柳田の少年期から青年期への時代に相当する。詩（新体詩）と散文の途に入り、『文学界』の抒情詩人として己の感受性と結びつきながら文学世界に耽溺する。柳田国男の青年体験は一高へ入学し『文学界』の同人となり、抒情詩人としての文学体験からスタートしている。殊に新体詩は二つの方向性、西洋の近代詩の影響、柳田のような伝統的な和歌、短歌の題詠によって修練してきた二径路からの方向性があった。新体詩は明治以前の漢詩などの旧詩に対する西洋の近代詩の新しい形式のスタイルを意味している。明治十五年の『新体詩抄』（外山正一・矢田部良吉・井上哲次郎選）で使われた。柳田の場合、この二つが融合し、西洋ロマンの抒情と伝統的な和歌・短歌の情緒・精神が彼の抒情詩の主調となっていたといえよう。

明治二十六年一月、明治ロマン主義の文学雑誌『文学界』が創刊された。創刊時の同人には北村透谷、戸川秋骨、平田禿木、島崎藤村、樋口一葉、田山花袋らが名を連ねた。

『文学界』は第一期の北村透谷の評論（宗教。芸術）から第二期上田敏の海外文学の紹介と樋口一葉の小説の時代を経て、第三期の島崎藤村の抒情的新体詩の時代を迎えていた。柳田国男の抒情詩人としての素質の開花はこの第三期の『文学界』をつうじてである。柳田の『文学界』への接近は従兄の中川恭次郎（『文学界』発行者）との関係からである。新体詩を寄稿する契機となった中川との関係は柳田の祖母小鶴の夫中川至との縁によるものだった。

柳田が『文学界』に関わりを持つ頃にはその精神的存在であった北村透谷はすでに亡く（明治二十七年五月）、新たな気運も生まれていた。柳田の最初の新体詩は、明治二十八年十一月『文学界』（三十五号）に掲載された「夕ぐれに眠のさめし時」である。

うたて此世はをぐらきに　何しにわれはさめつらむ　いざ今いちどかへらばや　うつくしかりし
夢の世に

この歌には柳田国男の後の『遠野物語』に見られる「入眠幻覚」の原初が見られる。現世への憧憬がありながらも現実からの逃避・遊離する厭世観に溢れた心情なのだ。この情緒が柳田の新体詩の主調の基音となるのである。

新体詩を『文学界』に発表した頃、柳田は島崎藤村と出会っている。柳田は藤村とは彼が明治二十九年に仙台に行くまで頻繁に会って西洋文学や抒情詩をめぐって文学交友を重ねた。『文学界』は藤村の新体詩を中心にした第三期に入っており、柳田は殊に「鬱情」や「官能的叙情」、ロマンチシズムを詩想にした新体詩の影響をかなり刺激的に藤村から受けている。

翌二十九年の秋、柳田は花袋とともに渋谷に居を構え煩悶を抱えながら読書、執筆、武蔵野散策の日々を送っていた国木田独歩を訪ねた。その日以来、柳田は独歩と交友を重ねることになる。独歩の『欺かざるの記』には「昨日帰朝宅。田山花袋、松岡国男の両氏来訪終日談話す」（十一月十七日）と記されている。それ以来、花袋、玉茗、国男という紅葉会（松浦萩坪門下）のメンバーと独歩の交友は深まりを見せる。

独歩は柳田から「神の愛と人の義務」を熱く話され感化された。独歩も三人から文学熱を鼓吹され、この紅葉会に田山花袋、国木田独歩、宮崎湖処子らと出席するようになった。明治三十年四月二十九日、新体詩の詩集『抒情詩』が刊行されるが、この発刊の発議は独歩である。発行元の民友社との交渉を含め、編集方針と内容、挿絵（和田英作・作）の件など独歩が中心に実務において精力的に動いている。

明治三十年、島崎藤村の『若菜集』が民友社から刊行された。藤村の『若菜集』は独自の青春の情感を平明に詠いあげた芸術的香気豊かな抒情詩で、新体詩全盛の気運をもたらした。この文学抒情の気運に乗るかのように同年四月、新体詩集『抒情詩』（民友社）が刊行された。柳田はこれに収められた詩集『野辺のゆき、』の序に「あたりの事すべてかくはかなきと、我身の病多きとは、終に此集の世に出づる事を急がしき」と記し、抒情詩人の片鱗を見せている。利根川の川べりの寂しい風景がこの抒情詩の詩想となっている。

前年の二十九年七月、母たけが脳卒中で亡くなり、九月には父操が急逝した。「はかなき」の背景には「両親の急逝にあって、私のそれまで抱いていた計画もすっかり変わってしまった」というほど両親の哀しい死が大きな影を落としている。また幼少時代の流浪・漂泊の境涯がさらに蔽いかぶさり柳田の精神内部にある種の屈折をもたらした。だが、柳田は文学青年時代において、まだ民俗の世界に降りて来てはいない。

また、柳田は後年の民俗学、殊に民間伝承への大きな刺激を受けたハイネの『諸神流竄記』を手にしたのもこの青年期である。柳田はこの書を通じて、キリスト世界の完成において、キリスト教に敗れ、ジュピター、マルス、ヴィーナスらが人の住まない山中に逃げ込み、その神々が残滓する心意現象の転生に触れた。そして、「平民の日常生活の中から掬取られるばかりでなく、新しい社会の動きさえも、暗々裡にこれ由って左右せられる」感覚を後の民間信仰研究の時期まで保持するのである。このような文学体験を通じて非合理な民間伝承や漂泊者の運命などを知り、その認識を以て合理の前提や価値の基盤となる歴史感覚を体得したといえる。

文学に彩られた柳田の青年期において、明治後期の農政体系が構築され始めていた。明治二十六年、農業試験場成立、明治二十七年、全国農事会（地主の結集）、明治二十九年、米穀、養蚕、牛馬、日本農業の基幹的分野にわたって農事改良の本格的展開、明治三十年、米穀輸出入転換、明治三十二年、耕地整理法、病虫害駆除対策、同年地主・官僚矛盾解消を目的にした農会法が成立するなど、零細小農制を基盤とした寄生地主制下における基本体系が出揃った時期である。このような寄生地主制下の農業政策の体系が日露戦争後には一層強化され、農本主義を思想基盤に天皇制国家を支えるのである。

そして、後に柳田が法解釈と普及・啓蒙活動に従事する「産業組合」が明治農政の体系化とパラレルに明治国家の主導で制度的確立を着々と歩んでいた。

明治二十九年の暮れから、翌三十年にかけて、柳田国男の詩作活動は頂点に達した。

明治三十年二月の『文学界』に柳田の両親没後の心境を歌った哀詩が掲載された。

かのたそがれの国にこそ
こひしき皆はいますなれ
うしと此世を見るならば
我をいざなへゆふづゝ

やつれはてたる孤児を
あはれむ母か言の葉を
しづけき空より通ひ来て
われにつたへよ夕かぜ

この柳田の抒情詩は故郷の母のイメージと故郷への哀愁が結びついたという点において、宮崎湖処子の影響がある。宮崎は『故郷』(『国民之友』明治二十二年三月～五月)『行楽』(『国民之友』明治二十二年六月)などで、近代化の過程において失われて行く農村風景への思慕を強調した。柳田は宮崎の抒情詩に傾斜し、孤独なロマン主義による故郷挽歌という詩想においてその原体験を綴っている。

また、これよりも前に、柳田は『文学界』(明治三十年一月)に「大峰古日」の筆名で散文詩風のある。

それをベースにしながら西欧の詩人たちのレトリックの夢想の世界の「メタファとしての影」である。その影は日本の伝統文学の説話の世界で語られる妖怪変化そのものの影ではない。むしろ、影とが　不思議な調和をもって浮かび上がってくるような印象」（前掲、「柳田国男―その人と思想」）王朝的なものの化の影と、たとえばプラトンの『洞穴のひゆ』にあらわれている超越的なイデアの摘するように「王朝文芸の発想と西欧ロマンチシズムのモチーフとの微妙な均衡をあらわしており、れなる浪」「影」「小さき星」「比翼の鳥」という作品から成り立っている。殊に「影」は橋川が指「夢がたり」、「草もみじ」を発表している。「夢がたり」は「スミレ摘みし里の子」「籠の鶯」「あわ

松繁き大倉谷の奥に、名も無き野のいと小さきがありき。月の明き夜に、此野に来て泣く人あれば、その人の影忽に主を離れて、この野に留まりつつ、いつまでも消ゆることなきを、里人すら多くは知らざりき。

ある若者に、女いと無情(つれな)かりしかば、堪へかねて、人なき山陰をと求めつつ、終にこの野に来て泣きたりしに、いつの間にか夕月は空に上りて、若者の影は早この野の物となりしを、知らずして彼はかえりぬ。

年経て後、少女が別に深く恋いたりし男、心更によからぬ人にて、漸く少女を疎まんとす。少女うち侘びて過せしが、人に言うべき事にもあらねば、終にまたこの野に来て、月夜を泣き明しき奇しき縁なるかな　その影もまたこの野辺に留りぬ。

幾千年の昔よりなれば、此処に来て泣きし人の影も数多きが、日中は物陰に隠れいて見えず、夕になれば出てさまよい歩くなり。もし来て見る人もあらば　蜃気楼を見るが如き心地せしならむ。

何時の夕暮よりか、かの男の影、此女の影を見そめて、これもまた深く恋をしき。されど互にその先の主の身の上は知らねば、心いとよく合ひて　この恋は全く成りぬ。

かくして影なる二人は、手をとりかわして　名もなき小野を都とも思ひつつ、夕暮毎にその恋を楽(たのし)むことも　早幾十年かになりぬ。今よりも後の千年も、またかくして過るならむ。

唯憫(あわれ)むべきはこの影の主なり、彼等は終にうち解くる日もなくて、各その歎を歎きつつ、共に苔の下に入りき、その墓所さえもたち隔りつつ。

橋川文三がのべるようにこの柳田の詩想は「現世と幽界の境界を逍遙する感覚を反映」したものである。詩人としての柳田の感覚の特性がしめされ、抒情詩人時代の柳田の幻想的な神秘世界（幽冥境）を主題にした詩想が展開されている。

すでに青年期の柳田には他界論、古伝承への関心が見られ、ここに少年時代から柳田の感受性が現れている。少年期の柳田の異常体験（「柳田自身の素質にある異常感覚」）にロマン主義のヨーロッパ文学（西欧ロマンチシズム）、松浦萩坪の和歌（神秘感）によって助長され、「現実に現存する自分や他の人間たちと、もう一つの自分、もう一つの別の人間と結び付けて感じるような能力」という独自の幽冥感を形成したことは興味深いといえる。これは後の柳田民俗において展開された日本人の霊魂の世界に深く入り込んでいくことを暗示している。だが、柳田は文学の世界を離れ、経済合理性を追求する近代農政学の分野に進んでゆく。

詩・散文から農政学への途

『文学界』に掲載された柳田の詩編は二十一篇、散文は六篇である。この作品からは、柳田泉がのべるように柳田の詩人としての姿勢は「人の世をいたみ、悲しい恋に悩むこころやさしき若者」(柳田泉「詩人時代の柳田国男先生」)であり、この時期の柳田は抒情詩人としての素質を見事に開花していた。

明治三〇年七月、柳田国男は、第一高等学校を卒業し、東京帝国大学法科大学政治学科に入学した。この頃の柳田の風貌は田山花袋の作品に「秀麗清純な青年」として描かれ、柳田自身が「泉君の『湯島詣』という小説のはじめの方に、身軽そうに窓から飛び上がる学生の事を書いているが、あれは私のことである」(前掲、『故郷七十年』)とのべているように、彼の風貌は泉鏡花の『湯島詣』に描かれており、その片鱗を知ることができる。

柳田がアナトール・フランスとならんで終生愛読したのは泉鏡花である。鏡花は明治二十七年恩師の尾崎紅葉の補筆を得て純愛が現実秩序に敗北する姿を観念的に描いた『義血侠血』(『瀧の白糸』)を発表し、翌二十八年にはその輪郭をより鮮明し美的世界の形象・ロマン的飛翔を鮮明にした『夜行巡査』『外科室』を書き文壇に登場した。その後、『湯島詣』『婦系図』『日本橋』『歌行灯』などの花柳界物で文壇で声価を得るが、柳田の好んだ作品は『高野聖』のような幻想小説、『眉かくしの霊』などの怪談小説である。これらの鏡花の作品は柳田の少年期の神秘体験、幼年時代の記憶、幽冥観と結びつくそれが多かった。柳田の妖怪、天狗、河童への関心は鏡花文学と相通じるものがあったのである。

柳田は大学では法科大学政治学科を選んだ。それは抒情詩人から農政学徒への変貌の始まりであった。柳田が大学に入ってからおよそ半年後、『文学界』は終刊する（明治三十一年一月）。創刊の頃の同人の中心であった北村透谷はすでにこの世には亡く、樋口一葉も病死し、柳田の仲間も文壇での地位も確立し始め、同人の結束も弛緩し熱意も薄れて行った。この『文学界』の終焉は明治の青年層の「魂そのものと世界との形式以前の合一、瞬間の流動の中に充溢する回想の全一性の世界」を本質とする抒情・主情世界から眼前の広がる現実をありのままに捉える「叙事詩的境涯」への転換であり、藤村、花袋らは自然主義文学、柳田は農政学の分野に新しい夢を託すのである。

「大学はせっかく法科へ入ったが、何をする気もなくなり、林学でもやって山へ入ろうかなどとロマンチックなことを胸に描くようになった。しかし林学はそのころいちばん難しい実際科学で、大変数学の力が必要であった。私は数学の素養が十分でないので、農学をやることにした。両親も亡くなり、もう田舎に住んでもかまわないくらいの積りであった。そこへ松崎蔵之助という先生が、ヨーロッパ留学から帰り、農政学（アグラール・ポリティク）ということを伝え、東京大学で講義をしておられた」（前掲、『故郷七十年』）

柳田は法科大学で松崎蔵之助に指導を受けた。松崎はヨーロッパ留学時代（ドイツ・フランス）、ビスマルク期の重要な経済学者であるワグナーに師事しドイツ流の経済学を導入した。『最新財政学』（明治四十五年）はワグナーの財政学、いわゆる国民総生産の増大に伴う国費の増大という理論を咀嚼して記した著作物である。

牛島文彦が指摘するようにワグナーは改良主義的な財政論をベースに展開した社会政策論であって、「大学でドイツ流の社会政策学を学んだ経験は、彼の個人的な理想を論理的に・体系的に構築し、官僚としての活動や後年の『柳田学』を展開する土台になったと推察される」（牛島史彦『柳田國男の国民農業論』）のである。また、柳田はJ・S・ミルの『経済学原理』などの古典派の合理的経済思想やフェビアン協会（一八八四年・「新生活友愛会」母体に結成）の理念の影響もあり、ワグナーに代表されるドイツ流の社会政策学が相互に補完し合っている。

松崎は帰国後、明治二十九年七月、農科大学教授となり、同年十月法科大学教授を兼任した。担当科目は統計学講座。また、明治三十一年には柳田の農政学から民俗学への思想的展開に大きな影響を与えた新渡戸稲造の『農業本論』が刊行された。小野武夫が自らの著『農政学概論』で「日本における綜合学として農政学に一つの礎石をすえたもの」とのべているように柳田に与えた影響は大きい。殊に「地方学（ぢかた）」の提唱は生活事実におけるもっとも最小のものから視るという微視的関心はこの学問の影響と思われる。日本の農政概論の類の書は、このような微視的視点から論考されたものはほとんど皆無だった。エッゲルト、マイエット、ゴルツ、ロッセルなどの大農法を説く外国農政書の翻訳もの、もしくは横井時敬などの生産増大を唱えるとはいえ、天皇制国家の土台となる農本主義が色濃く反映され、小農主義を維持することを主張したものが多かった。産業資本家への発展を意図した寄生地主を温存したうえでの生産増大を説く書が多数を占めていたのである。そのような意味においても、松崎、新渡戸の農政思想は画期的だったといえよう。

柳田は松崎の下で社会政策学派の経済学を学んだ。この学派は歴史主義に立脚し具体的な社会の種々の問題をとりあげ、「社会問題」として学問対象に位置づける。つまり、労働問題、農民問題において資本主義によって進展した市場経済の発達に伴って生起する諸問題を研究対象にした。その解決策を固有の伝統文化を踏まえ、具体的な固有性のある歴史事実から思考する歴史学派の色彩が強く反映されていた。歴史に固有の価値を発見しながら、生産増大よりも分配政策（富の分配問題）という「社会政策」に求められていたのである。

歴史は過去の重視であり、「問いと解答」のプロセスを再構成する。過去の事実は現在に構造化された過程においてその歴史となる。そのような歴史は民俗が色濃く反映される生活史をも含む。多様な人間の生活史への思索は自己認識として己を知ることと同時に周辺の状況も知ることになる。そして、柳田の少年期における異常体験、伝承的気質、資質としての身体的感受性がそのベースとなる。

柳田は松崎の教えを土台にして、後の己の内部において「できるだけ多量の精確なる事実から、帰納によって当然の結論を得、且つそれを認むること、それが即ち科学である」（柳田国男『郷土生活の研究法』）という学問の思考様式を構築するのである。それが柳田の政策科学としての農政学の基礎に「現に存在しない過去と未来の国民の幸福」が想定されているのもそれに対応するものであり、後年の帰納主義的方法と常民の理念につながる内省的方法になるのである。このような柳田国男の学問形成の基礎視角が社会政策学派の色彩と経済合理性の光を帯びた近代農政学なのである。

柳田の農政論は産業組合論、中農養成論を中核に主体的個（人間）→地方経済圏の形成→一国総体の幸福を説き、それとパラレルに民俗学への樹立に向かった。つまり、柳田は牛島がのべるように「彼の眼前の『生活苦』などの最重要の社会問題、すなわち自分自身と『国土』・『集団』（社会、牛島）との関係の適正なあり方を理解して主体的な解決を模索する郷土研究（民俗学）を構想」（前掲、『柳田國男の国民農業論』）した。柳田のそのような構想において社会の伝統文的、歴史的なその国の固有性が重視された。そのような諸問題を解決する経済再生策の構築は柳田が支持したドイツで学んだ社会政策学の学問だったのである。

当時の法科大学には和田垣謙三、金井延（ドイツ歴史学派）ら社会政策学派の研究者が名前を連ねている。和田垣はイギリス・ドイツ留学からの帰国後、フェノロサの後任として経済学の講座（経済学財政学第一講座）を担当した。シュタイン、ワグナーの社会政策学、財政学を講義し自由主義経済学からドイツ系の経済学への転換を図ったのだ。金井は社会政策学会の主要メンバーとして自由主義経済批判の立場から国家の労働者の保護を提唱した。いずれもドイツの新歴史学派の経済学を専門にしている。国家を国民精神の象徴としての一個の有機体として捉える国家観（過去・現在・未来）、生産政策よりも分配政策を根幹にした政策論、過去の事実への探求を志向した。二人とも柳田農政学の中核をなす産業組合論、中農養成論、地域経済圏の形成などに影響をあたえている。殊に過去の事実、歴史に対する探究・検討への影響は柳田の卒業論文にも現れている。それは「救荒」政策の沿革史、「三倉沿革」の取り組みにも見られた。社会政策の歴史・伝統の事実（歴史）を探求したのだ。

「三倉」は義倉・社倉・常平倉の総称した備荒貯蓄制度である。その歴史的淵源は律令国家時代に求められ、江戸時代においても幕府が奨励し、また、諸藩においても普及した農村社会の社会政策でもある。柳田は少年期の飢饉体験をベースにその歴史的役割、機能性を研究し、近代経済合理性への適合性を探求したのである。

柳田は松崎の指導による農政学を「実戦学問」とした。社会問題の解決を志向したが、あくまでも社会政策の主体は国家である。その対象である生活者、いわゆるこの場合は農民となるが、その倫理観において自助主義に加え協同主義が不可欠であるということを認識していた。柳田国男の農政学の実践である産業組合論の理念が自助尊重であり、「個」としての主体性を確立するということも、過去の歴史事実の主体となる人間の行動を唱える学問の影響によるものである。歴史の主体を求めるところに郷土研究、民俗学への途が包摂されていた。また、松崎、和田垣、金井らが師事したワグナーの社会政策論は理性万能主義による啓蒙的合理主義にもとづいた急進的な設計主義とは異なっていた。あくまでも、過去の歴史事象を重視する。そして、一つ一つの事実を調査・分析し、漸次社会改良・生活改善を実行するという思想である。それは柳田の歴史事象の具体性（「報徳社」などの農村の人的資源・伝統的社会資源）を重視しながら「問いと解答」を繰り返し生活改善の究極の価値基準を鮮明にするという「経世済民」の理念に一致するところでもある。

このような農村固有の歴史的発展形態としての近代農業経営を要求するドイツ流の社会政策学を学んだ学問体験は後年の「経世済民」を深化させた「学問救世」を提唱する柳田国男の民俗学思想の展開に影響を及ぼすことになるといえよう。

3　明治国家官僚――「農」と「民俗」

官界に入る

柳田は明治三十三年七月、東京帝国大学を卒業した。その直後、高等文官試験に合格して、農商務省農務局農政課に入った。柳田の官吏生活の始まりである。柳田は農商務省に入った動機を『故郷七十年』で「飢饉を絶滅しなければならないという気持ちが、私をこの学問にかり立て、かつ農商務省に入る動機にもなったのであった」とのべているように、少年時代からの民俗現象・事象と農村問題への関心がそのコースを選択させている。

田園深い農村出身の柳田が農政学に対して学究的関心を持つことは当然である。この農商務省への入省が農村社会と密接な関りを持ち歴史的意味付けが豊富な伝統や慣行との連続性を認識させ、祖先崇拝と救荒の問題を重視させた。彼の農政理論と思想が官吏生活時代を通じて一層の深まりを持つのである。柳田が「国家百年の大計」の基礎として国民、とりわけ農民の生活改善・向上という「学問救世」の志を抱いたことは明治国家官僚としての特異性をしめしている。

この年（明治三十三年）は、政党の力が軍部に及ぶことを阻むために軍部大臣現役武官制が定められ、勃興する社会主義勢力（社会民主党、日本社会党の成立）や労働運動に対しては治安警察法を公布してその活動規制を強化した。そのような山県有朋の政党抑圧政策に対し、議会運営において自己の政党の存在の必要性を感じた伊藤博文に憲政党が接近し明治三十三年九月十五日、立憲政友会（総裁伊藤博文）が成立した。伊藤は政友会を基盤に第四次内閣を組織したが、貴族院の反対に苦しめられ退陣した。その後は、藩閥を代表する桂太郎と政友会を基盤にする西園寺公望が交互に内閣を組織する桂園時代を迎えるのである。

また、一九〇〇年といえば、西洋近代ヨーロッパでは精神分析学の方法論を創始し人間行動観に大きな影響と衝撃をあたえたフロイトが『夢判断』を出版した。人間社会をニヒリズム（虚無主義）の時代と捉え、デカダンスの蔓延を主張した。また、人間の理想である超人を唱えた哲学者、フリードリッヒ・ニーチェが同年の八月にこの世を去っている。二十世紀を目前に西洋では近代思想をささえていた理性への懐疑が始まり、反理性の時代を迎えていたのである。

このような時代を迎え、日本人の心性構造に大きな変化が生じることは当然である。世界の大勢を鑑みて帝国主義の時代に邁進するべきかという選択は人間の内面に大きな影響を与えることは必然であり、帝国大学卒業を目前にした柳田にとっては将来の未来設計を描く上で大きな分岐点だった。

官僚といえば、前年に文官任用令が改正され、資格任用制が強化された。行政担当の専門能力という資格（メリット）が重視された。これによって従来の藩閥官僚に代わって柳田のような東京帝国大学卒が実質的な政策立案者として国家運営に重要な役割を果たすことになった。

当時は内務官僚になるのがエリート官僚の常道である。だが、柳田は学究的関心があり、その途を選択しなかった。文学グループの活動によってすでに文壇でも名声を得ていたことを考えれば、学問・知識欲を充たす職場を選択するのは当然のコースである。

柳田には青春のディレッタントを学究的な情熱に発展させたい余韻が残っていた。現に田山花袋や国木田独歩は柳田のもとに頻繁に訪れており、彼の机上には文学書や新刊の外国文学書が置かれていた。ドオデエ、ゾラ、フローベル、ロティ、ツルゲーネフ、トルストイなどは依然として柳田の愛読書だった。

柳田の文学は自らが語るように抒情的であり、「ロマンチックなフィクションで、自分で空想して何の恋の歌でも詠めるというような」幻想の世界である。それに対して、日本文学はあからさまな己の自己体験を告白する自然主義文学への傾向を強めて行く。だが、一般的に小説はフィクション（虚構）である。日常生活の文学の材料・身辺雑記（身の回りの小さなことの記録）を求めるとはいえ、それは虚構の世界（「嘘」）を構築している。小説は真実への誘惑であり、陶酔を導くが、私小説は事実偏重の文学観のあまり、人間・社会に対する実証・科学的、客観的描写を失い、社会的な広がりに欠け偏狭である。事実が狭い自己体験のみとなり、それを描けば、人生の真実が描けると誤認し、真実の普遍性に乏しい結果となったのである。

柳田は自然主義文学が社会問題の追求・深い思索を避け、無理想、無解決な態度で描写する傾向（究明逃避）の強い私小説に対して批判的な態度だった。柳田にとって自然主義文学はある種の擬態にすぎなかったといえる。

抒情、幻想も人間の観念形態である。だが、柳田には過去を重視する抒情性に溢れる歴史的ロマン主義が内在する。一個人の自然な感情、心情の独自性を過去からその連続性を求め、現在・未来の「精霊」を含めた国家、民族、集団（社会）を常に価値基準においていたのである。個人の狭い自己体験に決して耽溺することはなかったのである。

柳田は官吏生活に入ることによって、上流の家庭に居住することになった。官吏は上流階級であり華族となる系列である。文学者は役人が住む邸宅の家庭では社会的に認知されていなかった。文士という言葉も尊重した意味ではなく軽視されるべき意味合いが強かった。島崎藤村の『春』には麹町の富士見町周辺の描写で官吏の居住を歩き回りながら外から眺める描写があるが、柳田がそのような上流の家庭に居住するようになったのだから、藤村、独歩ら文学者と距離が生じることは当然といえよう。

柳田が入省した頃の農商務省は高等官が一人もいなかった。局長の下は皆技師だった。そこへ産業組合法や農会法などの農業関係の法律が施行されたので、岡野敬次郎の口利きで柳田をはじめ法律の専門知識を身に付けた法学士たちが同省へ入ったのである。

民俗学以前の柳田国男は俊英な農商務省官僚以上に近代日本の農政学史上卓越した経済合理性を駆使した学徒である。当時農政分野において主流だった農本主義（小農維持論）とは一線を画した進歩的な一般政策科学を志向する農政思想家の断面があったことは、東畑精一、小野武夫、小倉倉一らが認めるところである。文学の抒情世界から現実の諸問題に対処する政策科学の世界へ転進した柳田だが、役所の仕事、各地への視察、講演旅行、大学における農政学の講義、文学仲間との会合などかなり多方面な活動に邁進している。

そのなかでもとりわけ農商務省に入るとすぐに地方農村を歩き始めたことは少年期の関心・感受性と結合し地方農村・農家の生活の実情、農民の心の奥の機微を知ることになる。

柳田は旅を通して地方農村を具に視察した。そのフィルターを通して産業組合法の施行がもたらす農村社会の生活、生活意識の変化に重点を置いた。農民の置かれる状態の変化への配慮が見られたのだ。柳田の思考において解釈論の啓蒙よりも実証的な観察・調査が重視されているのである。

柳田は農商務省に入り、明治三十四年、二月一日から一週間、群馬県の前橋・桐生・伊勢崎などの製糸工場へ視察の旅に出ているが、これが官吏としての最初の旅である。かつて、俳諧を芸術の境地に高めた松尾芭蕉も諸国を旅して自然の閑寂、農村、山村、宿駅その他流人の島々に及ぶ庶民感情の機微に触れる機会を持ったが、柳田も生活を営む人々の実情・人生智や経験を知ることになった。ここに柳田の記憶の無数の小箱が開かれるのである。

ところが、実は柳田の旅はこれが初めてではない。柳田の青春の彷徨とはいえ、最初の旅は明治二十七年三月、岡田武松と一緒に筑波を越えて北常陸の海岸を逍遙したときである。布左から歩き出し利根川を渡しで越えて筑波山を登り山上に泊まった。山を下りる途中、高等学校の寄宿舎で世話になった木戸忠太郎（木戸孝允の遺児）と遭う。水戸まで同行し別れた。水戸で一泊し、常磐神社をお参りし、翌日には太田の西山荘（徳川光圀の別荘）を拝見し同地に一泊する。海岸に近い松林を歩き、虚空蔵様へ行き、磯崎に一泊。翌日には千葉の銚子へ行き、翌日、鉾田を回り、利根川の汽船に乗り布左に帰った。

同年の夏には田山花袋と一緒に日光へ向かう途中に野州南境の村を歩いている。この青年時代の旅よりも、官吏としてのそれは農村の内に入ることによって深く民俗学へと結びついている。それは前近代時代の失われて行く文化を認識し、その変化への深い省察の旅でもあった。近代的な学問体系の方法論では知りえない知の世界への視点が向けられたのはやはり彼自身の生来保持してきた素質によるものである。それが旅によって少年時代の豊かな身体的感受性が蘇ってきたといえる。

柳田学の功績の一つに文字以前の生活諸相を口承や伝承として民俗学の世界に組み込ませたことがある。それにはやはり旅が重要となっている。旅をフィルターにして己のパノラマに映像化される景観の中に生活史の豊富な実体と変化を細部にわたって読み取る眼を向けることができたからである。この過程において柳田は変貌する景観と人事（生活史）、飢えたる漂泊者の群れに遭遇した。そして、柳田は多様な民俗に直面し、精緻な感性による感受性を一層磨くことになり、「一種の異常体験」、感受性に彩られた少年時代の漂泊体験が鋭い記憶力を蘇生させ民俗学への扉が開かれていった。その世界の様相の光と景色は柳田に自然と一体化し調和しながら従事する生産活動や生活実態を認識させた。「農政」（サイエンス）を媒介とし人間の生活の基底層のある生活史ともいうべき民俗への探求が生まれたといえよう。

柳田は、「農会法」とともに明治農政の二大政策である「産業組合法」の解説と組合普及のために、明治三十四年十一月から十二月にかけて、約四十日間の日程を組み、長野県農会第四回総会を皮切りに、「産業組合」の講演（明治三十四年一一月一四日・城山館「産業組合に付て」）を精力的におこなった。この講演が柳田の日本農村への視座を豊富にするのである。

この旅で柳田が何を感じどのような思考を持ったかは定かではないが、ロマン的な抒情詩人でもあった柳田が資本主義の誅求に巻き込まれ衰退する農村の惨状を認識していたことは確かである。明治三十五年十二月、大日本実業界から出版した『最新産業組合通解』の序がそれを証明している。

「現今各地に設立せられたる産業組合の実況を聞くに、その組合員たる者は多くは相当の資産、地位ある者に限り、たとえば小作農のごとき自己の勤勉と正直との他には、信用の根拠とすべきもののなき者はほとんどみな共同事業の便益に均霑（きんてん）あたわざるがごとし」（柳田国男『最新産業組合通解』）

このように経験する知覚世界の苛烈な現実とその重大な状況は柳田にとって深刻な解決すべき課題となった。

柳田の思想の根底には「経世済民」の理念が存在する。柳田は「産業組合」の「生活改良の手段」

の必要性も「経世済民」のそれが基調である。

柳田は農村の現状を具に視て、「殊に日本の如く小農者の数多き国に在りては、孤立の弊、最も著しく組合協同の制度に由りて、その発達を致しすべき必要」の急務を感じたのである。そして、ここに、少年時代の記憶が蘇り大きな影を落としている。記憶の映像に映されたものは少年時代に布川のお宮の御堂で見た「間引き・堕胎の絵馬」だった。この柳田の感受性と農政がかかえる諸問題が結びつけられ、サブリーダー（篤農・老農・有識者）ともいうべき指導エネルギーの存在の必要を認識したのである。

また、柳田が直視した小中農層の分解と窮乏はかつてエンゲルスも遭遇したロンドンの街区の貧窮に喘ぐ労働者の群れと相通ずるものである。だが、柳田は政府の農政の中枢にいる立場である。したがって、彼自身、「近世の社会主義の論または土地公有論の如きその説の当不当、可否は別問題として、仮令全然私有財産を消滅せしむべしといふものありとも、必ずしも一部の学者が驚駭するが如き無謀の破壊論なりと速断すること能はざるなり」（柳田国男『農政学』）とのべながらもラジカルな階級闘争・政治革命を信条とする社会主義へ傾倒することはなかった。

明治三十四年といえば、非合法ながら日本最初の社会主義政党の「社会民主党」（即日解散）が結成され、幸徳秋水の『廿世紀之怪物帝国主義』が出版された年でもあり、日本の社会主義の黎明期でもある。また、田中正造が足尾銅山鉱毒事件で天皇に直訴したのも同年である。そして、柳田は翌年「日本産銅史略」を著している。

明治三十四年五月、柳田国男は柳田家に入った。柳田家の当主は柳田直平。当時大審院判事であり官吏や法相界においてその名のしれた人物だった。直平自身は旧飯田藩の安東家の出で柳田家に養子に入った。これによってそれまでの「松岡姓」から「柳田性」となり柳田国男となるのである。三年後の明治三十七年、日露戦争が勃発した年の春、柳田直平の四女孝と結婚した。それは新生活の始まりだった。

内閣法制局へ

明治三十五年二月、法制局の参事官として着任。柳田は、官界に入って二年後には内閣法制局に転出した。長官・奥田義人、一木喜徳郎（柳田の法科大学時代の行政学担当）を筆頭に、岡野敬次郎、上山満之進、下岡忠治、菊地駒次（柳田の一高以来の同級生）らが主な陣容だった。

日本の官僚システムは山県有朋系の官僚人脈で構築されている。一木喜徳郎もその一人。柳田も山県系官僚の一人になるが、山県が擬制した郷党社会を実体的に捉えたのは柳田国男である。柳田が地方の把握・解釈をめぐって明治国家の支配の思想の正統に対して下からの照射・対峙する姿勢を取ったことは実務官僚としてユニークであり、近代日本地方行政史における皮肉な結果である。

法制局は内閣に直属している。閣議に付せられた法令に立案・審査、法令調査を行い、法律案を起草することを主な管掌としていた。その法制局は一種研究所のような雰囲気があった。柳田の「産業組合」論にみられる体系的な整然とした知識を十分に養うことができたのである。また、内閣文庫に出入りし、『耳袋』『夏山雑談』『本朝奇跡談』『譚海』『視聴草』『半日閑話』などの膨大な近世の随筆、地誌類を読む旺盛な読書体験を得ている。この青年官僚の濫読は少年時代のそれと同質であり、民俗学の素材を提供する「史学的学殖」ともいえる知識の宝庫となっていた。

柳田はそのような環境で膨大な犯罪調書など、関係資料を読み仕事にも没頭した。大赦は政府のお触れが一つ出ると一律に赦されるが、特赦はそうはいかない。特赦は個々の犯罪内容を調べて再犯の恐れが無いか、情状酌量の余地があるかどうか一つ一つの標準に照らさなければならない。膨大な関係資料を読まなければならないのだ。文学者の一面があった柳田は資料を読むのが速く、この皆が嫌がる仕事を積極的に重荷とも思わずにやった。事件の因果関係、人間心理と社会心理の相関性に興味のある柳田には熱心に六寸から八寸の厚さのある資料関係書類に目を通した。柳田は犯罪調書を調べて特赦に相当するかどうか判断する仕事に日々従事する多忙のなかで、後に『山の人生』に収められることになるが、柳田が印象に深く残った人殺しの刑事事件（『朝日グラフ』に「山に埋もれたる人生ある事」として連載）は西美濃の山の中で炭を焼く男が貧困のあまり子供を鉞で殺した話もこの記録資料から得た題材である。あまりにも生々しく不幸な人間の一生の悲劇の記録を目の前に柳田の精緻化された人間観察力が発揮されている。

柳田は、法制局の仕事に追われる一方で、明治三十五、六年当時、天狗をはじめとする怪奇、怪異不可思議な現象に格別の関心を持ち始めた。明治三十八年、民俗世界への学問的アプローチの最初でもある「幽冥談」を『新古文林』（国木田独歩編集）に寄せている。これは現世（うつし世）と幽冥（かくり世）の二つの世界の交通に対して天狗を媒介にしながら怪異現象をテーマに国民の性質、時代の時勢を関連させながら記したものであり、神秘的な柳田民俗学の淵源となっている。この感覚世界の在り方は現代の日本文化の古層の感覚とは全く異なる世界、つまり、近代文明を形成してきた進歩の観念、時間（過去／現在／未来）、空間を否定する感覚世界を前提にしている。

日露戦争後は国民の思想統合が弛緩し始めた時期である。農本主義、自由主義、社会主義、自然主義文学とその影響によって国民思想が多様化した。そして、その一方で、国民の感情から感情へと伝わる一種の信仰といえる心意現象への探求、近代固有のリアリティー感覚では捉えきれない幽玄世界、顕在化した「オモテの世界」に「ウラ世界」が潜在している形而上の世界も存在した。柳田のそれに対する眼差しは幼少時代の異常体験に支えられた彼の特異な思想を象徴している。

明治三十六年十一月、柳田は全国農事会（後の帝国農会）嘱託幹事となった。法制等作成の職務以外に半官半民団体、教化団体の役員となり、農政理念の奮闘の場に身を置くのである。その一方で、同年、田山花袋とともに『続帝国文庫第四十七編校訂近世奇談全集』（「新著聞集」「老媼茶話」「想山著聞奇集」「三州奇談」「三州奇談続編」）を校訂している。この奇談全集には、神仏の奇譚、霊験怪異、異聞、珍奇な多種多様な奇譚を収めたものであり、序言は柳田が「霊といひ魂といひ神といふ、皆これ神秘を奉ずる者の主体にして、わが小自然の上にかの大宇宙を視、わが現世相の上にかの未来相を現ずるもの」と、柳田の幽冥観への関心がしめされている。柳田は天狗にも異常な関心があり、「天狗の話」を収録した『妖怪談義』へのヒントにもなっている。

その後、柳田は大日本産業組合中央会講師、報徳会評議員等々を歴任した。各地に赴き農業・青年団等の遊説、早稲田、専修大学等での農政学の講義を行い、近代的学問体系と伝統・歴史への洞察力を持ち合わせた特異な農政学者としての一面を見せ、日本の農政に従事した。そして、その間において、東畑精一をして、「(協同組合研究にとって) 明治年代第一の文献」と言わしめた『最新産業組合通解』の執筆・完成へと向かうのである。

明治三五年十二月、大日本実業会から出版されたこの書は農政官僚としての二年あまりの青年が書いたとはとても思えない。柳田の文体に展開する整然とした知識、論理構造、実証性の豊かさには驚きを禁じ得ない。さらに一般政策学(分配政策)を基本ベースに「一国総体の幸福」を目指し、世に己の精神・思想を問わんとする実際的な意図を感じさせる。その真摯な態度とそこから溢れ出る情熱がその文体に鮮明化されている。

橋川文三は「わずか三、四年前の抒情詩人の風貌を知るものにとっては、やはりおどろくべき変貌」とのべているが、柳田はこの一般政策科学＝農政学に夢を託した。それが単なる法的な逐条解釈にとどまらない法社会的な視点(法令施行による組合形態の社会作用)で記した『最新産業組合通解』の執筆なのである。

社会政策学会

日本の近代経済学は明治二十年代に入り英米流の自由主義経済学からドイツ流の新歴史学派経済学に移行した。このような日本経済学の学問潮流において明治二十九年、社会政策学会が成立した。この学会は社会主義の勃興を阻止し、階級対立の調和を図るために国家主体の諸政策で解消することを目的にしていた。明治三十一年、「社会政策学会趣意書」において、「自由主義放任および社会主義への反対」を表明し、さらに「現在の私有的経済組織を維持し其範囲内に於て個人の活動と国家の権力とに依て階級の軋轢を防ぎ、社会調和を期するに有る」という実践的立場を取っている。

社会政策学会は国家の諸政策によって階級対立の激化を防止する一種の社会改良主義である。和田垣謙三、金井延、松崎蔵之助ら東京帝大法科大学の学者は国家による公平な富の分配によって社会問題を是正する考えであった。柳田農政学もこの社会政策学の経済学の影響がある。また、その一方で、柳田は社会主義に対処するために、殊に土地公有問題において、ウォーラスらのフェビアン協会のイデオローグにも関心を示している。

明治三十四年三月十日、柳田は一橋の学士会館で開催された社会政策学会に出席した。同年五月十八日、近代日本最初の社会主義政党、社会民主党が結成された。政府は治安警察法を適応し即日結社禁止を命じている（五月二十日。解散）。柳田は政府の社会主義への一方的恐怖とは異なり、「無謀の破滅論なりと速断する能はざるなり」とフェビアン教会への関心から社会主義に対してある程度の理解をしめしている。同年十二月十日、田中正造の足尾鉱毒事件問題に憤って天皇直訴事件が起き、翌三十五年一月二十二日、社会政策学会の例会において、「鉱毒事件調査会」（横井時敬・提案）が発足し、柳田は同会の委員になっている。五月十四日、柳田国男は社会政策学会に出席し、翌年二月一六日から一九日にかけて岡山県北部の小作騒動を視察の旅に赴いた。四月八日、社会政策学会の例会で「山陽地方農民事情談」と題して報告発表している。

柳田が社会政策学会に関わりを持った明治三十年代は、柳田が農政問題に従事した時期である。そして、一八九〇年代から始動した「産業革命」は、その半ばを過ぎると一層の進展を見せ、日清戦争前後に達成されていた。特に軽工業、繊維部門において機械生産の発達が著しく、さらに軍事部門を中心とした「日清戦後経営」の推進によって日本の資本主義が成立した。しかし、かかる資本主義の確立と発達は大量の賃金労働者を生みだし労働問題をひきおこすことになった。此れも近代化の矛盾として捉えることができる。

日本の資本主義の確立期の労働者・貧民の状態については、横山源之助の『日本の下層社会』においても「特に、日清戦役以来、機械工業の勃興によりて労働組合を惹き起し、物価の暴騰は貧民問題を喚起し、漸次欧米の社会問題に接近せんとす。加うるに政治社会の堕落は年に甚だしく今やその極点に達せり。ああ、黒き濁れる潮流は滾々として流る」（横山源之助『日本之下層社会』）とその悲惨な様子をあますところなくつたえている。

当時、全国農事会などの民間団体を基盤に農政に従事していた柳田国男も、産業革命がもたらした大量の賃金労働者の出現について「賃銀を以て生活する所謂労役者の階級に下るの止むを得ざるに至れり」（前掲、『最新産業組合通解』）とその現状を指摘している。

そして、柳田は、これらの労働者が、都市に流入して日本の下層社会を形成している実態を「現に我国の如きも今日社会の下層に在りて少額の賃銀に僅に口を糊する者の過半は、祖先以来の貧民に非ずして昔時相応の地位を占めし者落魄して此に至りしなり」（『同上』）と把握している。

この柳田の貧富の差による階級対立という現状認識は、英国ロンドンの貧民街に住む労働者階級の生活実態を直視したエンゲルスらと類似している。こうなると、中農層以下の農民と賃金労働者の貧窮の問題に対処するために柳田国家観は自由放任主義から「政策を実行すべき国の機関は再び甚多事となれり」（前掲、『農政学』）と国家の政策介入による法的救治の要請へと変化するのである。

柳田は明治四十年十二月二十二日、開催予定の社会政策学会（第一回大会）の講演者の一人に名前を連ね社会政策学会に熱心に関わっていくが、「国民全体の幸福」「富の分配」による国富の増大という共通な認識を持ちながらも乖離していく。その最大の原因は社会政策学会の「国民ノ貧弱者ノ保護」が結局のところ柳田の中農養成論と対立するからである。社会政策学会はあくまでも農本主義（小農維持・保護）であることにはかわりなく、柳田の農民の経営規模の拡大と企業経営から地域経済の活性化による国民総体の幸福とは大きな差異があったのである。

農政学の講義

柳田国男は法科大学卒業後、農商務省に入省と同時に大学院にも籍を置いた（満期除名の通知・明治三十八年八月二十日）。指導教官は松崎蔵之助が担当した。柳田は農政に携わりながら、松崎の斡旋により私立大学で農政学を講義するようになった。早稲田大学（明治三十四年十月＊『柳田国男伝』年譜では明治三十三年九月）専修大学（明治三十五年九月）中央大学（明治四十年九月）法政大学（明治四十三年十月）と教壇に立ち、近代農政学を講義した。

このように明治三十年代に展開した柳田国男の農政思想は早稲田などの私大で講義した講義録三編、『農政学』『農業政策学』『農業政策』から成り立っている。藤井隆至が指摘するように『農政学』と『農業政策学』は大学卒業後の日本農業の近代化論であり、中農養成を意図した農業経営規模拡大論、自立経営育成論が展開されている。明治三十五年に『最新産業組合通解』が刊行されるが、この『農政学』『農業政策学』でも「産業組合」の教育効果、分配政策における資本供給、農業資本の供給問題において「産業組合」の機能・役割が重視されている。殊に『農業政策学』においては柳田は近代日本の農業金融の歴史的沿革に言及し「農業資本供給」と「自家貯蓄ノ共同利用」を具備した完全形態の「産業組合」における総合機能を論じている。

柳田は大学での農政学の講義の一方で日本の農村各地で講演を行っている。その講義録は柳田自身の観察と体験をフィルターにして具体的状況が踏まえられ、実証性に富んでいる。民俗の色彩の濃い農村社会の現実の科学的な認識によって、より日本農業の問題点が論じられているのである。『農業政策』は「農政学ハ経済政策ノ学問ナリ。国家ヲ本位トス」と前二著と同様に国家の役割を踏まえながら、農業経営規模論の前提として市場構造論の視角が展開している。『農政学』『農業政策学』においても重要視されていた「産業組合」を核に地方を主体にした市場構造論が新しく付け加えられているのである。『農業政策学』において強調された「農業政策ノ学ハ単ニ国家ニ限ラズ府県、郡、市町村等ノ公共団体ニ於ケル経済行為ノ研究ヲモ包含ス」という地域主義が明確になるのである。

そして、この『農業政策』においては日本農業制度の根幹といえる小作制度と小作料米納の問題が「小農ノ将来」「小作制度ノ不利」という項目を付けられ、その問題点が言及されている。この小作制度への批判分析は『最新産業組合通解』の「生産組合」の項でも論じられており、これに連動し『農業政策』における批判が『時代ト農政』(明治四三年刊)に所収された「小作料米納の慣行」

の鋭い批判の前提となるのである。

このような柳田国男の『農政学』『農業政策学』『農業政策』からなる一連の三冊の農政学の著書の根本理念は国家の分配政策による過去・現在・未来を包含した「一国人生の総体の幸福」「国民総体の幸福」の追求と実現である。柳田によれば経済的生産力の増大だけでは国民の幸福の実現を可能にすることができない。経済格差と貧困の社会問題、中農養成のための資本配賦の問題はあくまでもその解決は分配政策なのである。

「国家生存の目的のために応分の寄与をなすべき義務あることが明白に認識せられたると同時に、国の進歩の結果すなわち増加したる利益に対してもまた、各臣民遍（あまね）くその分配に与（あずか）らんことを要求し、その要求は至当と認めらるるに至れり」（柳田国男『農政学』）

「国が生産の増殖をもって政策の目途とするは、これによりてなおいっそう大なる目的すなわち国民総体の幸福を進むるの用に供するがためにして、生産その物は個人にとりても国にとりても決してその終局の目的にあらざるをもってなり」（『同上』）

「人間ノ生命ハ限リアレドモ国家ノ生命ハ理想トシテ永遠ナリ。個人ハ百年ノ身計ヲ為ス必要ナキモ国家ハ常ニ永遠ノ幸福ノ為ニ企劃セザルベカラズ」（柳田国男『農業政策学』）

「国家ハ現在生活スル国民ノミヲ以テ構成スルトハ云イ難シ、死シ去リタル我々ノ祖先モ国民ナリ、其ノ希望モ容レザルベカラズ、又国家ハ永遠ノモノナレバ将来生レ出ヅベキ子孫モ国民ナリ」（『同上』）

柳田の著である『最新産業組合通解』でもこのような農業政策としての特徴をもつ農政論がベースとなっていた。柳田は、この序論において資本主義経済の発展の過程で「富の分配」の不平等の発生、資本融資の機会均等の不平等による分配格差の拡大の現状を指摘した。柳田には「なるべく多数の人をして十分の幸福を享けしめ」とベンサムに代表される功利主義を思わせるその一方で、社会政策の理念による農工商各部門の総合の経済政策がのべられている。

柳田の三冊の農政学書はこのように民俗学への可能性を含んでいるとはいえ、完全な西欧の学問（近代農政学）の紹介である。体系的な学問として講述された著作である。後年の民俗学の著作における大胆な問題設定、独創的な心理探求、冷静な合理的な処理、読者を魅了する独特の叙法などはまだ展開されていない。しかも、ロマン的な抒情詩人、文学青年の痕跡さえも消したアカデミックな近代農政学の体系書なのである。だが、柳田の理性的な文体の言外には、民俗学への情念が存在する。日本農業の現状を歴史主義の立場から思考する態度がその主調の基層にあるのだ。祖父伝来の土地の由来、土地神話、過去の因習・習俗の問題を踏まえた歴史の堆積によって重層化された農業知識への言及がみられるのである。藤井隆至によれば、柳田の民俗への眼は農業経済の自立のみならず、固有の思想としての農民の倫理観の回復を意図したものであった。

また、柳田農政学の三著書は近代合理性の啓蒙だけではなく、地域主体の農業リーダー、いわゆる明治国家と地方の媒介となるサブリーダの養成の書でもある。

「村々ニハ今日モ精農又ハ老農ト称スベキ者居リ、啻(タダ)ニ農事ニ対スル熱心ニ於テ模範的ナルノミナラズ、所謂家風トシテ代々耕作ノ方法ヲ研究シ来タレル為、其ノ年々ノ成績ハ優ニ一地方ニ卓越ス。新時代ノ農事改良モ又多クハ彼等ガ率先著手スル所タリ。故ニ一国又ハ一府県ノ政策トシテハ成ルベク此等少数ナル優良農家ヲ勧誘シテ先ズ自ラ其ノ経済ヲ改進セシメ、以テ間接ニ他ノ多数平凡ナル農民ヲ感化セシムルハ政策ノ得タルモノナルニ似タリ」(前掲、『農業政策』)

この優良農家こそが中農であり、農事改良の主体となる村のリーダーでもある。彼等こそ地域の主体のリーダーであり、産業組合の組織の中心となり小農の生活改善、倫理観の回復の担い手なのである。

柳田は自然の慣習的推移を理解し因習から脱却し近代農政学を理解したこの村のリーダー(国家と地方を媒介するサブリーダー)と地方のインテリ層との連結・一体化をつぎに論じる『最新産業組合通解』において強調するのである。

4 『最新産業組合通解』

産業組合の概念と機能

柳田は、産業組合の普及に従事しながら、その僅か、一、二年で日本の近代農政史上に残る「産業組合」論を完成させた。明治三十五年十二月、大日本実業会から発行された『最新産業組合通解』の著述である。この柳田の「産業組合」論は、序論、総論、各論の構成となっている。この著述は単なる「産業組合」法の逐条解釈を越えた内容であった。その精神と思想は「経世済民」の理念に支えられている。「社会的現実の科学的な認識」が貫かれ、日本資本主義の発展下において窮乏する日本の農民層の分解過程を分析し、その救治の方法論が説かれている。

確かに、マイエットの分析と救治策は農民層の分解過程において高度であり見事であった。しかし、マイエットは明治二十六年に帰国しており、その後、資本主義経済の波を被り、過激な農民層の分解のすさまじさと中農以下の農民の貧窮化の意味を解明できず、その救治政策さえも遅々と進まなかった。そこへ、明治三十三年、柳田国男が自由主義経済と社会政策学派を軸に知的フレームを構築し、その近代農政学を身に付け農商務省に入り、翌々年『最新産業組合通解』を書き農政に従事するのである。

「柳田国男はたぶん最初に日本の農民層がすさまじい勢いで窮乏にむかう分解過程を分析し、それを救治する処方箋を、お雇い外国人の優れた比類のない見識から、自国人の見識にすえなおした最初の世代の、もっとも優れた農政学徒だった」（吉本隆明「柳田国男論」）

柳田の『最新産業組合通解』は後年の民俗学において展開された観察と体験を基礎にした「実際的意図」から観察・実証と帰納性を帯びながら書かれている。

「柳田はどこまでも産業革命期の小農のおかれている現実に密着しながら、その生存のための努力が遭遇すべきさまざまな具体的状況を、練達した推理によって予測しつつ、その組合形態の社会的作用を明らかにしようとしている」（橋川文三「柳田国男―その人と思想」）

柳田は日本資本主義に影響を受けた日本の農村の情況に対する科学的な認識をしていた。そのような科学的な認識をベースに観察と体験を踏まえた帰納主義が特徴として見られる。なぜなら、それは国家の発展の土台として疲弊にたえる疑似自治的な小農主義を基調にする農本主義の色彩を全く持っていなかったからだ。

農本主義思想とは封建経済社会において、土地の生産力を高めるための封建経済の秩序原理である。生産者である農民と小作地である土地は一体という考え方から、「農」は国の本という思想がうまれたのである。そのような農本主義は明治近代において、日清戦後の「戦後経営」の推進と産業革命期である一八九〇年代から一九〇〇年代にその原型を露わにし、日露戦後に、農村の危機が叫ばれると、新たな国民統合のイデオロギーとして報徳主義と連結しながら、その思想を展開したのである。だが、柳田国男は「産業組合」を通じてそのような農本主義に対して抵抗の精神（農業の自立・発展）を展開するのである。

柳田の現状認識には、施行された法というものがその対象となる具体的な現実状況、当時の農村、農業政策の実体においていかなる効果をもたらすかという「法社会学」の視点がある。東畑精一は柳田の農政思想を「農地改革を実践せしめ、法社会学の展開せしめた」（「農政学者としての柳田国男」）と評価したが、その言葉には柳田の先駆的進歩性が象徴されている。「産業組合」法の施行と普及運動過程において、柳田は法律の効果・社会作用を近代と伝統という歴史継続性のなかで社会の改良と進歩を思考するという姿勢を貫いた。とはいえ、生活改善を旨とする社会政策と資本主義の発達による農村生活形態の急激な変貌という矛盾に戸惑いと疑問を隠せなかったことも事実である。

柳田にとって、あくまでも産業組合の恩恵を与え利益を均霑し、生活改良手段を獲得させようとした社会層は経営危機に喘いでいる中小の地主層である農村のリーダーや中小農民の生産者であり、彼らこそ後の「平民」・「常民」の実体概念の中に包摂されている。

柳田は彼らを救済の対象としながら、超時間的な過去・現在・未来という連続体として捉えている。過去が現在と構造化され未来志向に結合するのである。

「国家ハ現在生活スル国民ノミヲ以テ構成スト云ヒ難シ、死シ去リタル我々ノ祖先モ国民ナリ、其ノ希望モ容レサルヘカラス、又国家ハ永遠ノモノナレハ将來生マレ出ツヘキ我々ノ子孫モ国民ナリ其ノ利益モ保護セサルヘカラス」（前掲、『農業政策学』）

柳田は国家の永遠性を讃え、それがいかに現在の外的・内的生活が過去の同胞の努力によって築かれているのか、その恩義を踏まえ将来の子孫のために真剣に報いようとしている。これは、アナトール・フランスの「人間社会の過去は、ある部分に於いては、我々にわかっているんだから、その過去の連続であり結果である未来の社会が我々に全くわからないといふことはないはず」（権守操訳『白き石の上にて』）という歴史認識の影響がある。

明治国家官僚である柳田の立場は啓蒙ブルジョア農政官僚である。その進歩史観と合理主義の立場からすれば、未来が一切であり、過去は無であるはずである。しかし、柳田の態度は違っていた。かれの資質には「過去と未来の思想的意味に関する保守主義の特質」（「保守主義と転向」）が見られ、後の柳田民俗学の重要テーマとなる「死生観」・「家の永続」・「祖先崇拝」などに結びついていたのである。

柳田の「産業組合」の概念は「産業組合とは同心協力に由りて、各自の生活状態を改良発達せんが為に、結合したる人の団体なり」と定義されている。「同心協力」とは「協同と自助」いわゆる相互自助と同義語であり、その精神を持って資本の乏しき者が自らの生活改善を発達するための結合し、法人格が認められた組織体である。

その組織体は信用、購買、販売、生産の各種組合から成る共同組織団体である。柳田の産業組合の特徴としてこの四種の組合が有機的な連関を持つ「四種兼営思想」である。制定当時（明治三十三年）の「産業組合」はその産業組合法の法律上において、信用組合と他の組合との兼営を認められていなかった。そこで、柳田は低利の貸付による資金提供によって生産から販売に至るまで四種の組合が密接に内的連関性をもってそれぞれ計画性にもとづいた合理的な機能を発揮する必要性を主張していたのである。

この「四種兼営思想」は、商品についての知識・市場状況の把握能力・合理的発展を展開するための経営知識の習得を可能とする。それは「産業組合」が農民の生活向上・自立的成長をはたす一種の教育機関として農業知識の増大という教育効果の機能を有するというユニークな視点である。また、「四種兼営思想」における教育効果の思考とその実践は、後の民俗学における研究対象となる事実の起源を調べ、その作業から共通の要素を発見し綜合・普遍化してゆく学問姿勢・態度に通じるといえよう。そして、日常生活における経験知が知性となり、合理化する近代精神へとつながるのである。

また、「産業組合」の活動は思考を生み出す。農民の内発主体的学習がもたらす教育効果は先祖以来の伝統的因習・価値観の柵を解き、農業知識の増大、技術の向上・発展を導く。過去が現在に構造化されているプロセスから修得される知識によって、生産・経営規模が拡大していく。主体的な自己発展といえよう。

柳田が主張するように「産業組合」の活動を通じての教育効果は自己を閉じず外部へ自己を開く

という他者感覚を持ち自己成長という発展・目的の概念と深く結びついていた。近代社会は他者感覚をもつ人間によって形成されるのだ。それによって、停滞し硬直化する現状を打破し、農事全般にわたる経済知識・技巧知識の綜合が郷党地方の活力をもたらし「国民総体の幸福」へとつながるのである。それは後年の民俗学において唱えられた日本人の幸福や社会発展が個の主体性、あるいは反省から生まれる内発的な自学によって実現できるという柳田の理念に一貫して流れる思想の原点でもある。

自助尊重

理念とは理性によって考えられた純粋な思考の産物である。理念には目標がある。それゆえに協同相助の思想が生まれるのである。

柳田国男は『最新産業組合通解』の最後に産業組合の理念をつぎのような言葉で締めくくっている。

「世に小慈善家なる者ありて、しばしば叫びて曰く、小民救済せざるべからずと。予を以て見れば、是甚しく彼等を侮蔑（ぶべつ）するの語なり。予は乃ち答へて曰はんとす。何ぞ彼等をして自ら濟（すく）はしめざると。自力、進歩協同相助是、實に産業組合の大主眼なり」（前掲、『最新産業組合通解』）

この産業組合の理念である「自力進歩協同相助」、いわゆる自助尊重は、農民が主体的活動する場合に求められた倫理観である。「協同相助の法によりて各自の経済を発達し保持する」ことを目的にしている。「同心協力」は人と人の結合する原理である。柳田の「産業組合」論には「合同自助」「合同協力」「協同と自助」「協同と相助」「協同自助」「相互自助」等の多義な表現が見られる。

「一本の矢の折られやすく一束の矢の折られがたしという古き譬の通り、合同協力は常に孤立独行よりよりも利益多きこと」(『同上』)

近代を考える場合、人間の自己内部(精神形態)を考察しなければならない。近代合理性によって近代的自我が生まれ、そこから自我の内部が深まる。柳田が後に主張した内省によって理性的思考と合理的な実践が生まれるのである。このように自己の内面を深めた近代人、いわゆる自立した「個」は市民社会において他者との関係を成立させる。他者との関係は連帯・協同を生み出す。協同性によって「郷党の結合心」を復権し、農民の倫理観を再構築するのである。

明治三十八年、柳田は、奈良県農会主催の産業組合講習会における一週間に及ぶ講義で自助の理念を強調した。

「産業組合は小生産家が資本の缺乏に因る不利益を排除して大資本に對抗せんとするに在り即ち自助の精神を發揮したる一手段なり自助なるものは産業組合に限らず凡ての事に應用して尊重すべ

きするものなり産業組合は自助の一方法にして合同的自助なり即ち合同の力に依りて大生産家大資本家と同様の利を得んとするに在り即ち組織的に自助を旗幟とせるは産業組合の特色なり」（柳田国男「産業組合講習会筆記」）

柳田は、「産業組合」を法律の枠組みだけで解釈することに満足せず、組織の主体的な運営者の倫理的道徳の内面性の問題を注視し論及した。確かに、柳田の自助理念は「産業組合」設立に大きな尽力を果たした政府官僚らの代表者である平田東助の思想にも見られる。

「多数人民をして頼りて以て経済上の自助心を養成し、益々自治、自助の精神を啓発するに勉めしむるは、国家及び社会の治安を維持するに於て最も急務とする所なり」（平田東助『産業組合法要義』）

しかし、平田ら政府官僚が強調する自助・自治とは、自発的な服従心、徳義心の涵養を意味している。自らすすんで自己犠牲を強いて体制側に粉骨砕身することを良しとするものである。しかも、彼等には危機意識が先行していた。搾取の対象である小農民のこれ以上の疲弊・没落は国家発展の妨げになるというそれである。没落する前なら何とか保護し、没落後に過激な運動に走った分子は、警察権力や弾圧法規で処罰するという支配の論理が徹底されていた。そこでは農民の主体性が喪失し、その農業政策は農民自身の手の届かない官僚機構というところで決定されていた。その結果、負の煽りを被るのはリーダー不在の小農民である。苦境に陥いった状況において、小農民の主体的な自立による改善・向上、自己啓発や啓蒙による発展・成長というイデオロギーは生まれて来ない。柳田の強調する「協同自助」の精神が機能麻痺していた状況だったのである。「協同相助」の精神がなければ、産業組合の構造改革の担い手になることなど望むべくもなかった。したがって、その現状打開のために協同性を併せ持つ自助主義、自助尊重の喚起が要求されたのである。

明治近代化以降の地方は明治国家の支配によってその擬制と疎外が進展し、日本資本主義の成立において全国各地の小市場も中央市場に呑み込まれ消滅しようとしていた。柳田はその現状を注視しながら、農民内部の倫理観の回復において歴史主義の立場に立っていた。たしかに日本の農村社会は前近代的な人間関係のままである。そこでは郷党社会の伝統的団結心が基調となる。支配による疑似的自助・自治が成立しやすい土壌があった。しかし、近代以前から農民には自助の精神、協同性という近代理念に結びつく倫理観（郷党の懇親）があったはずだ。

歴史主義の立場に立つ柳田は近代組織の理念が近代以前の日本農民の倫理観と相通じるものと考え、その固有性を求めた。この場合の固有性とは外来思想から影響を受けた思想ではない。農民自身の内面に連綿と宿ってきた思想である。内面の悠久の歴史において培われた精神的記録でもある。長い歴史過程において養成された農民の内面における倫理性（自治の精神）を自己認識させ回復しなければならないのである。同心協力・合同自助の過去を知ることの重要性を認識した柳田は歴史主義に立つのである。ここに民俗への探求の萌芽が存在する。

家永続の願い

柳田国男の産業組合論には転住の多数は「家道の零落なり、祭祀の滅絶なり」と民俗学へ視座が色濃く反映されている。それは農村の衰微＝共同体的団結の崩壊に対する警鐘である。伝統的な祭祀・祖先崇拝を重視する民俗学への問題意識がすでに内包されている。つまり、在村における主導的な農民の経済行為を支えているエートスを問題化しているのだ。祖先崇拝、家信仰、固有信仰によって膨大な人間エネルギーを喚起し、組合組織の相互自助、合同的自助の根底を支え、協同組合的思想の機能を合理化しようとする試みである。ここに、人間の倫理観と地方の主体の形成という思考が見られるのである。また、すでにのべたように柳田には、法律施行がその対象となる具体的な現実状況、当時の農村、農業政策の実体においてどのような効果をもたらしたのか、その内実を検証する法社会学の視点があり、後年の民俗学への志向を早くも想起させていることは興味深い。

「殊に小農の徒の如きは概ね僻地に居住して、時勢を観察するの機会を有せず、経済界の変遷に適応するの方便に乏しく、一方には内外の競争の猛烈なるものに遭遇せるを以て、其弊を被ること極めて甚だしく、或は其所得の全部を挙げて普通職工の賃金の半分にも達せざるもの多し。是に於てか仕丁（そうてい）の気力ある者は、争いて郷土を辞し親族に別れ、都会又は海外に出稼ぎを試むると雖、彼等は必ずしも十数年の後に於て安楽なる生活に進み得る者に非ず。況や産を成し郷に帰り、再び祖先の業を興す如きは、其例最も稀なり。此傾向は近年著しく発現し、其結果地方経済の進歩を碍げ、国力の根底を動揺せしむるは勿論、個々の家族に就て言ふも、此転住の多数は在る意味に於ては家道の零落なり、祭祀の滅絶なり」（前掲、『最新産業組合通解』）

柳田は、農村社会の経済行為を支えているエートスといえる祖先崇拝、家信仰、固有信仰などの心意世界を認識したのである。つまり、自助・自治の精神をもった農業者である組合員が「郷党の情愛」による対人信用によって、村単位で団結していく根底には、個々の家の祖先崇拝、家信仰、村の共同の神である氏神信仰などいわゆる固有信仰が農村の経済行為のエートスとして内在的心理となっているのである。これが民俗心理の根本原理となるといえよう。

農業に従事すれば、神が宿る。その民俗事象を彩る自然の偉大さは容易に理解できる。自然の生命とともに生きる根源的な人間の在り方を突き詰めれば、奥深い民俗の領域に迫ることになる。柳田は民俗の領域である祭祀、信仰、習俗などの生活の具体的な諸相がその行為を通じて思想となる可能性を捉えていた。農民の心理、行動様式に働く心意現象（生活意識）という精神世界を発見し、それを合理的に解釈しようとした。それは人間が本源的に有する「もっとも微妙な心意生活」の法則によって　人間の行動原理が規定されるからだ。その痕跡が日々の日常生活において存在する。生活史と伝統（固有の思想）によってしっかりと定着しているのである。

例えば、「田植えには普通經濟作業とちがって、今尚色々の信仰の痕跡を存し」（柳田国男「産業組合資金金融所の話」）と柳田がのべているように、共同労働における経済行為のエートスを信仰の世界に見いだしている。それらは祭りという郷土の連帯信仰によって培われた相互の団結心であり、「産業組合」の組織理念を根底から支えているのである。このような柳田の思考は、合理的な経済行為における生活原理の内面的な意味を言及しそのエートスをテーマにしたマックス・ウ(ヴ)ェーバーの比較宗教学のアプローチを思わせる。

ウェーバーのそれを考えるとき、柳田の場合も「仏教や儒教のエートス、つまり精神的雰囲気が相合して作りだした行動様式」(大塚久雄「東西文化交流における宗教社会学の意義」)が単なる日常の生活感情・心理にすぎなくなっていることを認識し、ウエーバーと類似した方法と志向をもって、宗教形態の比較を通して一見すれば相互に不条理(不合理で無意味な状況)に思われる多民族の習慣・風俗の正当性とその理由づけを考察したのである。

ウェーバーによる近代化とは神を内面化することによって確立する個人主義を前提にし、合理化することである。西洋近代の個人主義は神との対面から始まる。神を内面化し自己を対象化し客体化することによって、自己を制御し情念や欲望をコントロールすることが「個」の自立である。その活動が社会的実践に転換し「公」への利益還元となるのである。そして、その過程において非合理的な宗教的迷信や呪術、魔術から解放し、封建的な共同体の要素を打ち破り、日常生活を確かな形式に組織し合理的で倫理的な生活を組織化することが近代の大きな特徴となるといえる。

このように組織を合理化して行くことが近代化である。合理的経済人の特徴でもある。合理化とは組織の効率・能率性を高め、最大の利潤を生み出すことである。その過程においては客体を意識化し達成目的のためにどのような手段を選択するか、その効果や意味を客観的に確定して行くことが重要視される。そのような意識による組織化が合理的態度といえる。このような思考過程から客観的な価値判断による科学的な認識が生まれ、近代科学が誕生するのである。そのような経済合理性を有する近代的個人の日常生活において要求される実践信仰がウェーバーの「世俗内的禁欲」と呼ぶところであり、それを具体的に実践する方法が与えられた職業（ベルーフ）、天職を全うすることだった。これが隣人愛の実践、つまり、世俗内禁欲を日常で行い、自己を律し、計画的な生産活動、勤勉に労働するということによって利益を生み、合理的な計画に基づいた誠実・勤勉な生産活動を通じて「隣人愛」を実践することになるのである。

日本の「産業組合」は農村に適したドイツのライファイゼン式の原則を導入した。このライファイゼンの組合はその活動組織の諸事において各自の責任、自助自力の意識に基づいて合同・連合する組織体である。その共助自治の根底にはキリスト教的隣人愛、博愛主義が存在した。ウェーバーがのべるように宗教的な規範、宗教的倫理的な個人から組織の主体者である近代的な「個」、個人が生まれるのである。

では、日本においての神の内面化に相当するのは一体何であろうか。それはやはり固有信仰ともいうべき祖先崇拝である。祖先崇拝は祖先を敬い祭る固有の信仰であり、一種の感情体系でもある。柳田は後に『先祖の話』で「三十三年の法事がすむと、人は神になる」とのべているように、祖霊は融合して自然に宿る神と一体となり、国土を護る、つまり個として家の祖先から国土の神になるという倫理的個人の確立が日本人の行動様式の規範となる。これによって、経済合理性による産業組合の「相互自助、進歩協同の理念」が確立するのである。

柳田は「産業組合」論の展開によって、日本資本主義によって生じた農業問題を解決しようとしたが、特異な形で「家永続の願い」の問題が入り込んでくる。柳田は、都会熱によって家郷を捨てることを「ドミシードすなわち家殺し」と規定し、祖先崇拝を断絶し家を殺して都会へ逃げるなと説いている。だが、柳田は生活拡充のために農村から都会へ移動する必然を否定しているわけではない。家殺し（ドミシード）によって自営の土地所有の自作民が「平等に自立してならび立つ図面の想定」が崩れることを危惧しているのだ。そうなれば、都市と農村の経済圏の地域振興システムや共同体の祭祀、祖先崇拝が成り立たなくなってしまい、柳田にとっては深刻な問題となるのである。

柳田は「産業組合」によって、藤井隆至がのべるように都市と農村を融合させた地域を一つの経済圏とみなす地域振興論を提示した。恒常的な都会と田舎の繁栄によって「各人とその祖先との聯絡すなわち家の存在の自覚」を促し、「個人と国家の連鎖」を強調し「家永続の願い」を図るのである。柳田によれば、国家の経済政策の眼目は「労力と資本とを適当に全国の中に配賦」することであり、「産業組合」の機能である「共同販売」・「共同購入」をフルに利用し、未来に対して展望のある新しい経済政策を実施し「家永続」から未来永劫の繁栄を願うのである。だが、明治国家の官僚主導の「産業組合」は数こそ増加するが、前近代的地主—小作関係を固定化し小農維持政策の手段となった。農業の進歩・発展をはかる農業の近代化を目指した柳田の「産業組合思想」とは大きく方向性が異なることになった。

柳田の『最新産業組合通解』において啓蒙の対象となった地方の官吏、資産家、有力者、学校の教師、医師、僧侶ら地方の名望家、インテリ層に対して「義侠的にこの書の内容を近隣のために講説せられんことを希望するや切なり」と込められた期待も思うように行かなかったのである。

5　近代農政学の特質

農政と国家

柳田農政学の近代的特質は『農政学』において経済学との関係から説かれている。人間社会の経済的現象は主に宇宙の理法に基づく自然の効果である「天然動力」（気候・地理外形・民種民俗・天変地異）と人間の計画による意識活動である「人間動力」（労働・発明・事業）が相錯綜し変化している。この二つの複雑な変化を分析しなければならないのである。

経済学は人と富の様々な関係を考究する学問の総称である。経済原論、経済史、応用経済学によって構成されている。経済的現象を把握して人間動力による人的経済活動（意識的経済活動）の研究には応用経済学が必要となる。そして、この応用経済学は個人の私経済学と国家並びに公共団体による経済政策学に分類されるのである。

経済政策とは人為的動力の中でも国家、公共団体の行為を経済政策と称し、自由主義経済（夜警国家）の終焉によって国家行政の役割が高まった近代においては、国家そのものが経済行為の中心を占めている。柳田は夜警国家の終焉を認識し行政国家の時代をよく理解していたのである。

農政学、農業政策学は経済政策学の範疇であり、明治期の経済政策の主要である。日清戦争前後の産業革命（軽工業）、日露戦争後の第二次産業革命（重工業）の達成、資本主義生産の確立期において、国家主体によるバランスのとれた経済政策による農工商鼎立の時代を迎え、柳田は農本主義を否定しその跛行的繁栄の是正を主張した。柳田によればこの場合、国家の経済政策は「階級の利益争闘よりは常に超然独立」しなければならないのである。

柳田農政学は経済政策の範疇において国家のバランスのとれた政策が説かれている。ということは国家理性の問題が重要となる。国家理性とは国家行動の法則・基準を意味している。つまり、主権国家の自己目的のオリエンテーションをしめすものであり、支配と操縦という統治の目的を実現するその技術、「国是」と密接に絡む対外行動、国際関係論も含んでいる。

柳田の農政学の特質が跛行的近代がもたらす繁栄を認めず、「農工商鼎立論」を唱導し、特定の階級から超然独立した国家を主体にした政策科学という意味からも、国家理性という視点が強調されている。そのような視座に立って柳田農政学の近代的特質を考察しなければならない。

柳田国男の農業政策は分配政策に主調基音があることはすでにのべた。分配政策の根底が「国家原理に関する思想の発達」によるとするならば、柳田の国家観が問題になるが、様々な要素がそれには内在している。理念としては、「要するに一国の経済政策は此等階級の利益闘争よりは常に超然独立して」（前掲、『農政学』）とホッブズ、ロック、ルソーら、社会契約説とおなじように自然権に基づいた契約国家の概念が祖述されている。しかも、「利益を防衛するべき人民は、現時に生存するもの、みに非ず、後世万々年の間に出産すべき国民も、亦之と共に集合して国家を構成するもの」（『同上』）と、過去・現在・未来が一体となった生命体として国家が論じられ、支配の権力機構としての統治体の存在が無意識のまま欠如している。それはドイツ新歴史学派の影響と思われる過去・現在・未来をすべて包摂した有機体的な国家観の影響があるからと思われる。また、柳田には直線的な時間の形式による西洋の進歩・発展の観念が見られず、四季が周期的に巡るような循環型の日本文化の古層の感覚が見られる。とはいえ、ここに近代固有のリアリティ（実存）概念と、E・バークの言うところの「いきている人々と、しんだ人々と、うまれてくる人々とのあいだの、合同事業」（『フランス革命の考察』）という歴史の「持続」・「生成」の感覚が存在する。

一般に国家とは一定の地域社会の上に成立する統治機構（権力装置）を意味する。しかし、すでにのべたとおり柳田の国家観にはそのような国家の権力機構として統治体の欠如が見られる。とはいえ、国家を過去から現在、将来への歴史継続・連続性においてとらえる視点は、祖先崇拝の心情と家永続の願いへとリンクしている。

柳田の国家観は権力的要素を抜きにした国家概念とはいえ、広義の国家の政策決定の原理から当然のごとく「農本主義」は批判される。産業の全体のバランスを計り国民総体の生活向上を促進するために「農工商鼎立論」、生産政策による富の蓄積から分配政策による富の分配に重点が置かれ、柳田農政学のヴィジョンが提示されている。

柳田の言うところ国家は永遠の生命体（死者・生者・子孫）である。「持続」・「生成」の観念（保守主義の思想）があり、このような過去から未来にわたる国家の永遠性の主張は柳田国男の社会改良・幸福の実現という政治思想である。これを自覚することによって、伝統的な農民の倫理性を自己認識させ近代意識に結合させせようとするのである。それが民間伝承（コミュニケーション）において日本人の倫理性の原初形態を発見することになる。柳田農政学において後年の柳田民俗学、学問形成への通路がすでに存在するといえる。

このような柳田国男の過去に言及する歴史認識は社会政策学派の影響が多分にあることはすでにのべた。この学問では対象となる社会問題の根本原因が過去の歴史に伏在するという視点となり、「民俗」の歴史へと発展する。歴史主義の思考が民俗学へと貫かれるのである。柳田はこの学派の知的枠組みを自ら規定した「経世済民」によって保持し、近代日本資本主義の形成過程における産業資本の確立期において、経営規模の拡大と市場構造論によって近代農政を展開したのである。

「農」と民俗

柳田農政学の近代性と進歩性については小倉倉一が『近代日本農政の指導者たち』において高い評価をあたえている。

「その西洋学の理解と、日本農村に関する豊かな見聞を利器とし、明治初年以来の輸入観念農学の公式性と、伝統的な小農主義農学の固陋性を克服して、現実的合理的な農政理論を追求した、自由主義傾向の学者であった。『他の人の後ばかり追っているのが一世を支配し、外国のものをやっているのが学者だという時代』に珍しく自分で観察し思索する力を持った学者だった」(小倉倉一『近代日本農政の指導者たち』)

小倉が指摘する柳田農政学は実践性をもって民俗の色彩の豊かな農村に入り込み、近代的な農事改良、報徳主義批判、小作料米納の慣行への批判、中農養成、在村のリーダー不在の小農の実態など諸問題に対して卓越した論理性と合理性をもって臨んだ。また、藤井隆至は柳田の農政学を政策学の視点から論じ、生産政策よりも社会政策を重視し、経済合理性と理論的な経済分析に力点を置き評価を与えている。そして、地方＝郷土を主体に「市場組織ノ改良」によって市場構造の展開をはかり「国民総体の幸福」の実現を目指す下からの近代化という特徴を捉えている。

そのような柳田農政学は民俗事象に対する眼が存在する。柳田は日本農業の問題点を過去・現在・未来へつなげる社会改良・歴史主義の立場に立って考えていた。民俗学へと結びつく地域の多様な個別経済事情、祖先以来の因習、「伝説的に尊崇せられる長年月の間の自然の慣習の推移」を知覚・認識していたのである。それとパラレルに、柳田の民俗事象が織りなす農村内部への社会認識が深まっていく。

柳田国男の『農業政策』では消費と生産の均衡適正化、「農産物ノ消費」「農産物ノ市価」(流通コストの削減)「農業ト市場」(大市場―〈中市場〉―小市場)、国内外の競争原理(産業組合を起点)、大小市場や生産者・消費者間を連結する交通機関の発達、中央の大市場と小市場を連結する地方主体の中市場の形成（府県単位）、産業組合機能の積極的活用するなどが有機的連関をもって説かれている。藤井隆至がのべているように地方経済圏の主体の確立を目指す市場構造論が展開し、地方＝郷土への認識がパラレルとなり、日本民俗への探求が意識され自己認識が深まるのである。

このような地域主義の視点はあきらかに「農」の世界に展開する民俗事象への眼差しである（少年時代からの身体的感受性と感覚的持続）。柳田はそれをもって各地を視察しその旅の経験をとおして、「一国国民ガ相依リ相助クルノ利益ハ同時ニ国ノ各地方ガ相依リ相助クルノ主義ヲ生ゼザルベカラズ」（前掲、『農業政策』）と民俗が展開する地方の相助の結合を主張した。柳田の『農業政策』においては地方の主体を目指す市場構造論につづいて経営規模の拡大論が展開しているが、ここでも産業組合が構造改革の中心となっている。

農業は風土気候の影響と複雑な天地に生息する自然経済、猥雑で雑多な民俗事象への理解に基づいて行われる。柳田は自然の発達と偶然の普及に左右される農業生産における経営規模の拡大論をすでに中農養成論において展開していた。寄生地主制下の零細農業を前提とした封建的生産関係の変革いわゆる二町歩以上の中農への発展と寄生地主の在村型地主への復帰、自立した農業の企業化、農村市場の形成と拡大による農村内部からの近代化を意図していたのである。このような柳田農政学の構想は、農民の経済生活を安定・向上させるという社会政策が根底にあり、当時の明治農政の特質である寄生地主制下の零細小農維持＝小農維持主義と全く対蹠する中農養成政策の推進だった。

「日本未来の農業に対する予が理想は今少し大胆なるものなり。予はわが国農戸の全部をして少なくも二町歩以上の田畑を持たしめたしと考う」（柳田国男「中農養成策」）

したがって、柳田国男の農政学は、封建的生産関係を温存・維持し、停滞した日本農業の構造を把握し、日本資本主義の現実下において経済合理性にもとづく経営規模の拡大という近代化の過程に導こうとするものである。その中心となる中農をつぎのように定義する。

「日本未来の中農となるべきものは、現在の国民中果していずれの部分なるかというは多分最初に起こるべき質問ならんも、この問に対して予はきわめて早速に答えをなすことを得。その人はとりも直さず数百年来田舎に居住し、親代々土地を所有し、昔も今も未来も国民の中堅を構成する地主諸君これなり」（「同上」）

近代的特質を持つ柳田農政学は在村地主を中心にした中農養成、小作制度の因習への批判を展開した。そのためには資本の分配、供給による農業経営の合理化と規模の拡大の手段として「産業組合」が柳田農政学の近代化構想において重要である。そして、自助・協同という人間の倫理観から地域主体の確立、非時間的な過去・現在・未来という歴史の連続性、伝統的な祖先崇拝と救治・荒政（政治政策）が柳田の思考において結合する。それが「産業組合」論と連結した中農養成策の展開のなかで一層強まっていく。柳田は身辺の活動体験をとおして、伝統的な社会資源への期待が芽生え民俗学の構想の輪郭が明瞭となるのである。

柳田の市場構造論の単位は「郷土」（地方）である。彼の後年の民俗学はそれを拠点に生活史の探求だった。その領域は生活外形、生活解説、生活意識から成り立っていた。殊に生活意識が重要視され、その究明を志向することによって、身の回りの過去の歴史を知るという自己認識が大きなテーマとなったのである。そこから幸福の概念が生まれ、国民総体の幸福の実現のためには民俗、因習を遡り、過去を知り疑問に答える学問が必要となるのである。

柳田は農民の主体的内発的学習（商業知識と交渉能力）による「経済知識の獲得」の必要性を説いた。抑々、民俗学は実地調査の学問である。異文化社会との対話相互理解の過程を重視する学問でもある。柳田は自己省察（内省）による自己認識の必要性を求めた。ここに主体的活動が実践され、農政学と民俗学に貫かれている国民総体の幸福が希求されるのである。

現代では自然と人間生活の共同の場を「里山」という言葉で表現するが、二〇世紀の初頭、柳田は農政学を媒介にし自然と交渉する態度によって、たとえ、自然（非合理性）が近代化（合理性）における客体・対象であっても、自然の調べを聞き、無限の深みを感じ自然と人間が一体となっていることが認識できる。現代でいえば、それは環境問題への言及である。自然の中に理性、もしくは神の存在が現れようが、征服（西洋）か順応（東洋）だろうが、農業生産においては風土気候の影響の下、潤沢な日光、湿気という自然の恵みを利用した豊かな生産環境となるのだ。しかも、民俗に基づく国情の相違から農業事情が異なることは当然であり、その概念を独創的発想によって後の民俗学研究につなげている。

柳田国男の学問の主題は既にのべたとおり、郷土を単位とした人間の生活史の研究である。それは「自然に対する人間の力の研究ということが我々の歴史の学問の一番の眼目」である。「未だ耕されざる自然の野には未だ人間の由緒の無い何物も生成せぬという道理」を発見し、後の『日本農民史』『小さき者の声』でもそれらの発想が明らかにされている。このような柳田の思想営為は農業生産を通じて、自然との相互作用、交流によって追求されたものであった。

農本主義への抵抗

柳田国男の近代農政学の特質は農本主義との対決に象徴されている。ここに柳田の近代主義（経営規模の拡大）対農本主義（小農維持主義）、経済合理性（効率・能率）対精神主義（伝統墨守・停滞）の対峙が展開するのである。

柳田農政学が深いかかわりを持った「産業組合」は日本資本主義経済を発展させるために国家の論理で設立された。それは農本主義（小農維持）を思想基盤とし、日露戦争後は一層、その思想が色濃く反映されていた。本来、前近代的封建思想である農本主義は近代化のためにその合理性・能率性よって否定しなければならない。だが、近代国家の形成過程において、逆に近代化推進のイデオロギーとして利用された（筑波常治「日本農本主義序説」）。近代日本の土台である小農社会は勤倹・貯蓄などの道徳的規範を注入されることによって、近代日本の国家支配を根底から支えたのである。ということは進歩的な理念を持つ柳田とは当然対立が生じることは必然であった。

明治国家は、日露戦争後、地方改良運動の一環として「産業組合」を利用した。勤勉・倹約・孝行などの通俗道徳が支配のイデオロギーとなり、近代日本の思惟構造を呪縛した。本来、人間生活は真摯な自己鍛錬の努力によって形成される。ところが、通俗道徳とそれに付随する功利的側面の調和・一致によって、虚偽性、偽善性の世界が構築されたのである。

小農社会を維持するための農本主義は主体的な自己形成の否定である。体制に従うことが自治という疑似的自治（欺瞞・偽善）を「産業組合」を媒介にして徹底的に浸透させたのである。しかし、この欺瞞と偽善によってつくりあげられた支配の論理を見抜いたのが柳田国男だった。「産業組合」の精神機軸に自助尊重理念を置く柳田なら当然である。

柳田は「産業組合」に深くかかわりながら、それが国家主義から設立・推進され、経営規模の拡大と企業経営を念頭に置いた農民自身の自発的組織としだいに乖離していくことをその過程において認識していった。柳田がのべるところの自助尊重による自発的共同団結、自立・自助力は希薄となり、その理念が形骸化していたのである。柳田はそのような現実状況を「産業組合」の普及活動を通じて把握しその処方・解決を求めるのである。

柳田がのべるところの自力、自助とは盲目的に体制に従うことではない。疑似的自治ではなかったのだ。そのような意味において、すでに『最新産業組合通解』でしめされた柳田の「自力、進歩協同相助是、実に産業組合の大主眼なり」（前掲、『最新産業組合通解』）という自助尊重理念は明らかに農本主義への抵抗の精神だった。

柳田の農本主義への抵抗を「報徳社批判」を通じて思想史的に最初に位置づけたのは花田清輝で

ある。「報徳会の指導者である岡田良一郎の農本主義にたいする批判のゆえに―その『在村地主イデオロギー』に対する駁論のゆえに、いまもなお、精彩をはなっているようにわたしには思われるのである」(花田清輝「柳田国男について」)、「前近代的なものを否定媒介にして、近代的なものをこえようとする進歩的態度をみないわけにはいかないのだ」(「同上」)というこの二つの基礎視角にもとづいて、綱沢満昭の「柳田國男の抵抗の精神」、「伝統を内から越えるために」がある。殊に綱沢は柳田の「自助尊重理念」に着目し、日露戦後の新たな国民統合イデオロギーと報徳主義の連結のよる展開がもたらす欺瞞性を批判している。

柳田は農本主義の内部からの切り崩しのために自助尊重理念の磁場を広汎な民衆の自己形成・自己鍛錬の具体的過程に求めた。膨大な人間的エネルギーが強靭な主体的自己の創出力、規範・秩序形成能力になるという信念があった。さらに、柳田は歴史主義の視点に立ち、自助協同の思想は日本民衆の固有の思想であるという信念の歴史的根拠を求めた。それは産業革命の進展と日本資本主義の発展にともなう民衆生活の変貌という状況において失うことがなかった固有の思想である。村落に存在した「結い」「もやい」にみられた「ムラ」の共同、寄合における相互の熟知と信頼、社倉、報徳社の共同団結の自治などを否定的媒介にして、内面的倫理観を確立しようとした。それは農本主義の内部からの切り崩しの実践だった。地方主体という発想もそのひとつである。

柳田は「産業組合」の組織活動をつうじて近代主体性とその形成を探求した。柳田は悠久の昔から連綿と流れる日本民衆の生活に育まれた思想原理を認識したのだ。農本主義への抵抗から出発し民俗への探求によって、支配の論理の呪縛を解体する思想の構築へ向かったのである。それは主体的自己形成、自己発展の膨大なエネルギーを普遍化し、「雄大なる共同生活態の為に、日本人相互の間柄を約束し調和する法則」という国民規模での共同関係を規定する内面的倫理観を創出し、民俗学への扉が開かれるのである。

このような疑似的自治によって小農維持のイデオロギーである農本主義への抵抗は地方民衆の生活内部から改良することである。そのような柳田農政学の独創的な視座は経世済民と国民総体の幸福と連動する。そして、橋川文三が指摘するように「支配思想によって感じることも、体系化することも不可能な一つの世界像を明治国家の内部から生み出してゆく」という民俗学への途を開いていくのである。

経世済民から国民総体の幸福

柳田国男は農商務省へ入省以来、法制局参事官、貴族院書記官長を歴任した国家官僚である。大正八年に辞任するまで明治国家行政に従事した。農業問題に取り組み民衆の生活原理から行政を志向した。独特の農政思想と民俗学的思考を以て「日本民衆の生活事実をその形態と心意」を観察・調査によって解明し「国民総体の幸福」を目指した。そのような柳田国男の政治的な特質を考えれば、当時の国家官僚の中では特異な個性的存在であったといえよう。

柳田農政学は少年期の飢饉体験を原初としている。少年期に『救荒要覧』を読み、青年期には三倉を研究し、中井竹山など江戸期の農政家から備荒貯蓄の社会機能の影響を受けることになる。そして、「なぜに農民は貧なりや」という根本問題を解決することによって「一国人生総体の幸福」・「国民総体の幸福」の実現を目指した。そこには伝統の発見と「経世済民」の学という思想的特質がある。柳田の「経世済民」は後に農政学から民俗学へ自己の学問主題がその重点を移行させるが、危機意識を表明しながらもその実践的な問題解決の姿勢を失うことはなかった。

「我々の学問は結局世のため人のためでなくてはならない。すなわち人間生活の未来を幸福に導くための現在の知識であり、現代の不思議を疑ってみて、それを解決させるために過去の知識を必要とするのである」（柳田国男『郷土生活の研究法』）

「私たちは学問が実用の僕（しもべ）となることを恥としていない。そうして自身にもすでに人としての疑問があり、またよく世間の要求期待を感じている。差当りの議論には間に合わなくとも、他日必ず一度は国民を悩ますべしと思う問題を予測して、できるものならそれをほぼ明らかにしておこうと企てている」（『同上』）

この柳田の経世済民思想は綜合的な救治の原理としての国家へのイメージにその手段が結びつけられ、ここでもある特定の集団・階級から超然独立した綜合政策を担う国家に大きな期待を寄せている。

「一国の経済政策は此等階級の利益争闘よりは常に超然独立して、別に自ら決するの根拠を有せざるべからず、何とならば国民の過半数若くは国民中の有力なる階級の希望の集合は決して国家夫自身の希望すべきものなりという能ざればなり。語を代えて言はば利益の総計即ち公益には非ざればなり」(前掲、『農政学』)

柳田の農政観は国家・公共団体が行為の経済主体とはいえ農本主義的な色彩(小農維持政策)が色濃く帯びることがなかった。柳田農政学の近代化は農民の「保護」ではなく「自立」にある。この点が最初柳田自身が歩み寄りをもった社会政策学会との大きな差異である。しかも、この場合の柳田がのべるところの自立は経営規模の拡大という経済合理性を持つ社会政策や経済政策の範疇で捉えられている。

経済政策は農工商以下の各政策分野を綜合する視点に立たなければならない。「産業組合」の組織化が合理的な生産活動における重要な機能を果たし、農民の相互自助、協同と自助による郷党心の結合によって農村内部から自己発展を期待するものであった。そして、その集合体が地方の主体を形成し、「一国人生の総体の幸福」・「国民総体の幸福」を実現するのである。

「国が生産の増殖をもって政策の目途とするは、これによりてなおいっそう大なる目的すなわち国民総体の幸福を進むるの用に供するがためにして、生産その物は個人にとりても国にとりても決してその終局の目的にあらざるをもってなり」(『同上』)

柳田は社会政策そのものにおいても「国民総体の幸福」を重要視している。それには、J・Sミルの思想の「社会全体の幸福」が影響しており、後の民俗学においても貫かれている。その幸福の概念は国の富が少数の富豪の手に帰し国民の生活改善に寄与しないような生産の増殖は無意味であり、公平な分配政策によって国民の幸福の増進を図るべきとしている。柳田は貨幣経済の時代において生産政策よりも分配政策による利益・所得の増大を求めたのである。つまり、個々の営利を追求する「生産力ノ増大」よりも永遠の生命体である国家による富の公正な分配による「国民全体ノ享福」を優先にすることにあった。そして、柳田はつぎに論じる『時代ト農政』において、その理念の根底をさらに深く言及するのである。

「国家の生命は永遠でありますからは、予め未だ生まれて来ぬ数千憶万人の利益をも考へねばなりませぬ。況んや我々は既に土に帰したる数千億万の同胞を持って居りまして、其精霊も亦国運発展の事業の上に無限の利害の感を抱いて居るのであります」(柳田国男『時代ト農政』)

彼の近代的な経済合理性を基調にした農政思想は明らかに民俗への探求がその輪郭を浮き彫りにしているといえよう。

6 『時代ト農政』

報徳主義問題

日本農村社会は近代においても前近代的な伝統や習俗が色濃く残滓していた。日本農業の歴史的背景・独自性を考えれば、近代的な法意識が希薄であることは当然である。その分、祭祀行事、祖先崇拝において見られるように慣行、風習、習慣の面における特定の型に嵌った行動の反復が尊重される。慣例に即した行動様式が集団の安定をもたらし、同時にその構成員の将来も保証するのである。つまり、過去の慣例を遵守する行為は未来に向けての集団や共同体の安定した永続性を予見するものである。すなわち、慣例遵守という過去志向が永続性を保証する未来志向へと結合し、共同体の帰属意識を強め安定をもたらすといえる。これによって天皇制国家の権力国家と共同態国家の上下部構造をスムーズにし安定させることができるのである。とはいえ、この安定は底辺層における思想の硬直・停滞を意味することにもなる。

柳田国男の農政学は、日本資本主義の現実下において封建的生産関係を温存・維持し、停滞している日本農業の構造を経済合理性によって近代化の過程に導こうとした。そのような意味でも「産業組合」の組織運営は重要である。資本の分配、供給による農業経営の合理化と規模の拡大による

「中農養成」に発展するための手段としてなくてはならないのである。しかし、ここで注意しなければならないことは、柳田の場合の「中農」とは単なる権力支配の「指導エネルギー」を「基層エネルギー」にスムーズに媒介する存在ではなかった。あくまでも地方の主体となり一国総体の幸福の実現となる自立自営の存在である。また、国民のエモーショナル（情動）を動員する中点連結の〈媒介エネルギー〉でもない。柳田にとって、大衆、庶民の日常性、生活感情、土着・土俗のエネルギーは天皇制国家の土台となる疑似的な自発性とは異なっていた。支配権力（頂点）と被支配（底辺）の単なる結合ではなかったのだ。柳田の「中農」とはあくまでも主体の形成であり、自己規範を創出する自己表出のエネルギーのそれが可能な存在である。

この柳田国男の「中農」養成思想には障害物が存在した。その一つが小作料米納の慣行である。柳田の中農養成論は日本農業の歴史的背景を説明し経済合理性にもとづく経営者への成長という視点から小作料物納の不利性への批判を展開している。

前近代から連続する小作料米納の慣行は明らかに「停滞」である。『時代ト農政』に収められた論稿「小作料米納の慣行」においてもそれは強調されている。東畑精一よれば、この問題を批判した農政学者は明治年間、柳田ただ一人だった。それは「旧来の小農経営や社会環境を規定してきた伝統的な小作料の米納慣行の非合理性」（牛島秀彦『柳田國男の『国民農業論』）を市場経済という経済合理性から論証と批判を展開したものである。それは小農主義による農本主義への対決を前提にしていた。

このような進歩的な精神的態度は後の報徳社批判においても十分にのべられている。「小作農米納の慣行」に並んで柳田の批判精神が現れるのは「報徳社と信用組合との比較」である（原題は講演「報徳社と信用組合」、明治三十九年一月、大日本報徳会）。殊にその「報徳社と信用組合との比較」の後半部分において、橋川が指摘するように「日本国家の構造原理の根底にある農本主義ともっとも劇的に対立する場面」でもあり、経済合理性を基調にする近代農政学を軸に展開する柳田の批判がポレミークな問題に突き当たったそれでもあった。

「近代的農政科学者としての柳田の思想が、日本国家の構造原理の根底にある農本主義ともっとも劇的に対立する場面は、報徳社をめぐる農業界の長老岡田良一郎との論争に示される。この論争は、農政思想における柳田の立場を明確に示すとともに、その官吏としての異端的立場をもあわせて暗示せしめるに足るものであった」（橋川文三――「柳田国男―その人と思想」）

日露戦争後、明治国家の再編のために新たに基層エネルギーとなる国民のエモーショナルの動員が必要となった。そのために報徳社が権力支配の「指導エネルギー」と「基層エネルギー」の、つまり頂点と底辺の〈媒介エネルギー〉を担うことになった。「新しい媒介体として半官半民的団体」の機能を持つことになったのである。それは、「国家＝地方＝人間という支配序列」の下降過程において「報徳社」が本来の機能を喪失することになる。これによって、内部からの規範創出の能力を失い、「自己を原理化する契機」を見失うことになるといえよう。

柳田国男の報徳社をめぐる論争は、明治三十九年、六月、同年九月、『斯民』に「報徳社と信用組合」（「報徳社と信用組合との比較」に改題され、『時代ト農政』に所収）を執筆し、岡田良一郎が、同年八月と十一月の同誌上に「柳田国男氏の報徳社と信用組合論を読む」「再び柳田国男氏の報徳社と信用組合論」を発表するという形で行われた。農本主義者岡田良一郎との論争において、柳田の近代精神と経済合理性にもとづく農政論が著しく特徴づけられた。また、金融活動の主体に「産業組合」（近代的組織）と「報徳社」（伝統社会）が結合するのである。

柳田は「報徳社」の優れた点・長所について、つぎのような四点を列挙している。

一　「報徳社」の本社・支社の関係（合同自助による経済的連合事業の役割への期待）
二　加入条件が極めて寛大であり目的の広いこと
三　資本を外部から仰がないほどの資金貯蓄力
四　教育・徳目による教育効果

そして、「報徳社」とライファイゼン式の「信用組合」との共通性をのべ、「報徳社」の近代的な金融組織の発展への展望をのべている。

柳田の六月号掲載の論稿の前半部分における「報徳社」批判の主眼点は、やはり、「報徳社」の前近代的な金融仕法の問題である。

「報徳社は金融の事を主としませぬ。預金貸付の事を主とするには別に信用組合を設くれば善いので、報徳社は餘力があったときに之を行ふのであるといふ原則であって、是は遠江國報徳社の通則にも現れて居るのみならず、報徳人の常に口にして居るところであります」（柳田国男「報徳社と信用組合との比較」『時代ト農政』所収）

日露戦争後の農村において、資本需要が増加していた。耕地整理などの土地改良に代表されるように、固定資本と流通資本の面から著しく、近代とそれ以前を比較してかかる経済事情の変遷は激しいものであった。

例えば、固定資本の面においては、高利の負債を返済するための低利融資、いわゆる旧債の償還費用、さらに、農民の教育費用、流通資本においては、肥料、種子、苗木や、農具等の購入などの必要がもたらす資本の増加によって、農民層は資本への隷属を余儀なくされていた。だからこそ、柳田は、「報徳社」の遠江本社が凶作や災害の用意のための共同資金貯蓄として、十万の積立金を持ちながら、いたずらに貯蓄しているだけで、資金運用という農民金融の機能をはたさず、硬直化し凝滞している現状を鋭く指摘したのである。

柳田の近代精神は合理的思考による規範創出能力である。それは停滞を打破する開かれた精神である。だが、報徳社は外部へ開かない閉じた社会である。救恤のためだけの資金積立、褒賞制度、入札制度、後から謝礼をとる欺瞞的な無利息貸付制度など、自閉的小宇宙に甘んじているのである。慣習・慣行の遵守は未来永劫をもたらすという精神の停滞状況だった。これでは自己内部からの規範創出は機能せず、外部に眼を向けず閉じられた組織体のままである。資本を最大限に必要とする資本主義の現状に適応できずにいる固陋な前近代性は無意味である。

柳田は近代社会に対応した主体的活動を報徳社に期待した。柳田の合理的思考においては、報徳社は利潤を追求する合理的な経営集団でなければならないのである。

報徳社の自閉・停滞の要因の一つには公式主義に陥っていることにある。教条主義、形式主義を絶対化することによって現状に対応する活動の停滞を招いていたのだ。

「今一つ私が短処と考へるのは一体の組織及び事務が非常に保守的且つ形式的であることであります。〈中略〉遠江の報徳社のやり方は比較上余ほど進取的でありますが、やはり形式を捨てないのであります。其他の各社は今一層保守的の傾向になって居ります」（『同上』）

この柳田の批判の主眼は報徳社の形式主義がもたらす金科玉条の如く無条件に伝統を墨守するその頑迷固陋な点である。これでは、資本主義の波を被っている日本の農村の惨状を正しく筋道を立てて判断する力さえも失っている。確かにこのような精神の停滞と硬直化は膨大な基層エネルギーであり、そこから服従という巨大な政治エネルギーを引き出し日本の近代化を達成してきたことにおいてはそれは有効だった。しかし、それは国家―地方―人間の支配序列であり、そこには人間―地方―国家という基層エネルギーから発する自己創出の規範能力は存在しない。

柳田が求めた開かれた人間精神の実践は経済合理性が貫く主体的活動である。資本主義経済の浸透によって喘ぎ没落する農民層に生産経営の主体を復権させることにある。そのためには報徳社を金融機関としての活動主体にその性格を変えなければならない。柳田はそのような未来永劫を求めるとはいえ、古い慣習に縛れた報徳社の公式主義への批判を展開したのである。

日々の生活者の主体の行動、不断の実践と活動が未来へとつながる伝統を構築する。近代主体とは活動であり、国家、組織という外部環境にただ一方的に追随することが近代ではないのだ。状況をたえず認識し、変革していこうとする主体の活動を停滞させては真の近代にはなりえない。経済合理性による生活改善という進歩を基調とする近代こそが柳田の主張するところといえよう。

『時代ト農政』が意味すること

柳田国男には日本農業の広大な歴史的背景への深い考察と経済合理性の視点があった。それは『時代ト農政』においても鋭い批判精神となって顕れている。

『時代ト農政』は明治四十三年十二月、聚精堂から出版された。柳田が全国農事会（後の帝国農会）の幹事として全国各地を公演した講義録である。

「農業経済と村是」（明治四十二年七月、第一回地方改良事業講習会）
「田舎対都会の問題」（明治三十九年六月、『大日本農会報』三百号刊行祝賀会）
「町の経済的使命」（明治四十二年二月、統計協会）
「日本における産業組合の思想」（明治四十年五月、第二回産業組合講習会））

「報徳社と信用組合との比較」（明治三十九年一月、掛川大日本報徳社）
「小作料米納の慣行」（明治四十年一月、愛知県農会）

『時代ト農政』はこの六つの論稿から成り立っている。『農政学』『農業政策学』『農業政策』の講義において展開した農業経営規模拡大論、自立経営育成論から農業経営規模論の前提とする市場構造論、地域経済圏構想の確立という視角がより具体的に説かれている。つまり、農業政策が市場と流通が産業組合の機能によって密接となり、都市と農村の一体化による地方経済の活性化と主体の確立が論じられた。そして、柳田は経済合理性の政策を以て「一〇〇年の大計」を問い、「報徳社と信用組合との比較」と「小作料米納の慣行」においては、その前近代的非合理性が徹底的に批判されている。そこには日本農業の非合理性から経済合理性の可能性を見出そうという姿勢が見られたのである。論理以前の世界の民俗に対する眼が存在したといえる。

従来の柳田国男の『時代ト農政』は明治農政への批判を軸に論じられその開明性の挫折という視角に立脚していた。農政学の挫折から民俗学への展開という視点で捉えられていたのだ。確かに二千年の悠久の歴史を有する日本農業が「産業革命にともなう民衆生活形態の急激な変貌」に巻き込まれ疲弊・没落、分解の危機に瀕した状況において、それらの諸問題を柳田の近代農政学では解決できなかった。近代の諸問題を反近代的な方法（民俗学）に求めた柳田国男の農政学を挫折の学であるという認識が一般的であった。

『時代ト農政』の序文（明治四十三年九月）には挫折とも思われる柳田の鬱屈と慷慨ともいうべき

論調が見られる。

「自分のごとき者の意見でも稀には採用せられたものもあります。又採用せられぬ迄も後日になってそれを御覧になさいと言うことの出来たものもあります。併し自分はそんな過去の事実、碑文じみた記念を世に遺す気は有りません。茲には今日尚問題である所野問題で、私の説のあまり反響を起こさなかったものばかりを公にしました。是は微志の存する所であります。曽て印刷はしましても雲煙過眼の雑誌であり、また頒布の狭い書物であった為に一層人の注意を惹かなかったのかもしれませぬが、恐らくは研究の方法が少々迂遠のように見えたために急進的な思想をもって居られた先輩の趣味に合わなかったのでしょう」（柳田国男『時代ト農政』開白）

たしかに橋川文三もこの柳田の『時代ト農政』の序文について、「そこには多くの不屈の含みとともに、ある鬱屈と慷慨の感情がただよっている〈中略〉人類の生活とその政治というヴィジョンにおいて、柳田の立場は奇妙に孤独なものであった」とのべている。橋川は柳田の『時代ト農政』について挫折の書と明確に定義していないが、そのようなニュアンスを感じさせる傾向が強い。しかし、果たして、『時代ト農政』は柳田農政学の挫折の書なのだろうか。奇しくも『時代ト農政』は『遠野物語』と同じ明治四十三年に刊行された。このように明治四十三年を分岐点にし、『時代ト農政』は農業政策・思想における経済合理性を追求した柳田農政学（農本主義への抵抗）の挫折の記念碑であり、『遠野物語』は民俗学へ飛翔という視角が主流を占めていた。それらの視点は日露戦後の警察権力による罰則規定を厳しくした「サーベル農政」が強権性を発揮し柳田農政学に大きく立ちはだかった背景を前提にし、結局、柳田の抵抗の学である農民主導型の農政は閉塞し、経済学の合理性だけでは日本農業の諸問題を解決できずに民俗学にその方法を求めた過程が挫折という認識となっていたのである。

ところが、藤井隆至、牛島史彦は柳田国男の学問形成が農政学と民俗学を包摂するものであるという視角を提示した。柳田の民俗学への過程を挫折というそれではなく柳田の豊饒な近代的知性の独自性の所産と捉えている。つまり、柳田の近代化への懐疑、抵抗と批判の精神は、柳田の少年期（神秘的な一種の異常体験）、青年期（文学体験）に磨かれた感受性が育んだものであり、柳田の農政学において展開した政治ヴィジョンともいえる「土に帰したる数千億万同胞を持って居りまして、其精霊も亦国運発展の事業の上に無限の利害」という民俗を多分に含んだ農政学を媒介にして、柳田の意識に新たな学問的展望として上ってきたのである。父母から影響された「伝承者な気質」、「抒情詩を生みだした哀切な世界への憫情」、測りしれない神秘世界を察知する素質と感性によって、精緻な吟味と経済合理性の見地からの批判追求などが展開されている。だから、農民生活の精緻な事実と思想・思考の根底にある論理化される以前のものが一体化した生産という人間と自然との多様な交渉過程が対象となることによって、柳田農政学には民俗学が包摂されているのである。そう考えるならば、柳田の『時代ト農政』は近代合理性の農政学の挫折から民俗への探求という転進ではないのである。

民俗学の包摂

『時代ト農政』は民俗学を包摂している。それは「農」から「民俗」への展開は自然であり歴史主義と伝統の発見への志向があるからだ。そのような意味においてこの著書はすでにのべたように農政学の挫折の記念碑ではなく、柳田の立場が郷土＝地方を単位とした歴史的伝統的な視野からの著述である。時代の経済事情、自然の慣習的推移、変遷、歴史事実に重点を置く視点が同書において存在するのだ。柳田の歴史・伝統重視は三倉の歴史的沿革、朱子の社倉の理念（自治と信用）、山崎闇斎、中井竹山らの社倉研究、報徳社の藩政期における救荒機能（助貸）への着目にも現れている。近代的信用組合への可能性を歴史的に吟味し、それを前提に合理性の見地も合わせ批判的検討を加えた。報徳社の伝統墨守という非合理性への批判によって近代的金融システム、いわゆる「産業組合」（信用組合）への改変を求めた。また、そのラジカルな批判精神は『時代ト農政』に収められた「小作料米納の慣行」においても十分に展開されている。

柳田は「国家の立場から見たる米納慣習廃止の好影響に就いては別に多言を要しませぬ。国の目からは大地主も水呑百姓も一視同仁（いっしどうじん）であります」（柳田国男「小作料米納の慣行」）と、地主農業イデオロギーや農本主義と真向から対決した。柳田にすれば「小作料米納の慣行」は「国の病」であり、慣習・慣行への墨守が未来永劫をもたらすという思想の停滞（近代合理性に対する非合理）だった。

その問題を過去の推移によって習慣化された法則財産制度と農法、自給経済、『高野山文書』から遡及した土地租税と納税の歴史、日本資本主義下の寄生地主以前の地主・小作の共同経営の実体・歴史的沿革を具体的な農民主体の生活変遷史から説き起こしているのである。それは単なる文献主義実証史学ではない。農村調査で感じた柳田の豊かな感性が捉えた悠久の昔から育まれた生活史なのだ。ここに柳田の豊穣な民俗学の視点が存在し、そこから「国の病」「不可思議現象」で小作料米納の慣行の問題解決に真剣に取り組んだのである。

農本主義と劇的に対立する報徳社をめぐる論戦、「小作料米納の慣行」以後、柳田国男の批判精神は明治国家の近代化への懐疑と根本的な問い直し、批判へと発展する。その批判精神は柳田国男の「問いと解答」の徹底性となり、過去の歴史の重大さを一層強く認識させた。

「問い」とは身の回りの過去を知ることであり、「解答」とは疑問に答え、未来に向けて変革を提示することである。これは後の柳田国男の学問の基本スタンス（自己認識）である。国民共同の疑問に答える基本姿勢でもある。民間の風俗、慣習、伝統と歴史的慣行における歴史的経緯から事実の「問いと解答」によって、「民俗」領域に迫り近代的な制度に優る歴史事実を発見・認識したのである。報徳社批判においてそれが鮮明に表れ、独創的な視座が展開するのである。

そして、このような農政学と民俗学がパラレルに展開する思想営為において、すでにのべたように幼少期の体験した一種の異常の神秘体験、身体的感受性、自然との交流と感覚の記憶、青年体験ともいうべき文学体験の抒情性、幽冥観が柳田の観念において蘇生する。そして、柳田は「現在活きている人ばかりが国民ではない、日本国家は千万年も続かねばならぬ、我々日本国民は何兆もあとに控えている」と「問い」を発し、「いまだ生まれて来ぬ数千億万人の利益」、「土に帰した数千億万の同胞」に対しても政策担当者としての責任を負うという柳田の民俗学を視野に置いた理念へと結実するといえる。これは、牛島史彦が指摘するように「柳田農政学と民俗学は日本人の幸せやその社会の持続的な発展への希求という点では一貫していた」というように柳田農政学の政策論の根底における最も独創的な理念である。柳田の眼が西洋合理性による学問体系の枠組みを超え、民俗という祖先と精霊に深い関心をよせながら、生活感情・情念が濃厚に反映される思想の基底層に対して向けられたのである。

柳田はこの理性と感性を持って「一国未来の経済政策」を想定し「一般民衆＝常民の生活が究極の価値基」にもとづいた生活向上の政治行政理念を追求した。「日本民衆の生活事実をその形態と心意について明らかにする作業」を志向するのである。これによってラジカルな設計主義者（「啓蒙主義者」）とは異なる真正の保守主義者としての資質が構築されることになる。

「農」の世界は信仰の古俗と慣習の秩序を有している。自然と一体化した生産活動に従事する生活と思想によって組成されているのだ。ここに人間、生産活動を通じての自然との交渉、生産はもちろんのこと日常の祖先崇拝を含めた神事の祭を通じて人間と人間のコミュニケーションが生まれる。ここに神との一体化がやはり存在する。しかし、生産と分配の合理性を追求する近代農政学の啓蒙主義だけでは、現実の人間生活の底にある社会は結びつくものではなく、違和感だけが増してゆく。政策や法律の解釈学では農民の生活がどういう変化をしながら流動していくのかを把握することが困難だった。だからこそ、「生活史」という伝統・慣行などの歴史事実への問いを発し、疑問に対応する解答が必要となるのである。その学問が民俗学ということになるといえよう。

方法理念——帰納と内省

三木清は「科学は論理的に組織された一般知識である。〈中略〉科学においては、経験は意識的に、方法的に組織される。方法的に規制された経験が実験である」（三木清『哲学入門』）とのべている。三木が指摘するように科学が経験や実験による一般知識の組織化であるならば、科学は実証的でなければならないのだ。だが、対象化される現実はすべて合理的ではなく、特殊なもの、非合理的なものも存在する。だから、科学は実証的でなければならないといえる。

柳田国男の農政学は経済合理性を基調にした政策科学である。それは『時代ト農政』においても随所に展開されている。だが、農政学の客体は自然経済の旧態のままの前近代的な「農」の世界である。近代的学問の視点からすれば特殊的・非合理的な混沌とした領域である。経済合理性からみて特殊的・非合理的な世界の常識を否定し壊さなければならない。柳田は金納が地主の利益になるとのべたが、その主張も従来の常識からすれば、否定の対象である。とはいえ、柳田の報徳社問題、米納の慣行の否定は一見、性急な意見のようにも思われるが、決してそうではない。歴史・伝統の観点に立った調査・分析を充分に踏まえ「変遷の自覚」を知り疑問に答えるという作業なのである。

意味のない否定は誤った常識の成り立ち（変遷史）を導く。そのためには歴史を重視し過去を知る必要があるのだ。特殊事象を実地に即して調査分析、観察、実験を繰り返し、個別の具体的事実を統合し原理・法則を導く帰納法が重要となる。橋川が指摘するように「社会的現実の科学的な認識に根ざしており、観察と体験を基準とする帰納性をおびていることが特徴」的といえる。これによって過去と未来を包含した総括的な研究が生まれ、「一国の存在のために最も必要なる将来の問題の解決」（柳田国男『農業経済と村是』）が可能となるのである。

柳田国男の農政学、産業組合論は具体的状況への科学的認識、練達した推理による予測を基調にしている。「農」という非合理的現実に対処するためには観察と体験が重要である。そして、その方法理念が帰納法と内省（自己内部の省察）であり、「問いと解答」の実践である。

『時代ト農政』に収められた「日本における産業組合の思想」は「わが国の人民は果たして組合を造る素質があるか」という問いを発し、その解答を歴史的に解き明かしている。同書所収の「報徳社と信用組合との比較」はその「問いと解答」を徹底化しより合理的に説明している。

「日本の産業組合を研究しこれを発達させて行こうとなさる人々は、ぜひともその沿革を明らかにしておおきになる必要があります。〈中略〉わが国の人民は果たして組合を造る素質があるか、ないしは必要があるか、必要が現在に存在しているかということを根底より調べてみる必要があるのであります」（柳田国男「日本における産業組合の思想」『時代ト農政』所収）

現代の千差万別の多種多様な疑問を解決するためには過去の知識が必要である。つまり、柳田の場合、国民の過去においていかなる経済生活を経てきたか、其の国情の歴史の知識を求めているのだ。

柳田の歴史的視点は近世の飢饉対策である荒政の研究から出発する。当時の政治学者の好題目である三倉（社倉・義倉・常平倉）の研究である。その研究史を朱子学の山崎闇斎から始まり、青木昆陽、中井竹山、佐藤信淵、斎藤拙堂、藤森弘庵などの農政家らの三倉研究に言及している。近代的金融機関の信用組合、生産・消費・金融の綜合的機能組織の産業組合をはたして日本農村社会において機能させることができるかどうか、その能力の有無を歴史的に考察するのである。常平倉＝価格調整機能の救済組合、社倉＝自治的農村の信用機関、義倉＝貸付機能（融資）と、その機能を有する社会組織として柳田は報徳社に注目し前近代的組織から近代的産業組合への転換を主張するのである。これが「解答」である。

「最も良く社倉の理想に合した組合を作ったのは、官界の人ではなくしてむしろ一箇の処士であるところの二宮先生であります。〈中略〉徳川時代の報徳社は明治四十年代に応用し得るには多少の変更が必要であるかもしれませぬ。しかし報徳社はそれがもとの儘で現在の時勢に適応するや否やは別問題として、すくなくともその創立の時代には必要にしてかつ十分なる制度であったのでありります」（『同上』）

報徳社への着眼点は第一に本社と町村の大社との「系統的連絡」、第二に資金的潤沢性である。社倉の信用組織（名望家による管理・自治）、義倉の備荒貯蓄機能と融資、常平倉の救済機能を併せ持ったのが報徳社だった。

柳田は「報徳社と信用組合との比較」においてさらに歴史主義に立って「問いと解答」を深めた。

藩政期の報徳社の救荒の特質（助貸）について言及することも歴史的・伝統的観点からの「問い」であり、己の身の回り過去を知ることになる。それが自立した「個」としての主体性を形成する自己認識となる。

過去の知識は人間生活の未来を幸福にするための現在の知識へ応用され、近代的要請（報徳社の産業組合への変革）に応える「解答」となるのである。

柳田の「問いと解答」はさらに小作料米納批判へと続く。この「問い」は柳田の報徳社問題と同様に急進性をもっているのである。

「明治の日本において、確かに奇異なる現象と認めてよいのは、農政上かなり重要なる一つの問題が、二三十年の間さらに一人のこれを研究するものなくして過ぎたことであります。この問題というのはすなわち小作料米納の問題であります」（前掲、「小作料米納の慣行」『時代ト農政』所収）

柳田は小作料米納の歴史的原因を一、自給自足経済、二、土地租税の物納、三、地主と小作の農家の共同経営（半隷属関係）に求めている。その歴史的沿革を知る方法がここでも実証、帰納、内部の省察、いわゆる「内省」として展開しているのである。

柳田国男の『時代ト農政』における態度は真実の探求である。その表明からすれば、生活実体を正確に調査せず実証を欠いた方法は近代的ではないのである。人間生活の真実というものにつながりのない政治行政は全く意味をなさないのだ。では、柳田の真実とは一体なんであろうか。それは自立した「個」が主体を形成し、地域経済圏が構築され、国家の病を克服した国民（過去・現在・未来）の繁栄である。

このような合理的な思考を持つ近代人としての柳田の思想は明治国家と対峙した、帰納・内省による民俗への探求包摂する産業組合論と農政学を出発点にしている。それは、産業組合法の公布・施行においても明確であった。それに対して明治国家主導の産業組合法は実際に施行された場合、どういう状態に農民の農業生産活動が規定されるのか全く配慮がなかった。つまり、具体的な状況や事態を予測しつつ、その内容の真実を追究する調査が施されず、法律の主体である農村社会の生活、生産活動が無視されていた。

農本主義的倫理観の色彩の濃い明治国家官僚は国家支配を徹底した。政治の作為による天皇制国家の支柱となった家族国家観や農本主義イデオロギーに構築された指導理念を振り回した。だが、それは、権力国家の土台となる共同態国家を補完しようとしたにすぎなかったのである。これでは、皮相な外形的変化をひきおこすことにとどまり日本の真の近代的繁栄と幸福を達成することにはならないといえよう。

柳田の帰納と内省は地方改良運動の一環として展開した信仰における神社合併政策批判においても展開した。

神社合併政策は、伊勢皇大神宮を頂点に全国の神社の序列化・体系化を図ることである。無格社、小社は統廃合の対象となる。すなわち、それは「民衆心意の社会形態に対する規制と改良の試みであり、いわば直接に人間の心情ないし死生観を対象する行政」（橋川文三「明治政治思想史の一断面」

であり、地方民俗領域の無形の生活原理に対する規制でもあった。

明治国家にとっては国民が無意識に神と一体化することは国家権力の作為による擬制化において「禁忌」である。国家神道を建前に現人神である天皇信仰を機軸に政治イデオロギーを貫徹するためには天皇信仰による擬制化された序列が絶対であり、民衆心理に宿る多様な信仰には行政的規制が必要なのである。下からのアモルフな信仰エネルギーは膨大な人間エネルギーの磁場であり、体制にとっては恐怖の対象である。天皇制とは直接リンクしない混沌とした様相は外観壮麗甘美な官僚的宗教観にとっては想像し難い猥雑・雑多な信仰形態といえよう。

柳田は国家神道へ擬制化される以前の民間信仰という「民衆心情世界の自覚研究」に着手し、その純粋形態を明らかにしようとした。そして、それをベースに一般民衆＝生活者の日常に根ざしそれを価値基準にした政治行政思想を思考した。それは「日本民衆の生活事実をその形態と心意について明らかにする作業」、すなわち「日本の特別な理由」を模索する民俗への探求の宣言でもあった。民俗という混沌として多様な未形の状態から生活改善に必要な普遍的な価値基準を発見する作業への旅立ちでもあった。

このような民俗学への志向は柳田の豊饒な近代的知性と豊かな身体的感受性の独自の所産である。明治国家権力体系によって創出された地方の疎外形態を克服し、民俗学を起点とした民俗思想体系の樹立への基礎資料となる。

農政学から出発した柳田国男の学問は自己認識の学である。つまり、自立した規範能力を持つ「個」の確立による主体的活動である。その形態の一つが柳田が『時代ト農政』の開白でものべているように「横には国の全部、縦には過去と未来を包含した総括的の研究」である。千差万別の経済事情を知るためには己の生活の歴史を知ることが第一義である。その実践が一国の存在と国民生活の繁栄に最も必要な将来の問題の解決へとつながるのである。柳田の場合、その解決方法が近代農政学ではなく民俗学にその可能性を求めたのである。近代の問題を反近代的手法（民俗学）で解決を図るところに柳田国男の思想と学問の特徴がある。

柳田の民俗学の方法理念である帰納主義的方法と「問いと解答」の徹底化による「自己省察」による自己認識への学問の形成はすでに『時代ト農政』に記述においてその輪郭を明瞭にしていた。そして、柳田は橋川が指摘するように「人間のもっとも微妙な心意生活にも法則のあること」に気づくのである。柳田は『民間伝承論』において「採訪採集は民間伝承の根本」とのべている。複雑な農村経済の事情の差異を細部にわたって認識することによって、「生活事実の採集と観察、その比較による帰納、帰納にもとづく仮設」の手続きの基礎が出来上がった。その基礎視角の完成・集大成が『時代ト農政』だったといえよう。

そのような意味において、柳田の『時代ト農政』は挫折の書では決してなかった。「国運発展の事業」という展望の書である。「国家の生命は永遠」であり、「すでに土に帰したる数千億万の同胞」という祖先も含めた過去の精霊、また、未来の国民の利益も包含した国家の発展を希求をした近代化論である。国家の根底を調べ現前の疑問に答える学問方法によって人間の生活原理から発想する「常民の理念」に深く結びつく。橋川によれば、「常民」概念は階級概念という実体概念ではなく「すぐれて方法的な一種の作業仮説」である。そのような「常民」概念の内容は反省的方法によって規定されている。そして、神島二郎の言質によれば、その思想営為は歴史過程において異化と馴性の攪拌によって「被治者の側からの馴成因として作用する集合体」が「常民」の理念となるのである。

柳田国男の内省的懐疑の方法は明治国家の支配の論理への最初の批判の意味を持っていた。その発想の根源が感覚的に結びつく体験事実の積み重ねによって修練された実務体験、いわゆる地方行政と農政に関する体験の中に包含されている。それは合理論によって計画された行政万能という官僚主義とは大きく異なっていたのである。

計測不能の民俗の領域は体験が重要である。柳田は体験的事実・現象を対象にした実証という経験科学に基づいた理論を構築している。政治行政の技術は決してアプリオリ（先験的）にあらかじめ計測できるものではなく、体験的事実による実証と帰納に基づくものである。したがって、明治国家の政治支配の擬制的な実態である非政治的領域（民俗学の世界）を暴露し、支配と制度の学問（統治学）としての政治思想をその対極から照射するためには、民俗学の資料が有効といえる。柳田の農政学から民俗学への思想的展開は、都市と農村の経済圏の形成と地域振興による「一国の存在」の繁栄へ有効な示唆をあたえている。

そのような実務体験を主体にした農政学をベースに民俗学を包摂した柳田国男の『時代ト農政』に内在する学問・思想は大正デモクラシーを経て昭和モダンという複雑な社会現象と対峙し、一層の激しい問題解決に向かって展開する。人間生活そのものの中に無限の発展の可能性を発見し、歴史の座標軸に据え成立した「常民」概念が新たな柳田国男の学問論の可能性をもたらすことになるといえよう。そのような意味で『時代ト農政』は柳田民俗学の通底となっている。

II

明治近代主義への懐疑

——民俗への志向

1　明治近代主義への懐疑と批判

上からの近代化――矛盾の起動

柳田国男の「問いと解答」は意識と思考の産物である。それは外部世界に対する強靭な批判精神を生み出す。明治国家の跛行的近代は柳田自身の内部と外部の関係において大きな変化をもたらした。柳田の精神内部は近代経済学（経済合理性）による農政学であり、その対象となる外部は前近代的な日本の農村社会であった。ところが、明治四十年代に入り、柳田の精神内部は反近代的手法である民俗学への志向となり、対象化される外部は明治国家そのものへの批判となる。ここに柳田国男の農政学から民俗学への思想的展開を認識することができるのである。そのような柳田学が、明治以降の政治や近代化の在り方に対する批判として形成されたという視角は日本近代思想史の領域において、一般的な認識となっている。そして、それは日本近代の病理、上からの近代化、それを受容する低層の停滞の根源的問題を解明しその改善策の方法理念を創出する有効な役割をはたした。

近代化とは、呪術的思考から解放し、科学の成立による合理的思考と認識、近代資本主義の経済システムと市民革命がもたらす近代民主主義システムを主要な柱としている。そして、西欧思想の輸入によって近代的価値行為に必要な人間の精神活動、いわゆる、自由、平等、合理主義的思考が普遍性をもつことによって近代化は達成される。ところが、日本の近代化は、文明開化という論理にしたがって、政府主導の殖産興業による資本主義社会の育成、立憲制の導入という外形的側面が強調され、下からの内発的発展が軽視された。たとえば、自由民権運動などに見られる下からの政治的近代化、民主化要求は、帝国議会の開設と、ある程度の妥協は行われたが、ラジカルな政府批判に対しては弾圧法規をもって抑圧し、近代的政治価値である民主主義思想の形成は生まれなかった。また、近代化に必要なエートスである個人の自由・平等・合理主義の受容も十分に浸透しなかった。したがって、明治国家の近代主義は、性急な西洋の物質文明だけの輸入にとどまり、その結果、政治、経済、社会制度、交通機関、生活様式の外形だけの近代化が発達し、その精神と内発的な意識は生成されず、跛行的近代という矛盾をもたらした。

たしかに、版籍奉還から廃藩置県への過程において権力集中の原理を達成し、明治五年における壬申戸籍の編成、学制の頒布、太陽暦の採用、徴兵告諭の発布、翌六年には地租改正、徴兵令の断行など近代化を唱え改革政策を打ち出し推進した。しかし、このような広範な政治作用による啓蒙的専制の施策は民衆生活の重圧であり、明治新政府の近代化に対しては早くも反近代（反西洋）として不満が噴出した。学制、地租改正反対一揆に見られる農民一揆、不平士族の反動的暴挙、その両者に微妙にリンクした士族民権運動が藩閥官僚的中央集中権力に対して一種の連合戦線を形成していた。しかし、膨大な基層エネルギーは権力装置に集中され、下からの近代化に必要な基層のエネルギーは精神的停滞という結果となったといえる。

この矛盾を自覚し、自由、平等と合理主義の精神の発達によって国民の自発性を創出することを主張しながら、日本の近代化の過程を決定した最初のイデオローグが、福沢諭吉である。福沢は、西洋文明を普遍的価値として、政治社会制度、衣食住、交通・通信制度などの文明の物質的外形優先主義を批判している。そして、「文明論とは、人の精神発達の議論なり」と規定しながら、「即ち文明の外形のみを取る可らず、必ず先づ文明の精神を備へて其外形に適す可きものなかる可らずとの意見を述べたるものなり」（福沢諭吉『文明論之概略』）と文明の精神を摂取することを協調した。つまり、西洋近代を範とした合理的な自由な精神を啓発することを課題とした。文明の精神とは、人民の「気風」であり、自由な精神の働きと合理的な思考を意味する国民の「智力」である。福沢は、文明の進歩を野蛮→半開→文明と三段階に区分し、半開に位置する日本が文明に到達するためには国民の智力が盛んにならなければならないと論じた。

福沢には従来の佐久間象山「東洋の道徳、西洋の芸術」に見られる和魂洋才という伝統的認識パターンを否定する姿勢があった。なぜなら、この日本の固有の精神で西洋の技術、文化を利用する態度を強調すれば、自由、平等と合理主義精神の受容をよりいっそう困難にしているからである。

確かに、欧米諸国の永い歴史過程を経て形成した精神を短時間で咀嚼することには抵抗があった。そのため、西欧の文化・文明の諸制度を摂取しながら、新たな人間の精神上の関係、文化や文明の根幹である人と人との関係は従来の形が残ることになったのである。しかし、西洋の近代諸制度を前にして身も魂・精神も西洋化することを踏みとどまっては近代国家の文明の精神を構築することはできないのである。

福沢は、儒学における封建道徳、神道の復古的・懐古的な歴史観への激しい批判精神をもっていた。しかし、福沢には、伝統、因習、迷信、呪術、タブーなどの非合理的精神の拘束から解放はみられたが、旧習の呪縛から自由になれない大多数の国民の精神構造の分析へのより具体的な接近はみられなかった。むしろ、少数の都市のインテリへの啓蒙に重心を置いており、民俗の生活史を正面に据えた国民規模での文明の精神の啓発にはならなかった。しかも、福沢の思考に内在する分析、総合、合理的価値は、皮肉にも外発的条件によってその外圧によって皮相な形式だけの近代化を促進させた。

明治維新から二十年の歳月は、天皇制という復古的な政治シンボルを近代国家の装置によって、独特な近代国家が完成した。大日本帝国憲法と帝国議会の成立、政党の勃興と発展、教育勅語発布による国家主義教育の完成、諸法典の整備、資本生産様式の展開と産業革命の始動と、日本の近代化は達成していったのである。

民権論から国権論へ

明治十年後半から二十年代に入り、民権と国権の選択は、明治国家の矛盾と苦悩を露呈する。丸山眞男は「明治国家の思想」において明治国家の思想を尊攘論としての国権論と、それから公議輿論の発展としての民権論、このふたつが恰もソナタのテーマのように絡み合いながら発展して行くと定義した。だが、一八八〇年代の朝鮮の内部対立における清国との覇権争いを契機に、民権論と国権論の内的連関のバランスの崩れることとなった。明治国家は帝国主義の時代を迎え、欧米列強と同じ立場に立った中国・アジア分割への参加、いわゆる、国権拡張論を翳し日本の大陸進出を正当化することが主張されたのである。

当時の『自由新聞』の社説において、国民の対外危機意識を煽る国権意識が見られた。

「彼ノ壮年有志等ノ熱心ヲシテ内事ヨリ転ジテ外事ニ向ハシメ、政府ハ則チ之ヲ利用シテ大ニ国権拡張ノ方法ヲ計画スルヲ得バ、内ハ以テ社会ノ安寧ヲ固ウシ外ハ以テ国利ヲ海外ニ博スルニ足ルニ非ズヤ」(『自由新聞』一八八四年、十月五日)

加波山事件直後の自由党は党中央において解党を決定し、当時の青年層をして、内事＝民権よりも、外事＝国権伸長を強調した。

朝鮮半島で壬午事変につづいてふたたび内乱が起こった。金玉均、朴泳孝らは清仏戦争における清国の敗北を好機と判断して、竹添進一郎ら日本公使館の支援を受けて事大党政権打倒のクーデターを計画したのである。郵政局開設の式典で政府高官を襲撃し、竹添公使は軍隊を率い王宮占拠を企てた。これがいわゆる甲申事変である。ところが、袁世凱率いる清国軍によってクーデターは失敗。このとき、日本公使館は焼かれ、清国兵による邦人に対する殺傷略奪、婦女子への凌辱行為が伝わると清国との即時開戦という世論が噴出し、一八八四年、十二月二十七日号の『自由新聞』

が「日本兵ノ武力ヲ宇内ニ示スベシ」と主張するように民権派を完全に国権論にひきつけた。

翌一八八五年、『時事新報』に福沢諭吉の「脱亜論」が掲載された。甲申事変での日清関係の悪化とこれまで支援してきた朝鮮内部における親日派の挫折という情勢の背景から、これまでのアジアに対する日本人観を一変させアジア侵略への道を明示し、脱亜入欧への転回を決定的なものにしてしまったのである。

「我日本の国土は亜細亜の東辺に在りと雖ども、其国民の精神は既にアジアの固陋を脱して、西洋の文明に移りたり。然るに爰に不幸なるは、近隣に国あり、一を支那と云ひ、一を朝鮮と云ふ〈中略〉我国は隣国の開明を待て共に亜細亜を興すの猶予ある可らず、寧ろ其伍を脱して西洋の文明国と進退を共にし、其支那朝鮮に接するの法も、隣国なるが故に特別の会釈に及ばず、正に西洋人が之に接するの風に従て処分す可のみ」（福沢諭吉「脱亜論」）

アジア連帯という考えでは西欧列強の侵略に対抗できない。対外膨張論の展開でなければ日本の独立を獲得できないという主張がそこにはあった。「脱亜論」が発表された年の十一月に起きた大阪事件は、独立党を支援し、朝鮮内政のクーデターを企図して清国との対立という危機意識から国民を覚醒させ、激化事件以来停滞している国内の民権運動を打開する目的で計画された。そこには、外に於いて日本の武威を示すという国権意識をやはり内包していたのである。

民権論と国権論の問題は、中江兆民の『三酔人経綸問答』においても大きなテーマとして扱われていた。軍備を拡張して日本の武威を示すことによる他国侵略と自国の富強を強調する「豪傑君」。理想論と不毛な観念論を悉く排除しあくまでも現実的視点にたった理論である。それに対して共和制と非武装平和論を説く「洋学紳士君」は、あくまでも理想主義にもとづく人類普遍の進化を主張。両者の意見対立は、まさに当時の日本が採択すべき進路の模索において苦悩する姿を象徴していた。この中江兆民も開化日本に対する根本批判を展開し、「彼ら（維新指導者）のとりたる開国進取の策は、厳重なる旨義にては策とはいうべからずして、目前の必要に応じ、手当たり次第に開国し、目暗滅法に進取し、雛型なしに建築し、図面なしに構造し来りて」と痛罵し、単に表層のみの変化を小賢しく体裁を整えた無方針、盲目的な進歩にすぎないことを指摘した。

明治二十年代――ナショナリズム

明治二十年代は、上からの極端な欧化主義による近代化に対して、日本の伝統・歴史に固有の価値をあたえる国粋主義、近代化の担い手を地方のインテリ・豪農、いわゆる「田舎紳士」に主体を求めた平民主義、内においては国民の独立（特立）と外に対しては国家の独立を主張した国民主義などが思想界の主流となった。

自由民権運動の挫折後、上からの近代化を推進する指導エネルギーとそれを受容する基層エネルギーを連結させる〈媒介エネルギー〉をいかに確立するかが明治二十年代ナショナリズムの大きな課題であった。その担い手に期待されたのが篤農、老農、有志者である。だが、明治二十年代ナショナリズムは、ロマン主義的論調を帯びながら、あまりにも抽象的な国民統合による一体性を強調するあまり、国民の内発的自発性にもとづく市民的立場を確立することができなかった。容易に国家主義にむすびついていった。

たとえば、平民主義の徳富蘇峰は、「民友社」を反体制的な拠点（市民革命の担い手）にしたにもかかわらず、「田舎紳士」を下からの民主化要求の主体者にすることができず、三国干渉後「余は殆と別人になった」と表明し国家主義に転向していった。つまり、〈支配エネルギー〉と〈基層エネルギー〉の中点連結となる〈媒介エネルギー〉の実体を確立することができなかった。松方デフレ以後、自由民権は過激な暴力蜂起・激化運動に傾き、運動の担い手の中小の地主層は没落するか過激な行動に出るかとなり、〈指導エネルギー〉の中核になることができなかった。上からの近代化・合理化に呼応し下からの近代化を受けとめる中間層の存在が喪失したのである。また、藩閥批判の立場をとっていた陸羯南も欧米侵略の脅威から日本国民を守るという課題に直面した。

陸羯南は太政官文書局の役人だったが、政府の欧化主義に批判の態度を示し、明治二十一年、『東京電報』を創刊し、これを翌年『日本』と改題し、明治二十年代までの二十数年間の政論を展開した。「自由主義は如何」「近時憲法考」の論稿を所収した『近時政論考』は同紙の社説において連載されたものである。

彼が主張するところの「国民的政治（ナショナル・ポリチック）とは外に対して国民の特立を意味し、而して内に於ては国民の統一を意味す、国民の統一とは凡そ本来に於て国民全体に属すべき者は、必ず之を国民的にするの謂なり」（陸羯南『近時政論考』）と、日本において近代ナショナリズムを見事に果実させた。だが、藩閥政府、欧化主義、条約改正などに反対する各層が総括的に抽象的な「国民」の名称となり、個別の具体的な抵抗のエネルギーにはならなかった。天皇制国家のナショナリズムとの区別が曖昧となり帝国主義の容認に傾いてしまったのである。

また、高山樗牛は近代的自我の確立を熱望しながら煩悶し、日清戦争後には「世界に於ける日本の位置てふ観念は、国民の間に最も痛切なる疑問として提供せられぬ。日本主義は是の疑問に答へむが為に起こりたるもなり」（高山樗牛「国粋保存主義と日本主義」）と、日本主義を唱えながらも、さらにその思想の皮相を「排外自尊の病的思想」と自覚し、観念世界へと再転した。

現実の超越形式の美的な観念の世界、いわゆるニーチェ礼賛、天才主義への憧憬、美的生活への没入、本能的生活賛美へと、黄禍論に対応する帝国主義論、人種闘争の戦慄的な予見とモティーフを加味しながら向かっていったのである。樗牛には近代化の普及に取り残された社会の封建的な生活実態、精神世界の旧態を改善するアプローチが見られなかった。樗牛はロマン的な美的生活の背後に近代的自我を求めながら煩悶し、黄色人種と白人との最後の格闘を予見しながら、明治三十五年、日露戦争前にこの世を去っている。

このように明治二十年代ナショナリズムは日清・日露戦争の勝利の十年間に天皇制国家の新たなナショナリズムにそのロマン的論調と国民的一体を強調するがゆえに、下からの近代化を担う「個」の自覚に基づく市民社会の形成からは大きく乖離したのである。

明治三十年代——社会主義の勃興

日本近代国家の体制がほぼ整った明治三十年代に入ると、外形だけの近代化＝西洋化のみを志向した明治近代主義への煩悶と懐疑・批判が本格的に表明された。すでに明治二十年代、北村透谷が内面の自由を尊重し、日本の開花、近代化を「革命にあらず、移動なり」と論じ、島崎藤村も「不幸なるアマチュア」という言葉に皮相な近代化の実体を象徴させ、日本の近代化の中身のない空虚な器の空しさを表明した。饗庭孝夫が指摘したように明治二十年代の日本の近代化に対する厳しい批判がさらに明治三十年代にはそれがましたのである。

「物質的な形の上の『近代』にたいしては、内村鑑三が明治三十六年、『日本国の大困難』のなかで、『キリスト教なしの代議政体、自由制度、これはアノマリーであります。異常であります。霊魂のない軀であります。機関をそなへない汽船であります』とのべたことと同じである。このころから、形の上だけの『近代』のむなしさを批判した見解が多くなってくるのは注目すべき点であろう」（饗庭孝夫「柳田国男（一）—近代主義と土俗性」）

明治三十年代は、柳田が農政問題に従事した時期である。そして、一八九〇年代から始動した「産業革命」は、その半ばを過ぎると一層の進展を見せ、日清戦争前後に達成されていた。特に軽工業、繊維部門において機械生産の発達が著しく、さらに軍事部門を中心とした「日清戦後経営」

の推進によって日本の資本主義が成立した。しかし、かかる資本主義の確立と発達は大量の賃金労働者を生みだし労働問題をひきおこすことになった。此れも近代化矛盾として捉えることができる。

日本の資本主義の確立期の労働者・貧民の状態については、横山源之助の『日本の下層社会』においても「特に、日清戦役以来、機械工業の勃興によりて労働組合を惹き起し、物価の暴騰は貧民問題を喚起し、漸次欧米の社会問題に接近せんとす。加うるに政治社会の堕落は年に甚だしく今やその極点に達せり。ああ、黒き濁れる潮流は滾々として流る」（横山源之助『日本之下層社会』）とその悲惨な様子をあますところなくつたえている。

当時、全国農事会などの民間団体を基盤に農政に従事していた柳田国男も、産業革命がもたらした大量の賃金労働者の出現についてつぎのように指摘している。

「各地方に割拠して手工を以て貨物を産出して生計を営みたる者も一朝機械に由りて製造されたる低価の貨物の競争に遭ひて、復其業を継続する事能はず、漸く其独立を捨てゝ、賃銀を以て生活する所謂労役者の階級に下るの止むを得ざるに至れり」（柳田国男「最新産業組合通解」『定本柳田國男集』28巻）

そして、柳田は、これらの労働者が、都市に流入して日本の下層社会を形成した実態を「現に我国の如きも今日社会の下層に在りて少額の賃銀に僅に口を糊する者の過半は、祖先以来の貧民に非ずして昔時相応の地位を占めし者落魄して此に至りしなり」（『同上』）と把握していた。この柳田の貧富の差による階級対立という現状認識は、英国ロンドンの貧民街に住む労働者階級の生活実態を直視したエンゲルスらと類似している。こうなると、すでに指摘したとおりに中農層以下の農民と賃金労働者の貧窮の問題に対処するために柳田の国家観は無放任主義の夜警国家から、「政策を実行すべき国の機関は再び甚多事となれり」（『農政学』）と国家の政策介入による法的救治の要請へと変化していく。行政国家の時代に対応した「社会改良の諸方策にはまず国家権力の発動により法規の作用」（「最新産業組合通解」）が必要とされるのである。したがって、貧富の差によって生じた階級間の闘争は「暴力の詭策」をもって解決すべきではないというのが彼の主張である。このように日本資本主義の発達下において、労働問題、社会主義が勃興してくるが、柳田はそれらに対しては消極的な態度であった。つまり、幸徳秋水、片山潜の社会主義革命とは一線を画していたのである。

むしろ、その問題よりも、日本農業制度への根幹をなす小作料物納制度への批判を展開していた。柳田の小作制度に対する批判分析はすでに『最新産業組合通解』の「生産組合」の項でも見られ、殊に『時代ト農政』に所収された「小作料米納の慣行」においても「国家の立場から見たる米納慣習廃止の好影響に就いては別に多言を要しませぬ。国の目からは大地主も水呑百性も一視同仁であります」と強調したのである。

明治四十年代の思想状況

明治四十年代にはいると、さらに、日本の近代化はゆきづまりを露呈し、その病理を越えるためにさまざまな思想潮流が噴出した。この点について橋川文三はつぎのようにのべている。

「明治の末になると、こうした日本近代化の全体に対して、より方法的な批判ともいうべき試みが生まれてくる。明治四〇年前後、日本はいわば登りつめるところまで登りつめ、過去半世紀の近代化を総体として反省する立場に到達したともいえよう」橋川文三「反近代と近代の超克」)

たとえば、当時の知識人のひとりである夏目漱石は、小説『それから』のなかで、主人公代助に「牛と競争する蛙と同じ事で、もう君、腹が裂けるよ」と叫ばせ、皮相な外側だけの西洋化を志向した日本の近代化を痛烈に批判している。漱石は、外発的起動力による外装的価値だけの国家建設の空虚さを感じていた。また、『草枕』においても外からの外圧という強制的開化による皮相な日本の近代化が批判されている。

この作品において、舟＝自然、停車場＝近代化された現実社会（文明の世）が対立的に図式化され、近代を象徴する汽車批判＝近代批判を展開した。何百という人間を一度に同じ箱に詰め込んで轟という音とともに走る容赦なしの現象は富国強兵の理念によって上からの近代化に駆り立てられる国民の比喩である。外発的な近代化による強制的開化は自我を発達させた後、今度は個性を踏みつけようとする。それによって国民は歪められ神経衰弱に陥っているというのが漱石の認識である。漱石自身も「内発的開化」と「外発的開化」の矛盾に苦しみ消耗する自己内部は自滅の途を歩み、結局、近代精神の未成熟のまま皮相な外形のみの文明社会を滑って行く運命に甘んじなければならなかった。

明治がもたらした近代にたいする煩悶は、やがて明治ナショナリズムによって構築された国家にたいする反発が生まれて来る。明治四十三年には、石川啄木が「時代閉塞の現状」を書き、明治がもたらした巨大な国家に対して懐疑と絶望をしめした。啄木は、日本は国家権力という強権が思想内部に浸透し、理想と方向性を失った思想状況を深刻に受け止め、「我々自身の時代に対する組織的考察に傾注」することを青年層に主張した。

啄木においては国家社会主義的色調を帯びながら「自然主義を捨て、盲目的反抗と元禄の回顧を罷めて全精神を明日への考察—我々自身の時代に対する組織的考察を傾注しなければならぬのである」という論を未完ながら展開したのである。国家社会に対峙しそれを正面に据え懐疑と批判の矛先をむけるべき自然主義文学がその役割を放棄していることへの痛烈な批判であった。

この啄木の「時代閉塞の現状」が刊行された年、柳田国男の『時代ト農政』が世に登場している。ユニークな農政論を展開した柳田は近代の諸問題を反近代的手法である民俗学への志向する契機となる一冊である。花田清輝が指摘するとおりに「すくなくとも柳田民俗学の成立にあたっては、『時代ト農政』にうかがわれるような柳田国男の『経世済民』の志が、大いにあずかって力のあったことに疑問の余地はあるまい」（「柳田国男について」）と農政学に包摂された民俗学への志向をのべている。

この柳田の民俗学への触発に、新渡戸稲造の「地方学」の存在も重要である。明治四十年二月中央報徳会例会での新渡戸の講演「地方学の研究」（『斯民』二編二号、明治四十年五月）に強い影響を受け、農政学と郷土感情が強く結びつけられた。柳田は新渡戸の地域農村のミクロ的な考察に感銘を受けた。また、柳田は「日本における綜合学としての農政学に一つの礎石」を打ち立てたという評価を得た新渡戸の『農業本論』にも少なからぬ影響を受けている。

農政学に従事していた柳田国男は日本の近代化に懐疑を抱き民俗学へ思想的展開を志向するが、北一輝は「明治国家の本来の理念を超越的原理として」皮相な近代化を批判した。北の場合は、伊藤博文の明治憲法を読み抜きその構造を分析した結果、天皇そのものを国家の最高機関であると規定し、国家論に論理性を与えた。万世一系の天皇を頂点にする国体論が主流だった明治期において、北の天皇論は天皇機関説であり、異彩を放っていた。

北は幕藩体制の伝統的支配原理を明治維新によって破壊し、国家の外装を近代政治学の理論で構築した皮相性を見抜いた。また、その一方で、天皇を「玉」として握り政治支配を貫徹するために擬制によって作られた万世一系の現人神とみなす復古的な国体論への批判を展開した。「諸事神武創業の古」に復帰するというスローガンの下に政治の範型を古代天皇制の祭政一致に求めた復古集中の原理を見抜いたのだ。北が唱える主眼は天皇を社会主義革命によって国民的統一のシンボルに再構築することであった。

「最高機関は特権ある国家の一分子と平等の分子とによりて組織せらる、世俗の所謂君民共治の政体なり。故に君主のみ統治者に非らず、国民のみ統治者に非らず、統治者として国家の利益の為めに国家の統治権を運用する者は最高機関なり。是れ法律の示せる現今の国体にして又現今の政体なり。即ち国家に主権ありと云ふを以て社会主義なり、国民（広義の）に政権ありと云ふを以て民主々義なり」（北一輝『国体論及び純正社会主義』）

北一輝（国家論）にしても柳田（「農」と「民俗」）にしても西洋の近代理論を枠組みにするだけではなんら根本的な解決にもならないという共通の認識があった。さりとて固陋な伝統主義に固執することがいかに愚かなことであるのかも説いている。近代の矛盾解決に独創的な方法を模索した点において二人は、共通していた。

このような思想状況は、西欧の近代を受容した聡明な知性が、明治の後半において、急速に達成された「近代」への深い懐疑と批判を表明したことを意味した。そのため、明治維新以来急ピッチで建設された明治国家は機能不全の危機的状況の打開のために地方行財政、道徳の強調による国民統合を目的にした思想の領域において国家再編に迫られたのである。

2　明治国家の再編運動——地方改良の理念

地方改良運動

明治四十年前後に、上（明治国家の権力装置）からの近代化がもたらしたさまざまな病理を克服するために、地方支配を強化しながら明治国家の再編を目指し展開された運動が「地方改良運動」である。この運動は、日露戦争後の国家再編運動でもある、帝国主義段階に突入した日本の国際競争を強化するため、国家財政の基盤としての町村の財政補強、町村合併、信仰体系の国教化の完成を意図した神社合併政策などを骨格とした。そのなかでも主要目的は地方財政の補強である。すなわち、もう少し、詳しくのべれば、増税による財政負担に耐えることの可能な町村財政（国家の財政基盤）を確立し、地方社会の再編強化を果たすことなのである。そのために「産業組合」が日露戦後、「町村経済発展による地方産業の新興から国富増強のために必要な資本蓄積の重大な機能的意義」（宮地正人『日露戦後政治史の研究』）を持つことになった。

地方改良運動についてはその諸研究書誌は豊富である。地方改良運動の研究書誌はつぎのものが重要である。石田雄『近代日本政治構造の研究』（未来社、一九五六年）、大島美津子「明治末期における地方行政の展開—地方改良運動」（『東洋文化研究所紀要』19号、一九五九年）、同「地方財政と地方改良運動」（古島敏雄、和歌森太郎、木村礎編『郷土史研究講座』7　朝倉書店一九七〇年所収）、大島太郎「公権力と村落共同体」（『日本の農村』岩波書店、一九五七年所収）、橋川文三「明治政治思想史の一断面—『地方』の擬制と実体をめぐって—」（『政治学年報』岩波書店、一九六三年、『近代日本政治思想の諸相』未来社、一九六八年所収）、宮地正人『日露戦後政治史の研究』（東京大学出版会、一九七三年）、賀川隆行「地方改良事業の社会的基盤」(『歴史学研究』四〇八号、一九七四年)、石川一三夫「地方改良運動と地方体制の再編」(『中京法学』第三〇巻第四号、中京大学学術研究会、一九九六年)、松崎憲三「地方改良運動と民俗」―「町村是」の分析から〈近代庶民生活の展開〉」(『近代庶民生活の展開』三一書房、一九九八年所収)などが明治国家と「地方」を視点にした研究書誌である。

これらの研究書誌において、地方改良運動の基本的性格については、二つの視角がある。ひとつは、天皇制下において共同体秩序の動揺を抑えその秩序の再編・補強という石田雄の見解である。つまり、「『地方改良』運動による共同体的秩序の強化確認のための内面指導」をもって行政村の整備強化をし天皇制国家の土台である町村自治制の強化を図ろうとする視角である(石田、前掲、『近代日本政治構造の研究』)。それに対して、もう一つは、宮地正人の見解である。村落共同体の単なる再編・補強というよりは、それを物的・精神的に一度解体し、町村を「国家のための共同体」として創出し、町村自治の強化を図るものとして捉えている。「地方改良運動は村落共同体を破壊しつつ、また地域社会の形成原理を喪失させつつ、それにかわって、その組織基準・価値基準をすべて国家に淵源させたところの行政町村を『国家のための共同体』としてつくりだそうとした」(宮地正人、前掲、『日露戦後政治史の研究』)

中央の「喧囂紛争」から隔絶した「春風和気」の地として非政治領域をそのまま維持するのか、それを日露戦争後の新たな国際情勢に対応するために一度壊してから再編するのか、分岐するところであるが、いずれにしても、「地方」が自己の内部からの規範創出の能力が剥奪され、政治の主体から疎外された「地方」として権力国家の末端に位置づけられたことにはかわりはない。

これらの研究書誌群の中でもやはり橋川文三の論稿が柳田国男との関連でいえば重要な示唆を含んでいる。それは軍備増強、財政補強という視点のみならず「神社合併政策」という明治国家の支配が貫徹しようとした人間心意の世界、信仰の問題、氏神の民俗形態、心性構造を対象にした視点である。

「一般に地方改良は、自治制施行以来集積されて来た自治体内部の諸矛盾を克服し、帝国主義競争力を強化培養しようとする政策であり、その主要な目的は地方財政の補強にあったと見られるが、神社合併政策は、むしろ無形の民衆心意の社会形態に対する規制と改良の試みであり、いわば直接に人間の心情ないし死生観を対象とする行政であった」（前掲、「明治政治思想史の一断面——『地方』の擬制と実体をめぐって——」）

制度的見地からの分析ではなく、橋川が「地方民俗の無形の生活原理」と「明治後期官僚の思想・論理」との矛盾から問題提起したことは地方改良運動研究において意義がある。

柳田の関心は御神体でもなければ、壮麗な社殿でもない。土地の根源にかかわる産土の神であり、心の底に潜む混沌とした由緒無き無名の神の世界、民衆の生活原理となる信仰の世界である。柳田によれば、そのような民俗学の研究対象とする無数の氏神信仰の心意領域は画一行政によって規制できるものではなかった。柳田の考えはもし正しい神社行政が施されなければ、明治国家の制度化によって民衆の信仰形態が疎外されることになり、アモルフな信仰の混乱が起こるということへの警鐘であった。
明治国家は雑多で猥雑な民間信仰の世界を無価値なものとしたが、柳田は「雑多性の中に理由を見出し、純粋な地方民衆生活の原理形態」を探求した。そのような柳田の明治国家の行政規制による「神社合併政策」に対する批判は柳田国男の「人間—地方—国家」(反政治的思想体系)という「民俗政治思想」を含むものであり、近代日本思想史において重要な意味をもっているのである。

「戊申詔書」の渙発

明治四十一年十月十三日、「戊申詔書」が渙発された。「宜ク上下心ヲ一ニシ忠実業ニ服シ勤倹産ヲ治メ惟レ信惟レ義醇厚俗ヲ成シ華ヲ去リ実ニ就キ荒怠相誡メ自彊息マサルヘシ」(十月十三日発布、官報、一九〇八年十月十八日、第七五九二号)という理念が徹底された。日露戦争後弛緩した国民思想を統合しながら、地方自治制施行以来、集積されてきた自治制内部の諸矛盾を克服することであった。

この詔書が宣下された社会情勢はつぎのような思想傾向が充満していた。

「國民の一部に於て射倖の風を生じ、遂に奢侈遊惰の習を馴致するに至り　不健全なる風潮が一時、社會を支配し、我國固有の堅實勤勉なる美風、漸く頽廢し來らんとす」(小松原英太郎「戊申詔書奉読後援会」式辞)

日露戦争後は、このような驕慢奢侈の風が一世を風靡した。風俗の浮華・軽薄、あるいは、軽佻浮薄の風、投機、遊惰が好まれ、国民精神・道徳と習俗の弛緩・荒廃が跋扈したのである。そして、その一方、日比谷焼打ち事件などに象徴される無定形（アモルフ）な民衆行動、幸徳秋水を中心とした社会主義、無政府主義の思想と運動が噴出した。そのような思想状況に対処すべき近代日本国家の再編と思想統合に迫られていたのである。「戊申詔書」はそのような急激に変化する社会情勢の中で、頽廃し、弛緩した国民思想をもう一度再編・強化し、延いては、国力養成と国運の発展を図る目的で、天皇の権威を援用し奉読された。

「戊申詔書」の奏請の発意者の内務大臣平田東助は「戊申詔書」の発布の翌日から三日間にわたって開かれた地方官会議の席上においての訓諭で、思想悪化、社会悪化の根源を除去するために、資本主義経済の浸透によって疲弊した地方農村社会の再編と健全化を図ろうとした。

国家の危機が叫ばれると常に「地方」が問題になる。明治以降の近代化は、政治・法律などの「制度」的近代化、産業の西欧化（資本主義化）、西欧思想という「ヨーロッパ」産の輸入によって急激に推進されたが、その一方では、「地方」は「チホウ」として単なる行政単位に位置づけられたにすぎず、その末端にいたるまで前近代性を温存・利用しながら官僚支配を貫徹した。つぎのような丸山テーゼはあまりにも有名である。

「日本の近代国家の発展のダイナミズムは、一方中央を起動とする近代化（合理的官僚化が本来の官僚制だけでなく、経営体その他の機能集団の組織原理になって行く傾向）が地方と下層に波及・下降して行くプロセスと、他方、右のような『むら』あるいは『郷党社会』をモデルとする人間関係と制裁様式――飴と鞭（ビスマルク）ではなく、「涙の折檻、愛の鞭」（『労政時報』一九四二・八・二一）――が底辺から立ちのぼってあらゆる国家機構や社会組織の内部に転位して行くプロセスと、この両方向の無限の往復から成り立っている。」（丸山眞男『日本の思想』）

明治国家の地方自治制は、下からの政治的民主化要求を制圧する装置として、村落共同体の非政治的情緒を温存・維持しながら中央からの官僚支配をスムーズにする有効な機能をはたした。また、その制度化の原理という視角で捉えれば、つぎのような藤田省三のそれは重要である。

「すなわち、維新以来の近代『国家』の形成が自由民権運動に対抗することによって漸く完成するに至ったこのとき、同時に、はじめて体制の底辺に存在する村落共同体（Gemeinde）秩序が国家支配に不可欠のものとしてとりあげられ、その秩序原理が国家に制度化されたのである。そうしてそれによって、権力国家と共同態国家という異質な二原理による、天皇制に固有な両極的二元的構成が自覚的に成立し、ここに天皇制支配のダイナミックスを決定する内部の二契機が形成されたのである」（藤田省三『天皇制国家の支配原理』）

確かに、「千古不磨の国体」を宣言し天皇制支配原理を制度化した近代国家は完成したが、しかし、日露戦争後の明治四十年代、明治国家が矛盾の病理を噴出させその機能不全・麻痺、行きづまりを見せ始めた時期において、国家再編・強化が叫ばれた。これについて石田雄と宮地正人の視角についてはすでにのべたとおりである。したがって、この、「地方改良運動」は、地方における自治の問題を焦点にしている。それは方法が異なるとはいえ柳田が農政学において対象化した地方＝郷土と一致するのだ。「地方」の問題に大きな関心が集まったこと自体、日露戦争後の帝国主義を迎えたと同時に国民の自発性を喚起して町村を「国家のための共同体」として創出し、町村自治の強化を図ることが急務の課題であった。「地方改良運動」に関わった井上友一は、自治の本質についてつぎのようにのべている。

「自治の本質を約言すれば地方団体は法律に由て人格を公認せられ法律の範囲内に於て住民に対して権力を有す。団体は国家より委任せられたる権力の主体にして団体の機関之が作用を為す。是等の機関は国家直接の機関に非らずして団体其もの、機関なり。団体の権限は其の源を国家に発し国家は法律の委任に由りて予じめ団体に対し自治の権限を付與す。而して団体は国家より授くる所の権限に由りて自から其の任務を処し之を完成するを以て国家に対する責任となせり。〈中略〉かくして地方人民が其協力に由て共同の利益、団体の福利を計るは自治の団体が自己の責任なるのみならず又国家に対する大なる責任なり。」（井上友一『自治要義』）

また、江木翼は、「自治団体ニヨリテ行フ行政ハ国家行政権ノ間接ノ作用ニシテ之ヲ自治ト云フ」

（江木翼『自治之模範』）と定義し、国家から委任された行政事務の処理機関にすぎないとしている。

この場合の自治は、主体的な自立、自発の概念ではなかった。国家支配に順応し自発的に協力することである。いわるゆ「疑似的自治」である。そして、この「疑似的自治」の観念を普及させ、地方発展のためにその自主的扶翼が優先されるということは、自己の責任において処理する主体性を喪失することを意味する。内部から自発的な規範創出の能力が剥奪され、「一般に対する個として、自己を原理化する契機」（橋川文三「明治政治思想史の一断面」）を失うことになるのだ。そのような擬似的自治観念は、「地方改良運動」の基本的な理念として「戊申詔書」の施行と共に実体化されていった。国家協力に対する自発性を喚起するために、本来ならば、主体的自己形成、自己変革に必要とされるはずの人間的エネルギーが、勤倹、正直、孝行などの通俗道徳の形態にすりかえられ、戊申詔書の発布・施行にもとづいて、その枠組みにおいて、産業組合の普及・発達と「町村是」作成運動が展開したのである。この点について批判を展開し、抵抗の精神をしめしたのが柳田国男であった。

「戊申詔書」と「報徳社」

地方改良運動の枠組みにおいて「戊申詔書」と「産業組合」が思想的に連動した。その思想基盤は農本主義である。日露戦後の帝国主義的発展に必要な租税負担の加重に照応して、政治支配の基礎として地方自治機関の強化のために「産業組合」が地方自治（町村自治）の堡塁として運用された。

そして、「産業組合」の中央組織である「大日本産業組合中央会」が結成され明治国家の政治的意図が貫徹されることになった。このように「産業組合」の政治的な中央統制システムが完成し、それとパラレルに産業組合中央金庫が整備され、金融システムの中央統制も完成することになったのである。しかもこの産業組合組織全体系に「戊申詔書」の理念が上からその運営において支配イデオロギーとして貫徹されたのである。これは柳田の「産業組合」を起点に経営規模の拡大から市場構造の変革を地方主体に目指す市場経済圏の構想とは大きく対立する。しかも、「戊申詔書」と「産業組合」の連動をスムーズにするために重要な役割を担い民間版的機能性を果たしたのが「報徳主義」だった。

石田雄の表現を使えば、明治国家再編強化、いわゆる地方改良運動の「新しい媒介体として半官半民的団体」(石田雄『明治政治思想史研究』)としてのスキーム(事業計画)の役割を演じたといえる。これは「指導エネルギー」が「支配エネルギー」を下から支える〈媒介エネルギー〉となり、自立・自己形成へ向かう本来の機能を失ったことを意味している。このような動きも柳田の報徳社の近代化構想(旧来の理念を活かした近代的金融組織へ改組)と対立することになるのである。

報徳社の運動は幕末から明治期にかけて二宮尊徳の門弟たちによって各地で興った。広範な農村を蔽う貧困から逃れるために、尊徳の教えである勤勉、倹約、分度、推譲の自己規律を実践し、難村の自力更生を図ることにあった。

この近代以後の報徳主義の基本理念は「戊申詔書」と一致している。報徳主義の理念である勤勉・倹約・分度・推譲は経済と道徳の一致の強調であり、階級調和の機能そのものである。このような「報徳社」の思想である勤勉、倹約、孝行、推譲などの日常的生活規範が疑似的自治に幻想化されることになったのである。

日露戦後の「報徳社」運動の昂揚は、明治三十八年十一月、「二宮尊徳没後五十年祭」を契機にしていた。内務省の主導による中央報徳会の組織化、岡田良一郎らの大日本報徳会が結成され、機関誌『其民』の配布購読の促進が図られた。ここにおいて農本主義思想が全面展開し、二宮尊徳の思想に新たな解釈と意味付けが行われた。たとえば、留岡幸助は尊徳の思想を「報徳哲学」と解釈して、その原理を「一円相」「天地本一元」とし対立の否定、階級調和を唱え、日露戦争後の農村問題の対応策とした。これは支配の論理からすれば都合の良い思想だった。

「報徳教といふものは何から水源を發して居るかといいますと、二宮翁の哲學というものから水源を發して居るのであります。そこで其哲學は、私の考える所に依りますと、佛教の一圓相といふもの、中から一ツ採って居る。それから今一ツは、中庸の中にある所の哲學であります。そこで二宮翁が一圓相から哲學を割出したというのは、茲に斯ういふ○がござります。此一圓の相が、二宮翁の哲學の由って来る所である。さうして其哲理は、一元説であります」(留岡幸助『明石講演集』)

このような報徳主義の思想が「産業組合」の組織理念に利用された。「戊申詔書」において強調された国民の思想を統合し疑似的自治を涵養することになる。「道徳」を主、「経済」を従とする「報徳社」と「経済」を主とする「産業組合」の結合によって町村財政を強化し地方産業の振興によって国家財政を補完する上からの支配体系が完成した。内務省が発行した『地方改良実例』には「報徳社」（道徳・精神機能）と「産業組合」（小農維持の経済機能）の融合が示されている。勤倹の美風と徳義心を涵養しその余剰を共同推譲する論理は前近代的思想である。本来ならこのような思想は近代化において否定されなければならないはずだが、日露戦後、帝国主義段階に入った近代日本の国運を発展させるために基層思想のエネルギーとして利用されたのである。

明治国家は「産業組合」を支配体制の安定のために政治利用した。報徳主義の通俗道徳（勤勉・倹約・孝行）をイデロギー的に幻想化し、巧妙な近代日本の思惟構造を作り上げた。民衆の真摯な自己鍛錬と努力を通俗道徳や功利的側面と一致させることは欺瞞・偽善である。それを見抜いたのが柳田国男だった。

「戊申詔書」（国民思想の統合）――〈報徳社〉（道徳と経済の一致）――「産業組合」（小農維持）の体系（基層エネルギーは農本主義）は、柳田が主張するところの農民の主体的な協同自助による自発的主体的組織とは大きく乖離することになる。つまり、前近代的道徳理念と近代的な組織形態（外装）の融合は国力の発展・充実のための手段であり、農業社会の自立発展を促すものではなく、下から近代化を遠ざけるものであった。報徳社をめぐる岡田良一郎との論争もこのような明治国家再編という時代を背景にしているといえる。

このように農村の自立・主導型の近代化が明治国家の支配に疎外されることによって、柳田の自発的な農村内部からの近代的農事改良、「中農養成の現実化」、「小作料米納の慣行」打破、地域経済圏の確立などの構想は頓挫し後退することになったのである。

柳田国男の自助尊重理念は農本主義への抵抗の精神として一層強くなる。その基層となる広範な自己形成、自己鍛錬の具体的過程を伝統の発見と歴史主義の視点に立脚し民俗の世界に求めた。柳田は主体的自己形成、自己発展の膨大なエネルギーを普遍化し「雄大なる共同生活態の為に、日本人相互の間柄を約束し調和する法則」（柳田国男『国史と民俗学』）という国民規模での内面的倫理観を創出しようとした。それは農本主義の解体を導き、通俗道徳の虚擬性・通俗性を国民規模で打ち砕く思想の形成となり、柳田国男の明治四十年代の思想が展開するのである。

3　明治四十年代――柳田国男の思想と行動

地方学の形成

柳田国男の明治四十年代の思想と行動がどのように柳田民俗学へと展開するのか、明治維新以降の日本の近代化の有効な批判となった柳田学の形成の前史として捉える必要がある。明治四十年代の柳田学の形成に関する事項年譜をあげるとすればつぎのとおりである。明治四十年、二月一日、学士会で第一回イプセン会を開く。同年、二月十四日第二回報徳会で、新渡戸稲造の「地方の研究」

を聴く。明治四十二年、三月十一日、『後狩詞記』の自費出版。明治四十二年、七月、内務省地方局主催第一回地方改良事業講習会において「農業経済談」を講演。明治四十三年、四月十六日、『石神問答』の草稿を書く。同年六月九日、『遠野物語』が三百五十番まで番号がうちこまれて完成する。同年、十二月四日、郷士会創立（後藤総一郎監修『柳田国男伝』参照）。

明治四十年代、柳田は、国家官僚として明治国家再編運動である「地方改良運動」にコミットしながら、地方強化を意図した「町村是」作成運動をつうじてその方法に懐疑と批判を持った。柳田には独自の思想があった。官僚の立場から、民俗への志向、伝統の自己認識というオリジナルな独創的方法を探求したのである。

柳田は近代農政学を軸に「産業組合」を通じて日本の農業と深く関わった明治国家官僚である。農民の倫理性と生活史を学問の対象・主題にした。それを起点に地域経済の活性化から「一国人総体の幸福」という地域主体主義から国家発展を希求する近代化を構想した。しかし、己の経済学や農政学における近代的学問体系に対しても懐疑を抱き始めていた。確かに近代化と啓蒙を拒絶する日本の農業の問題は深刻であった。農政学の対象となった農村社会の生活論理や農民の思考は、生活の知恵の積み重ねであり、その重層な構造は悠久の歴史過程のなかで形成されたものである。近代的学問の英知によって体系化されにくいことは当然である。しかも、伝承、口碑という文字によって記録されない形で残っている。そのためにそこから精神世界における信仰などの心意現象や土俗的な生活誌を知らなければならない。その価値を発見するためには、たんなる近代農政学の啓蒙対象でしかなかった農民の生活実態、内実へと踏み込む必要がある。ここにおいて、柳田には民衆生活の奥底に潜むものへの探求と日本人の「原始的な心性と内在的な共感」が生じてくるのである。

柳田は「産業組合」設立、普及のために講演・農業調査ための旅に出た。天草地方の旅行で遭遇した現象は柳田の学問的転換に大きな影響をあたえた。

柳田は「習慣が、今日の如き極めて新しい文明社會の風俗と併存して居る状態は、到底單純なる法則の下に、社会の行動を律し様とする書生の想像には及ばない所かと思う」とのべ、最も僻遠な村での言語や習慣のなかで、近代という時代をむかえた今日でさえ、数百年前の残滓が存在し合理的機能（近代思想からみれば非合理的方法）を発揮していることに着目した。さらに「此山村には、富の均分といふ如く社會主義の理想が實行せられたのであります。『ユートピア』の実現で、一の奇蹟であります」と西洋思想と同質の共同体倫理観を訪れた僻村において発見するのである。柳田には新たな展望が生まれたのである。

柳田の「産業組合」論が地方経済の地域分権化を確立し、そこから近代化の主体を志向するとするならば、経済事情の複雑な現象を対象にしなければならない。つまり、「産業組合」論が地域分権論の立場をとれば、一国一府県一町村の経済事情の差異が透視され、それぞれの特殊事情に適応した観察と判断による政策と指針の必要性に迫られてくる。それが、中央から地方に一方的に支配が貫徹し、近代化の推進が下降していく明治国家の政策に対する有効な批判概念が生まれ、「地方＝ヂ（ジ）カタ」学の理念形成へと結びつくのである。

柳田は「地方＝ヂカタ」については、すでに『農政学』において藩政時代の仁政にもとづく「地方学」と別個な経験科学による「地方学」の構想を志向していた。
「我国に所謂『地方の学』の変革は、彼の独逸に於る政策学（Kamerlwissenschaft）の発達とは頗其趣を異にせり」（『農政学』『定本柳田國男集第28巻』）

そして、あたかも、柳田農政学から民俗学への思想的展開を予見していたかのように、明治四十年二月十四日、中央報徳会例会で、新渡戸稲造の「地方学の研究」が講演され、「科学」としての「地方学」の提唱とその実践的活動が説かれた。

新渡戸は、「小さいものでも、或るものを確かに研究さへすれば、何でも世の中の事は分かる」とテニソンの詩を引用しながら、「ミクロスコピーデモクラフ井（ヰ）ー」（民生的の顕微鏡観察）、いわゆる、民生的な顕微鏡の眼で小さな一村から国全体を見る方法をのべている。顕微鏡で「バクテリア」を観察するように人間の生活行動―村―国全体を微細に観察するのである。

「民政といふと国民全体の事を見るのであるが、さうではない。其中の小さい区画の、一郡或は一村を見る。それをズット見て居ると今の『バクテリヤ』を見る如く、人間が斯うして動いて居る、己れの村ではどこの嫁さんはいつ結禮して、何箇月目に子供をもったとか、婆ァさんがいつ死んだかとかいふことを、ズット平均して見ると、日本国中国民の生命は何歳が平均であるとか、生れる率がなんぼで、死ぬ率がなんぼであるといふことまで、すっかり分らなければならぬ」（新渡戸稲造

「地方学の研究」)

新渡戸はこの方法をアメリカでアダムスという学者から学んでいる。

「私が亞米利加に居った時分、就いて居った先生のアダムスといふ人が、米国の憲法を調べるに、小さな自治団体から調べろといふことを頻りに主張した。と云ふのは一国の議会たるものも、即ち村の議会にチャンと出来て居る、内閣もあれば、宮中顧問官見たやうなものもある。何もかも小さいながら機関がチャンと備わって居る」(「同上」)

微視的な特殊から巨視的普遍性という発想は柳田に「農村生活は地方ごと単一」ではなく「顕著なる差異懸隔」を認識させ、柳田自身も大きな影響を受けたことは確かである。また、微視的(特殊)から巨視的(普遍)という発想は人間―村―国全体を考えることは中農―地方経済―国民総体の幸福、延いては人間―地方―国家という「反政治史的思想体系」と一致するところでもある。

新渡戸はすでに『農業本論』においても「地方学(Ruriology)」を提唱していた。それは経験科学にもとづく学問が農政学から民俗学への志向が強まる柳田のために用意されていたかのようであった。

「地方学」を「ヂカタ」と読ませるところに、地方＝主体という思考がある。この民俗学を包含する経験科学による学問は「産業組合」論を展開し地域の主体を確立しようとした柳田には新鮮なそれとして映り、新たな学問思想形成に影響を与えたのである。

新渡戸の影響を受けた柳田は「産業組合」思想の歴史的沿革を「日本における産業組合の思想」において「日本の産業組合を研究しこれを発達させて行こうとなさる人々は、ぜひともその沿革を明らかにしておききになる必要があります」とのべながら、この問題に言及し、取り組むことになった。柳田は相互自治による組合思想の可能性を求め、伝統・固有に対する認識を徹底化するのである。

柳田は西洋の舶来制度の万能性への安易な賛美と頑迷固陋にそれを嫌悪する二つの極端な勢力の問題をとりあげた。後者の「西洋制度に不安を抱く人」に対して、「西洋で完全無欠の制度と目せられる産業組合の制度もあるいはわが国には適応しないものではないかという懸念」に対して歴史的道理をもって応える姿勢を明確にした。そして、日本人には産業組合を組織する素質があるのか、その必要性があるのかという命題に対して過去の事例を問い、そのような歴史主義の視点から論を進めたのである。

例えば、産業組合の自治の概念や相互主義が日本に歴史的に機能してきたことを朱子の社倉、義倉の歴史に求め、その運動形態の報徳社に受け継がれてきたことをしめし、日本において「産業組合」を組織運営ができる力があることを証明しようとした。

柳田は歴史的な問いを進めながら、改めて産業組合の恩恵の必要な農民層を認識する。市場経済に力がない者、仲買・問屋・買主と伍して経済活動ができない者、資本が乏しく販路拡大ができない者、いわゆる田畑を手放して転業や兼業のできない「地持小農」に産業組合の必要性を説くのである。当然、柳田はJ・S・ミルの理論を金科玉条のごとく信じ「地持小農」の保護を唱える経済学者を批判している。柳田の場合は小農保護でなくて「産業組合」によって自立した企業経営による農業経済者への成長である。そこには外国の農産物との競争も視野に置かれており、自立成長の手段としての「産業組合」の意義は従来の柳田の思想において終始変わっていない。

抑々、「産業組合」の歴史は西欧でも五、六十年の歴史しかない。日本でも成立後僅か十年も経っていないのだ。日本には「産業組合」的な思考による伝統社会制度・組織が近代以前に存在しており、柳田は封建制度の時代に主家―従属の関係における困窮救済方法、経済的不幸をふせぐ社会組織、「現在の組合に代わるべき制度」の歴史経緯をのべたのである。確かに柳田はそれ以前の農政学の著書において近代以前の社倉・義倉・常平倉の三倉、報徳社への言及は見られたが、より具体的に微細に歴史事実の諸相と変遷・沿革が展開されたわけではなかった。だが、「地方学」に出会うことによって、民俗の根源への探求がより深まることになった。そして、〈媒介エネルギー〉となる村のサブリーダー、名望家層のリーダーシップによる相互主義と荒政自治の歴史をのべるのである。

柳田はさらに系統連絡の機能を持つ報徳社の成功例を示し、伝統的な相互主義と系統連絡による組織運営の歴史的な意義をのべ、一町村単位での組合の組織を主張した。

「先ほど申したごとく組合は一町村を区域とするが最もよろしいが、かくのごとく小さい区域にしておけば風水旱湿のごとき一般的の災害が来た時には、せっかくの組合がかえって役に立たぬということになる。しかるにもし組合が各地方間聯絡しておりますれば、同じ一国中でも一方の比較的に困難の少ない地方からその余裕を難渋な組合に貸すということ、すなわち有無相通ずることができるのであります」（柳田国男「日本における産業組合の思想」『時代ト農政』所収）

柳田の視点は民政的な顕微鏡の眼で地域を視るがごとくである。小さな区画の一村という微視的特殊から巨視的普遍という日本全体を考えて行く視角なのだ。そこには、「現在の生活を観察することから始めて、次々に遡ってこうなって来たわけ」、つまり、その現在に至るまでの要因を解明する柳田の態度が見られた。そして、柳田は後に『日本農民史』でのべたように「第一に村、それから村を作る家、それから家を構成する人のことを考え、その次に人と自然との交渉、人と他の人との群との関係を知るために、生活技術・生活様式の変遷を考え、そうして最後に我々に与えられている機会、まさに来らんとする歴史、すなわち我々の学問の結論」（柳田国男『日本農民史』）を導くのである。

このような柳田の学問視角にはやはり、「経世済民」の理念は衰えず、農政学の社会政策においてすでに「国家ノ生命ハ理想トシテ永遠ナリ個人ハ百年ノ身計ヲ為ス必要ナキモノ国家ハ常ニ永遠ノ為ニ企画セルヘカラス」（前掲、『農業政策学』）とのべたように柳田には近代日本の将来を願うナショナリズムの心情が存在する。

「法律は元来国民のために作ったものでありますから、社会が必要と認むればいかようにもこれを更えることができます。とにかく今後永遠に栄えなければならぬ日本国でありますから、我々は自分の技倆が十分でないからといって他人の計画実行を待ち、その結果だけを受けるということではいかぬと思います。〈省略〉何とぞ諸君も率先して組合を研究しかつ全国の組合にこの趣旨を透徹せしめられんことを希望いたします」（前掲、「日本における産業組合の思想」『時代ト農政』所収）

柳田がこのようなナショナリズムの心情を強く意識すればするほど「地方」の特殊事情や町村の歴史過程、いわゆる民俗学の問題への関心が高まってくるのである。西洋の学問ではなく自国の歴史を知る学問、つまり、新渡戸からの影響を受けた「地方＝ヂカタ」学の構想が柳田の内部に形成されたのである。

都市と周辺農村を包摂する地域を主体に近代化構想を現実化するためには、日本民俗の内側を探り、根源を追求しなければならない。そして、その内視鏡をもって己の民俗の過去とその変遷を自己認識することが重要である。柳田が地域経済圏の確立と振興を志向すれば、明治国家の国家形成の方法論、上からの近代化そのものに深い懐疑が生じてくる。

明治以来の近代化の過程において、科学的な真の政治学、政策科学というものは存在しなかった。明治国家の「官僚主義的画一支配」が中心となり民衆の生活原理に立脚する視点が欠如していたのである。

「柳田にとって、もともと国家もしくは政治が問題ではなく、一般民衆＝常民の生活が究極の価値基準であったということである。柳田は常民の生活向上の政治学を考えたのであり、国家ないし支配の近代化に奉仕する政治を考えたのではなかった」（橋川文三「柳田国男―その人と思想」）

柳田の近代国家の政治政策が支配に奉仕する政治でないとするならば、地域住民の手による「地方＝ヂカタ」理念、郷土研究という民俗学の手法に向かうのは当然であり、その契機である明治国家への懐疑と批判の本格的な検討が必要といえよう。

柳田国男の「町村是」批判

柳田の青年期はまさに思想の展開だった。明治三十年代に見られた西洋の近代農政学をもって日本農業への啓蒙から、やがて、明治四十年代において独自の日本の農業経済の確立、そのための民俗への模索と探求へと、その過程のなかで自らの学問・思想を形成したのである。

内務省地方局は、国家再編事業である「地方改良運動」を具体化するために地方改良事業講習会を開催した。この講習会には、地方事務官、郡長、町村長、など全国から百五十名ほど参加している。一木喜徳郎、井上友一、中川望などの内務官僚や、農商務省の官吏などの地方行政の専門家が講師を務めた。この開会式における「平田内務大臣訓示演説」では、国家の発展はその根本である「地方」が活性化されなければならないという点が強調された。そして、そのために必要な地域開発の基本方針が「町村是」である。中川望は、町村の沿革と現在の調査・将来の指針の設定を封建時代の尊徳の仕法と巧みに組み合わせている。そして、改良事業の範囲は、自治事務と財政整理、経済殖産上の問題、訓育風化、勤倹貯蓄の奨励に及んだ。

「この頃地方改良の最も中心的なものとして考えたのは『町村是』の運動で、それは尊徳が『仕法』において、先ず貢租の必要額をしらべ、それともその村の生産額とを比較計算して、その村の実情に応じて、禁酒をするとか、新しい増産方法を考えるとか、工夫して収支のあるように計画して行く、あのやり方にならって、村がうまくやりくりして行くように指導しようとするものであった。その為に明治四一年から郡長、地方課長などを集めて地方改良講習会をはじめると共に、旧藩時代に藩政をうまくやった例を参考にするために井上［友一］、国府［穂徳］、白石［正邦］らの人々が熱心に研究してそれを発表したりした」（石田雄『明治政治思想研究』）

日本の近代化を地方自治という視点でみると、明治維新以降の国家―地方―人間という支配序列が中央からの画一的政治行政によってそのフレーム（枠組み）が作られた。その典型的な地方理念が現れたのが「町村是」作成運動である。しかも、町村の沿革と現在の状態の調査・将来の指針の設定が封建時代の二宮尊徳の仕法とコミットし、道徳倫理を強調する報徳主義の機能が地方改良運動推進の中核を担っていた。

柳田は明治官僚の一人としてこの運動に関わっていたが、やがて、すべて国家の理論からすべて発想するというその政策理念に懐疑をいだき、人間の生活↓地域↓地方↓国家という位相にたって日本の近代化の矛盾を解決する方法を模索した。

明治四十二年、法制局参次官であった柳田は、内務省地方局主催で開かれた地方改良事業講習会で「農業経済談」を講演した。この講演が「農業経済と村是」に改題され『時代ト農政』に所収されたのである。

農業者主体の農事改良を提唱していた柳田は、地方行政の骨子に農業経済の問題をとりあげている。柳田によれば、日本の農業経済を確立するためには、まずそれぞれの地域の経済事情を熟知しなければならない。その事情に適応した農業行政が必要である。つまり、柳田は、地域に即した農業経済学の確立という視点で「町村是」のビジョンを描いていた。地方によって異なる経済事情を調査し、日本の将来を見越した村是の決定についてつぎのように論じている。

「その狭い土地の生産力を如何にすれば増進し得るであらうか、此等の問題は凡て一町村の将来の産業方針を定める先決事項でありますから、是非とも村是として予め之を議定し置くべきで、決して時の人々の希望位に応じて行きあたりばったりに処理するべき事柄ではありません。よく考えて見まするると道路の開鑿でも公園の新設でも乃至は植林でも、一つとして総括的、系統的の土地利用計画の中に入れずして差支えないと云ふものはありません。限りある村の地でありますれば、一方の用に沢山充てれば他の一方に不足するのは分かり切ったことです。同じく土地の利用と云ふうちにも田畑の如く増せば増すだけ結構と云ふ直接生産用地と、宅地や道路の如くもし幸いに少なくても目的が達せらるゝならば少なくて済ませたい間接生産用地とがあります。又同じ直接生産用地の中にも自ら必要の緩急があります。一定の町村是に合せしむる為にはよく根本の立場からこの適否を決せねばなりませぬ。」（柳田国男「農業経済と村是」『時代ト農政』所収）

しかし、明治国家主導で作成された実際の「町村是」は、柳田がのべているように地域の綿密な調査にもとづく農業経済とむすびつけられたものではなかった。中央の単なる机上で作成されたひな型をそのまま模倣したものにすぎなかった。つまり、地方の生活原理を十分に調査せず、画一主義を前提に一定の与件の特定の目標を達成するための目的合理性のみを優先させた全国画一の町・村の将来計画だったのである。

柳田は、このように地方の特殊事情を無視し、「ろくに是ぞ調査を遂げ、計画をたて丶見た者が無かった」（「農村雑話」）と自らの眼に映った「町村是」作成運動にたいしては、その初動の段階において早くから批判をのべていた。近代化を合理的に設計することへの懐疑と批判である。

「是迄大分の金を掛けてこしらえ上げた各地方の村是なるものは、未だ十分に時世の要求に応じ得るものでありませぬ。成ほど所謂『將來に對する方針』の各項目を見れば、一つとしてよくない事は書いて無い。之を徹底して実行すれば必ずそれだけの利益がありますから、無きに勝ること万々ではありますが、如何せん実際農業者が抱いて居る経済的疑問には直接の答が根っから無い。それと云ふのが村是調査書には一つの模型がありまして、而も疑いを抱く者自身が集まって討議した決議録ではなく、一種製図師のような専門家が村々を頼まれてあるき、又は監督庁から様式を示して算盤と筆とで空欄に記入させたやうなものが多いのですから、此村ではどんな農業経営法を採るが利益であるかと云ふ答などはとても出ては来ないのです。真生の村是は村全体の協議に由るか、少なくも当局者自身の手で作成せねばなりませぬ」（「同上」）

柳田が批判した「町村是」は、「興業意見」の集大成者である前田正名の調査資料を起源としている。それは、町村是調査の唱道者である前田の明治二十五年の福岡県浮羽郡の殖産調査を先駆とし、それから、明治三十年頃までに全国を八農区にわけて、その模範となる「村是」ができあがった。

「前田正名氏が在朝の時より是れが調査の必要を唱道し、明治二十五年福岡県浮羽郡に於て殖産調査を行ひ、爾後の成績を鑑み、氏は益す是れが実行の急なるを思ひ、明治三十年の頃、嘗て氏が統轄せし農会に於て、全国を東北、関東、北陸、東海、京摂 中国、四国、九州の八農区に分てるものあるものに依り、其各農区に一個の模範を町村是調査を為さしむることとせり」（森恒太郎『町村是調査指針』）

「町村是」、統計調査、沿革調査、将来の仮定を三要素としている。ちなみに四国農区の愛媛県温泉郡余土村をモデルとした調査資料項目を記しておくと、まず、統計をともなった基礎資料としての「統計調査の部」（上巻）は、「第一土地」「第二戸口」「第三財産」「第四負債」「第五教育」「第六衛生」「第七公費」「第八生産」「第九商業」「第十労力」「第十一利息」「第十二村外」「第十三生活」「第十四耕費」「第十五負担」「第十六欠損」「第十七収支」の十七項目が取り上げられ、「沿革調査部」（下巻）として「第十八地理」「第十九職業」「第二十風俗」「第二十一経済」「第二十二附録」の五項目が設定されていた。そして、余土村の「村是」（『將來之假定』）はそれらのデーターとして「風俗矯正」「勤倹貯蓄」「共同購入」「小作保護」「土地改良」「児童教育」「青年教育」「織物改良」の八項目があげられ実行目標が掲げられている（『同上』）。

この統計の作成は、正確な科学主義にもとづく数値によって帰納的に集積したデーターをある程度は表示している。しかし、統計によって数値化しにくい微視的な歴史的沿革・重要な価値を包蔵する慣習的体系やその雑多・猥雑な土地の固有事情は、はたして全国一様な画一的なモデル設定によって正確に把握することができるのだろうかという疑問がある。なぜなら、それは「それぞれ異なった経済事情を現出せねばならぬ道理」を欠くものであり、数十百の特殊経済事情、複雑細微な経済事情を網羅するものではなかったからである。

「前田正名翁の同志者はこれを村是と名付づけました。なるほど村で将来の計画を村是といっているのはもっともですが、単に勤勉とか時間励行とかいう普通の道徳語を列記してすましていたのは、あまりにも冷淡でありました。〈中略〉隣の村や隣の町とは趣の異なることが察せられ、全国一様の村是ではすまぬ道理も分かるはずであります」（柳田国男『郷土誌論』）

確かに、近代行政学は合理的計画を構築する西洋の政治学や行政学の知識を普遍原理としている。しかし、その合理性・能率性だけでは、千差万別な住民生活・実体に内在する原理、具体的な個別事象、さまざまな地域の特殊事情に応える政策は不可能である。たとえ町村是作成運動が統計調査や沿革調査という科学主義に立脚し、それが明治国家官僚の合理主義的な思考と符合していたとしても、それが果たして民衆の生活事実と個々の特殊性を踏まえた調査結果であるかどうかは別問題なのである。

特殊（地方）から普遍（国家）への発想

当時、中央から「町村是」の作成を命令した啓蒙ブルジョア的内務官僚の顔ぶれをみればいずれもヨーロッパの近代学問を修得し、それぞれの専門領域のエク（キ）スパートである。内務局長床次竹二郎以下、中川望、井上友一、水野錬太郎らの官僚は、いずれも海外に留学して地方自治行政を学び、日本国家の政治行政にその智力を注いだ行政官僚である。

しかし、柳田がすでに指摘しているように、彼らには、猥雑で雑多・多様な地方事情の特殊性を十分に調査してそれをもとにした地方行政を実施しようという発想や考えはなかった。だが、一応は形式にのっとり地方の良き理解者のように装い、欺瞞化しているにすぎなかった。地方の実体を把握せずに一般命題にもとづいて推論し統計学や表式化を駆使して機械的に自己の理論を主張する傾向があった。そして、彼らの思考には、日露戦争後の帝国主義段階に入った日本の国際競争力を強め、国家の発展と繁栄を希求する国家主義が内在する。国家の発展・膨張に対する強い願望から自己と国家の同一化へ向かうことは明治国家官僚の共通の精神構造である。明治維新以来のバランスを崩した日本の近代化もこの極端な国家主義にもとづいて急速に推進されてきた。このような明治国家官僚からは、国民の内発的自発性を喚起することが欠如している。したがって、彼らからは地域住民の生活の特殊性を把握し多様性から単一性に還元する科学的な根拠を有する調査・計画を基準とした「町村是」の作成という発想は生まれてこない。あくまでも、国民に対して内在的理解を欠いた「町村是」である。

「小にして町村自営の途を求め、大にしては国家百年の基を樹つるものなれば、町村是調査は目下の急務なり。百般の施設経営皆此中に存す。殊に世界列国の大勢は互に其実力を競うて以て強大の勢力を作らんと欲し、時代は将に実力の養成を促すこと切なり。されば、実力の養成は先づ之れを内に求め、町村其者の発展に俟つて而して之を国に及ぼさざる可からざるは當然の理なり。其本確立せずして其末何ぞ栄ゆ可けんや。此を以て町村是調査を必要なりとする所以なり」（前掲、『町村是調査指針』）

柳田はこのような当時の明治国家官僚のそれとは、発想形式が異なっていた。明治国家官僚に共通な思考は西欧普遍主義である。それに基づく画一主義に対して、柳田には特殊から普遍という帰納主義的発想形式が存在する。

柳田は、画一的な地方行政では掬いきれない日本的特殊事情を把握することによって、国家の百年の大計を志向した。たとえば、東北、九州と地域はもちろんのこと、同じ地域の枠内でも山間部と平野地では様子もかわり、生活習慣の差異、人口の過疎・過密、撞着の先後、職業の相異などそれぞれ個別に生活条件の多様な実態を示している。地方の政治行政が多様な複雑さをもった個別の特殊を対象とした場合、きめ細かい微視的な調査によって得た共通の論理構造を把握する普遍的方法が必要なのである。

「奥羽と九州とはもちろんのこと、同じ県郡の中でも山地と平地とは様子がかわり、人口の粗密とか土着の先後とか、職業の相異とか交通の難易とか、その他万般の条件がいつまでも纏面しまして、一箇村として他所の町村是を借りて来て間に合せ得るものはありません。ゆえに一郷ごとに新たに事情を理解するの必要があるのです」（前掲、『郷土誌論』）

柳田は、「町村是」作成そのものに反対しているのではない。それがどのような方法理念で作成されるかを問題にしていたのだ。では、柳田が意図する「町村是」とはいかなるものなのだろうか。それは、地域の実情に即して住民自らの手による調査・計画にもとづいて作成されたものである。そこで、柳田には「町村是」調査のために、地域の風土、生活、農業形態、商業生産・流通・販売、文化にわたるすべての歴史過程を知る学問を発展させる必要があった。

「いわゆる村是の調査のために村史の観察の入用なのはまったくこのためでしかも同郡此の隣の各大字間すら、実情の異動が稀でないことは、いよいよもって郷土誌を、活きた研究となすべき理由をなすのであります」(『同上』)

明治四十三年、新渡戸稲造を中心に「郷土会」が創設され、柳田もこの会のメンバーとして精力的に参加した。これが柳田にとって過去と現在の構造化を知る学問への途となる。民衆の生活から地方＝郷土を単位とする地方学の発想を得るのである。

この「郷土会」が母胎となって、大正二年に『郷土研究』が創刊され、今日の民俗学会の基礎となった。そして、柳田の地域を知るための学問である郷土研究の方法と範型を具体的に展開したのが『郷土誌論』である。

4 『郷土誌論』における方法としての「地方」

柳田国男の歴史理念はいったいどのようなものであったのだろうか。ここで、はっきりといえることは、文明開化以来の歴史理念、いわゆる、啓蒙的な合理主義に貫かれた規範・形式主義の「ブルジョア＝自由主義」的歴史観とは異なっていた。急進的な合理主義にもとづく設計主義でもなかった。また、それは、ヘーゲルの民族精神のように歴史と思考の弁証法を展開するものでもなかった。「現在の中の過去の追求を未来へと媒介する」という重層化する歴史観が貫かれ、その主体が平民、昭和期に成立する後の常民の理念である。

柳田は、すでに農政学の体験のなかに地域の学問の必要を認識していた。農業者主体の農事改良の提唱、「産業組合」の設立と認識の拡大、農業の経営規模拡大と地方工業の関係、また、地方から中央という市場構造の転換もすべて住民生活の集合体としての地域が主体に考えられていた。民俗学以前とはいえ、柳田にはすでにその視角が存在した。

地域とは、土地一定区画の名称にすぎないが、そこに親、兄弟、親戚、友人、隣人など、人間の絆や山、川、田畑などの自然的風土のなかで育まれた感情が移入されると「郷土」という概念が成立する。それは、中央から見て国内の一部分の土地を示す行政単位の「地方」と区別される。

柳田が「農政学」において、西洋の学問知識を普遍的原理とした方法では、容易に捉えきれなかった特殊性が、農村・田舎・地域・郷土・地方という空間のなかに有形・無形のものとして内在している。柳田は、地方自治制の行政単位と区別した「郷土」を対象に「国内の地方研究がしだいに全帝国の政治意見と、生活の理想」（柳田国男『青年と学問』）となることをそれとし、特殊から普遍的価値を発見し日本全体を考えていこうとする視角を生みだした。

柳田が「町村是」の関連で書かれた『郷土誌論』でもっとも主張したかった点は、第一に国家レベルの歴史において充分に記述されなかった平民が歴史の主体であるということである。悠久の歴史過程で形成された郷党社会の生活原理や共同体秩序原理を担ってきた平民の歴史を書くことであり、これまでの権力国家を担う英雄中心主義の歴史観への批判も含まれる。第二には、目の前の生活の疑問に答えること、そして、第三として平民の生活領域である地域を比較しその差異を認識することによってそれを普遍化し地域からすべて国家を考える、という三つの点である。

金原左門はこの点に着目した。『地域をなぜ問い続けるのか―近代日本の再構成の試み』において柳田の『郷土誌論』の再検討をし、つぎのような枠組みを設定した。1実証科学性と帰納主義的方法、2民衆主義思想、3批判主義にもとづく社会的な立脚点政治的位相。この視点は近代日本の再構成の試みとして地域を主題にした柳田国男を論じている。

柳田は歴史の主体についてつぎのようにのべている。

「私などは日本には平民の歴史はないと思っております。いずれの国でも年代記はもとより事実だけの記録です。これへ貴人と英傑の列伝を組み合わせたようなものが言わば歴史ではありませんか。なるほど政治と戦争とは時代の最も太い流れで、いかなる士民のはしくれといえども、その影響を受けぬ者はなかったでしょう。しかし事績の記事だけを見て、これに向った国民の心持を推定するのは、写真機械を望んで人の顔を想像するようなものです。当ればば奇跡であります。かように後世の我々が国民の過去をゆかしがることを知ったら、昔の歴史家も今少し注意して書き残してくれたかも知れませんが、実際多数の平民の記録は粗末に取り扱われて来ました」(前掲、『郷土誌論』)

ここで、柳田の平民を明確に規定しなければならない。この場合の平民とは「小さな円の中に眼と口とだけを書いてこれを見物となづけ、そのまた後には無数の丸薬のようなもの」(『同上』)ではない。前近代においては「槍一筋の家柄で、子孫があればきっと名主などを勤め、学問もすれば人をもよく世話をし」(『同上』)、近代という新時代に至っては、「代議士や県会議員など」も多く輩出するような有力者を指す。これが、柳田のいう叡智と判断力に富んだ「村半数のインテリ」といえる。柳田の農政論で言えば、主体的な実践力を持つ中農のイメージである。

柳田はこの平民が「町村是」作成の主体になることを期待した。つまり、柳田は花田清輝が「柳田国男の思想を、『在村地主イデオロギー』といったような言葉でかたづけてしまうのは、いささか乱暴なような気がしてならないのだ」とのべたように、現実の諸問題の解決に取り組む内省的な人間であるサブリーダーの養成がそこには内在しているといえよう。これは柳田の農政学時代からの課題であり、行政目標の達成のために主体的な自力で問題や課題の処理・解決能力をそなえた人材の養成である。

徳富蘇峰は、明治二十年代明治政府の極端な欧化政策による土地の近代化に対して、下からの近代化を主張して地方社会に活力をあたえるために、その担い手として地方のインテリ、豪農層に期待した。これがいわゆる「田舎紳士」といわれるものである。この蘇峰の「田舎紳士」は独立自営の人々であり、ある程度の教養を身につけ生産者としても独立し「国民の元気」を維持する人たちであった。柳田の平民は、蘇峰の「田舎紳士」も含めるといえる。

「田舎紳士とは何ぞ、英国にていわゆる『コンツリー、ゼンツルメン』にして、即ち地方に土着したるの紳士なり、彼等は多少の土地を有し、土地を有するが故に、土地を耕作するの農夫、農夫によりて成り立ちたる、村落に於ては、最も大切なる地位を有せり、〈中略〉この如く土地の上より、門地の上より、習慣の上より、言うに言われぬ一種の勢力を其の地方に有するものは、これ即ち田舎紳士なり（徳富蘇峰「隠密なる政治上の変遷」）

また、すでにのべたとおり、柳田が定義した平民を柳田農政学の範疇でとらえてみると中農レベルの自作自営農民、中小の地主に相当する。柳田も明治三十年代から四十年代にかけての農政学において日本農業の近代化の担い手をこの独立生産者に期待した。この場合の独立生産者とは、先祖代々その土地に在村し村の指導者として歩んできた手作り地主である。

「数百年来田舎に居住し親代々土地を所有し、昔も今も未来も国民の中堅を構成する地主諸君是なり、小作米の俵を土蔵に納めて留守中の妻子に食わしめ、身は常に国事又は県事の為に奔走すれども、其心は須臾も農事の進歩を忘れざる地租納税者は即ち其人なり」（柳田国男「中農養成策」）

蘇峰は近代化の担い手を「田舎紳士」と称する豪農層に期待したが、そこに主体性を探求できず、豪農層が分解し産業資本家として中央を志向し始めると、やがて、三国干渉後、国家主義へと思想の重点が移った。国体の最終の細胞である地方のインテリに期待した平民的欧化主義と地方からの内発的な近代化のヴィジョンは崩壊したのである。それに対して、柳田は、産業組合論、報徳社運動批判、小作料の金納化などの日本農業の諸問題に取り組み、日露戦後の農村危機（急激な階級分化と資本主義独占資本の吸着）を受け止めた。地方改良運動に重大な関心をしめし、この運動に関わりながら豪農層の日常生活のなかで展開する民俗の特性を把握することによって、近代化を受け入れる基盤と主体を歴史的に根拠づけようとした。また、同時に急激な民衆生活の変貌状況において近代化の障害となる根源的な要因である「社会に内包された思念の複雑性やそれとの重層性」（前掲、『柳田國男の国民農業論』）を民俗学の視点から分析しようとしたのである。

柳田の民俗学への志向が顕在化されて行く過程において、後に平民は常民に置き換えられる。その概念は「極く普通の百姓」と近世における本百姓に相当する村の中間層も含むようになる。たとえば、無識のものであっても、かつては祖先が領主で、それが歴史の運命によって今は「小百姓」に零落しているが、祖先の偉業を常にプライドに持ち「それぞれの事項の真偽と価値とを、判別する力」（『同上』）をもった者、また、文字ではうまく表現できなくても日常の経験から得た知識で巧みに理屈を操れる者、というような人たちを含む。それらの常民は西洋から舶来の学問体系を身につけたインテリゲンチャーと言われる知識人とは明確に区別されている。抽象的な理論体系よりも、具体的な経験知性によって判断力に富んだ人々である。

「然らばその民間伝承の研究の眼目はどこに在るのかといふと、其答は何よりも簡明である。我々は民間に於て即ち有識階級の外もしくは彼等の有識ぶらざる境涯に於て、文字以外の力によって保留せられて居る従来の活き方、又は働き方、考へ方を、弘く人生を学び知る手段として観察して見たいのである」（柳田国男『民間伝承論』）

演繹的な学問の推論よりも、重大な解決すべき問題に直面した場合、論理的体系こそ持っていないが、日常生活の中で培った経験知識のほうがその解決のための真理をつかむ場合がある。柳田は、村を指導してきた有志者と「文字以外の力」、いわゆる、経験から得た知恵と判断力に富んだ人たちが「一郷一地方を舞台として開展した古来の社会現象」（前掲、『郷土誌論』）、「地方地方の平民の思想、及びこれに伴う生活の変想」（『同上』）という自らの歴史を認識することによって自発性と主体性を内発して、複雑な問題に対処し、地域住民の幸福を実現することを期待した。

だが、丸山眞男によると、共同体構造を維持したままこれを天皇制国家官僚機構にリンクさせる機能を法的に可能にしたのが山県の推進した「地方自治制」である。さらに丸山は、その社会的な媒介となったのがこの共同体を基礎とする地主＝名望家支配であるとのべ、下からの民主化の脆弱性を指摘した（『日本の思想』）。

確かに、丸山は天皇制支配の制度化の二つの契機の下部構造である共同態国家（伝統的自然村落共同体＝郷党社会）の生活原理である非政治的情緒性を権力国家の「基礎的素材として温存・維持するために地主＝名望家の前近代的な人的紐帯」を利用した政治力を駆使した点を強調した。そのような共同態国家を支える名望家支配の政治は「相互の規矩のない欲望としての利益」を無言の内に納得させる技術を必要とするのである。

しかし、柳田は、むしろ、日本資本主義の発展において農村危機が叫ばれ、在村地主層の本来的な存在意味が喪失した時期において、その存在の意味を捉えなおした。近代化を達成するための最深部の原動力ともいうべき建設的なエネルギーを底部の基層に求めたのである。そこには媒介となるサブリーダーの存在が必須なのである。

彼らは農業の現場を掌握しており、農事に専門的なスキルをもっている。殊に農業は自然現象に左右されやすい分野であり、経験から得た知識・知恵が重要視される。発生する問題に対処する実務能力をもつリーダーの役割を担っているのである。

柳田は理念化された近代思想像のモダニズムのドグマに陥穽することはなかった。悠久の昔から連綿と続く伝統や生活文化の中から広汎な自己形成にみられる人間的エネルギー、自己鍛錬による自立の確立の具体的過程を歴史的に根拠づけようとした。柳田が村の有志者に自覚を促したことは「個」としての強靭な自立の思想と自己変革への期待である。それが、近代合理主義と整合性を持ち国民全体の意識が開かれたものになれば、「田舎の幸福のために、同時にこの国の栄誉」(前掲、『郷土誌論』)という地域からの主体が形成される。あきらかに、柳田には自己変革から、政治・社会改良の理念が見られるのである。

このような視角にもとづいて、柳田は「郷土研究」の目的のために地域の特殊事情を「今日府県郡市町村等の一区劃の地方において、必要を感じつつあるところの新しい智識の集団」(『同上』)、いわゆる、地方行政・政務に従事する官吏にも、地域の特殊性を認識させ、中央の政策指示をそのまま受け入れた画一行政を是正しようとした。

柳田には、「統一的指導の大部分が、杓子定規」（柳田国男「地方学の新研究」）に処理する法律万能の官僚主義に対する抵抗の精神と「区別も眼中に置かずして、地方の政務を講ずること」（前掲、『郷土誌論』）がいかに無謀な行為であるかという批判があった。つまり、政治・行政の実務に携わる人間に対して国家から地域・地方を支配の論理のみで考えるのではなく、歴史の主体を形成してきた生活者らの手による郷土誌から国家を考える学問を提言したのである。

柳田学の特質と展望

柳田は、『郷土誌論』において、「郷土研究」の具体的な方法をつぎのように列記した（前掲、『郷土誌論』）。

1　年代の数字に大きな苦労をせぬこと。
2　固有名詞の詮議に重きを置かぬこと。
3　材料採択の主たる方面を違えること。
4　比較研究に最も大いなる力を用いること。

この四つの提言は『青年と学問』の「郷土研究ということ」において具体化されている。柳田は、この方法によって、「郷土誌においてまず知らねばならぬ事柄、あるいは住民が各自の郷土について最初に抱くべき疑問」(『同上』)に回答することを「郷土研究」の出発点にすべきであるとのべた。眼前の生活の疑問に答えるということは、地域の住民の幸福を実現することであるが、それは、『郷土生活の研究方法』において明確に強調された。

「郷土研究の第一義は、手短かに言うならば平民の過去を知ることである。社会現前の実生活に横たわる疑問で、これまでいろいろと試みて未だ釈き得たりと思われぬものを、この方面の知識によって、もしやある程度までは理解することができはしないだろうかという、まったく新しい一つの試みである」(柳田国男『郷土生活の研究法』)

そして、「新たなる国学」では、痛切な根本問題である「なぜに農民は貧なりや」という眼前の疑問への回答を明らかにすることが説かれている。「郷土研究」の根底には農政学時代からの「経世済民」の思想が脈々と流れていた。

郷土の特殊事情についての疑問を解決するためには、平民の思想、意識それにともなう村の生活の変化を住民の側から考えてみることが重要である。そうすれば、「耕作という最も普遍なる集合労働」(『郷土誌論』)の組織も容易に理解できる。このように村の沿革、刻々と変化する「生活の変遷」を捉えることが、地域の比較研究の基礎となる。そして、それぞれの地域の変化の比較において特殊事情を究明し、そこから、総体的な疑問を集大成化することによって「国家社会を説き政治経済を論じて人類未来の福利」（『同上』）を実現することが可能である。柳田は『郷土誌論』では、疑問の集大成化を「数学的の綜合」とのべているが、あきらかに、後の柳田民俗学の方法理念となる、特殊から普遍的原理を抽出する帰納主義的方法が見られる。

「できるだけ多量の精確なる事実から、帰納によって当然の結論を得、かつこれを認むることそれがすなわち科学である。社会科学のわが国において軽しめられる理由は、この名を名のる者が往々にしてあまりに非科学的だからである」（前掲、『郷土生活の研究法』）

柳田の帰納主義的方法をより実証において科学性を高めているものは、「郷土人自身の自己内部の省察」（『同上』）や「平民からいえば自ら知ることであり、即ち反省である」（『同上』）というような反省的方法である。たとえば、柳田は中央の志向で画一的に作成された「町村是」を批判したように、勤勉、倹約、時間励行というような道徳用語や、地域の名称などを列記しただけでは科学とはいえない。学問が「世のため人のため」になり人間生活の未来を幸福に導くためには、現代の疑問を解決するためには過去の事実から普遍化された知識を必要とする。柳田は、その普遍化作業（帰納主義的方法）と平民に自己省察の方法をむすびつけてつぎのようにのべている。

「今日の社会改造は、一切の過去に無省察であっても、必ずしも成し遂げられぬとは決まっていない。現に今日までの歴史変化にして、人間の意図に出たものは大半がそれであった。復古を標榜したあるものといえども、また往々にして古代認識不足に陥っている。我々のごとく正確なる過去の沿革を知って後、始めて新らしい判断を下すべしというものは一つの主義である」(『同上』)

自己認識の方法が帰納主義的方法をとりながら、「人は動物だが賢い動物である。考へてどこ迄も其社会を改造して行ける動物である」(『民間伝承論』)という社会改造を志向する民俗学をよりアクティブなものにするのが「常民の理念」である。

常民概念の萌芽

柳田国男の『郷土誌論』においては国民の性質を推定するために常民像のイメージが鮮明になっている。「無数のへの字」「小さな円の中に眼と口」「無数の丸薬」など、平民ということばで表現されているが、常民の姿がしめされている。雑兵であっても、在所では槍一筋の家柄で、その子孫は名主を務める村のリーダーである。学問を修めれば村の知識人なのである。近代の時代になればたとえ、群集の一人であっても、才覚と努力によって人望を集め、代議士、県会議員にもなれるほどの人間力をもっているのである。

「私などは日本には平民の歴史は無いと思っております。何れの国でも年代記は素より事変だけの記録です。これへ貴人と英傑の列伝を組み合わせたようなものが言わば昔の歴史ではありませんか。なるほど政治と戦争とは時代の最も太い流れで、いかなる土民のはしくれといえども、その影響を受けぬ者はなかったでしょう。しかし事績の記事だけを見て、これに向かった国民の心持を推定するのは、写真機械を望んで人顔を想像するようなものです。当れば奇跡です。かように後世の我々が国民の過去をゆかしがることを知ったら、昔の歴史家も今少し注意して書き残してくれたかも知れませんが、実際多数の平民の記録は粗末に取り扱われて来ました。『絵本太閤記』などの絵を見ても、旗持の後や馬の陰などに、無数のへの字が積み重なっているのは、あれがいわゆる雑兵の陣笠であります。〈中略〉平和時代の名所図会などに、あるいは両国の川開きとか、祇園天満の祭礼の図とかを見ると、小さな円の中に眼と口とだけを書いてこれを見物と名づけ、そのまた後には無数の丸薬のようなものを一面に並べて、これを群衆などというのであります」（前掲、『郷土誌論』）

彼らは知巧と感覚をもった生活者である。事理の明確があり、極めて判断力に富んでいる。理論的な知識の体系と演繹的思考をもたぬ生活者が目の前の困難な問題の歴史的な沿革を反省的に自己認識によって探究し進歩への信頼感を持ちながら深めて行くはてには、「個」としての自立した強靭な主体的な思想を生み出す。そのエネルギーは膨大だ。

柳田は、上からの近代化がゆきづまりを露呈した明治末期に、彼らのもつ叡智、生活の判断力を利用して「地方」側から日本の近代化を発想した。その意味では、「常民」の概念を橋川が指摘するように「地方」を国体の最終細胞として疎外することによって作り上げた明治国家への批判概念として捉えることができるのである。

「私の常民観というものはまだ熟していないのですけれども、いわゆる学問、それから特にたとえば歴史学、そして政治の学問、社会の学問もそうですが、あるいは政治そのもの、そういうもの全体を考えなおせという一つの提案といいますか、行動を含めたかなり強い反対、批判の概念として常民というのは出されているのではないか。つまり、彼の民俗学、あるいはその中核にある常民概念というのは、明治以来の政治に対する全体的な批判の立場であるように思われてならないんです」（座談会「柳田学の形成と主題」）

「常民」概念は明治国家全体系の批判である。もしそうであるならば、西洋学問知識を普遍原理とした上からの近代化によって構築された国家―地方―人間という支配秩序を人間の全生活領域の見地から捉えなおすことが可能である。その方法が自らの過去を知る「自己認識」である。すなわち、「常民」の過去を歴史的に解明し、その経験のなかで形成された自己形成の膨大なエネルギーを認識することによって近代化を下から支える強靭な思想を構築することがナショナルな主体を確立させるのである。この場合、柳田の主体とは天皇制国家の存在様式を支える疑似的自治を道徳倫理とした内容的価値とは異なる。あくまでも、民俗学思想を「反政治的思想体系」に意味づけ、自己認識によって強靭な主体的な個の確立とナショナルな主体を導くことである。それは内発性を軽視・無視しながら近代化を推進した明治国家全体系への批判となる柳田国男の学問思想といえよう。

「明治国家思想の正統に対して、初めてこれを思想方法の見地から批判したものが柳田の学問であったということである。皮肉にもそれは、山県が擬制した郷党社会の非政治的要素（『政治ハ人類ノ感想ヲ全括スルモノニアラズ』）を実体的に捉え、解釈する方法を打出すことによって、明治絶対主義の擬制的性格を非政治的に暴露する結果をもたらしている。いわばそれは、支配と制度の学問としての政治思想を、その対極から逆に照明する見地を開拓することによって、それ自体が政治思想史におけるユニークな形象をなしているのである」（橋川文三「明治政治思想史の一断面」）

柳田の「常民」の概念は彼の学問・思想を貫く軸となっているが、民俗学の方法理念として常民概念が提示されるのは昭和に入ってからである。

確かに、柳田国男の明治末期の農政学の段階では、民俗への志向がみられたとはいえ、このような「常民」概念が明確ではなかった。彼の著書で見られた「地方の公吏、資産家、有力者、学校の教師、医師、僧侶等多少の余閑を有せらるる氏」、「現在生活スル国民」「死シ去リタル我々ノ祖先モ国民ナリ」「将来生レ出ツヘキ我々ノ子孫モ国民ナリ」と、後の「常民」概念の対象を予見させる記述にとどまっていることは確かである。

柳田の学問の方法理念である「常民概念」は多種多様な言葉が使用されている。「農民」「農村人」「平民」「人民」「常人」などが提示されている。また、アメリカの人類学者や社会学者がタームとしてつかった「コモン・マン」という概念を参考に「常」と関連させながら、「庶民」「国民」「凡俗大衆」、また、神島二郎が指摘するように「コモン・マン」と「トラジシオン・ポピュレール」を結合させながら、「無知識者」という表現を試験的に使っていた。そして、『明治大正史 世相編』には「常人」や「常民」「人民」「公民」など、政治的な要素を感じさせる表現も登場した。

昭和六年の執筆段階でも「郷土研究の第一義は、手短に言うならば平民の過去を知ることである」と「平民」というタームを用いている。その後の口述した整理原稿の内容（昭和七から八年にかけて）においては「常民」が民俗学の方法的概念として登場している。『郷土生活の研究法』（昭和年一〇年）の第七章の「民俗資料の分類」の中で明確に在村の構成する住民の大部分を「常民」の概念のよって規定しているのだ。

柳田の「常民」の概念はつぎのように規定されている。

「村を構成している住民であるが、これを分けるとだいたい次の二つになると思う。一つは常民即ちごく普通の百姓で、これは次に言おうとする二つの者の中間にあって、住民の大部分を占めていた。次は上の者すなわちいい階級に属するいわゆる名がある家で、その土地の草分けとか、または村のオモダチ（重立）といわれる者、あるいはまたオオヤ（大家）・オヤカタ（親方）などと呼ばれている階級で、これが江戸時代の半ばまでは村の中心勢力をなしていたのである。そうしてこれらの階級には右言ったような名称の他に、家としての特殊の名前があったから、これも集めてみたいと思っている。第三には下の者で、この階級に属する者は今でもかなりいるし、またおった痕跡が残っている。これには普通の農民でなく、昔から諸職とか諸道などといって、一括せられていた者が大部分を占めていた。たとえば道心坊や、鍛冶屋、桶屋など、これらはいずれもしばらくずつ村に住んでは、また他に移って行く漂泊者であった」（前掲、『郷土生活の研究法』）

柳田は明治から昭和における日本の近代政治行政が「常民」の生活原理と心理に無関係に進展してきた事態を目撃した人間である。そして、民俗学が政治行政に有効な現在科学の機能を有することを熱望していた時期を考えれば、柳田国男の民俗学樹立の意義が見えて来るのではなかろうか。国家—地方—人間という支配の論理に対して反対ベクトルとしての反政治思想体系（人間—地方—国家）を基礎づけるために有効な民俗学であり、柳田の豊饒な近代的知性の独自性の所産によって成立するのである。

5　柳田国男の近代化論

ナショナルな視点と主体性の探求

今西均は『近代の思想構造』においてその中心構造を、1自己の関係（理性的思考と反省による個人の確立）、2他人の関係（自立した個による市民社会の形成）、3自然との関係（産業社会の成立）との三つの関係として述べている。これは柳田の近代化論の構成要素に符号する。反省という思想営為は「問いと解答」の思考の一形態であり、自己認識の学である。他者との関係は自己を閉ざさず「他知感覚」を持つことである。そして、自然との関係は環境という外部に向かって精神を開くことである。確かに、日本の場合、明治国家はブルジョワ革命を経ることなく、外圧という対外危機を契機に国民国家が形成された。絶対主義を打倒した市民革命によって国民の一体性の自覚をもとに構築された国民国家とは性質が異なるのだ。しかし、柳田は中農規模以上の農業企業経営者が成長すれば、選挙権も必然的に有するようになり、参政権という政治的自由を確保できることを当然想定していたと思われる。

柳田の近代化構想は懐疑と疑問から内省によって自己の内面を深め、客体を分析する認識行為のみならず、自助尊重主義による個の主体の確立を志向し、豊かな産業発達の基本として地域の主体経済の確立を出発点にした。それは人間の倫理観と経済合理性によって地域主体の確立を探求し、個人・地域・国家を連鎖させたナショナルな視点で捉えることができる。そして、民衆の習俗・伝統を踏まえながら生活状態を観察し、「村を作る家、それから家を構成する人のことを考え、その次に人と自然の交渉、人と他の群との関係を知るために、生活技術・様式の変遷」という民俗現象を対象にした思考と方法論に収斂できるといえる。国内の地方研究が日本の政治方針と民衆の生活原理のうえに反映することが重視されるのである。

柳田が、地域の特殊事情の差異の認識、比較、帰納から歴史の法則性、因果関係について言及していけば、自然風土と社会・文化風土を対象としなければならない。自然的風土とは、盆地、川、山などの天然の地形、土地利用の関係、降水量や気温などの気候条件と生産物の種類・発育の関係、村の生活要件に影響を及ぼす自然環境である。

たしかに、西洋近代合理的思考による科学は自然を征服することからスタートした。人間の理性信仰による近代合理主義の思考は神の創造物である自然を客体化し抽象化し、その課程において、認識・解析・実験・究明を繰り返しその法則を発見することによって科学を発達させ、近代文明を誕生させた。しかし、日本を含めた東洋社会においては西洋のように自然を客体化、客観的な対象物ではなく、親近感と調和・一体化の精神をもって征服の対象ではなく同化することによって文化・生活様式を生み出してきた。それは、西洋の近代合理主義の思考による自然へのアプローチと大きく異なっていたのである。日本においては「自然と人間との根本における融合・調和、すなわち自然と人間との一体は、物我一体」（安倍能成「日本文化の性格」）の境地の歴史が存在したといえよう。

自然的風土は、明治以降の急激な上からの西洋合理主義的な思考と科学認識による近代化の過程において大きく変貌した。しかし、柳田は、自然との調和・一体化によって形成された日常生活における家々の年中行事、村の冠婚葬祭、信仰生活の形態など社会・風土文化に言及した。つまり、村、自然環境と住民の生活形態を相互にむすびつけながら多種多様な彼らの意識に自己認識を促し、その延長線上に、地域住民の幸福を持続する課題と国の政治の在り方を射程に置いて、現実に起こるさまざまな困難な問題の政策解決にむすびつけた。そのために、その問題の歴史的由来を明らかにする思考法が提起されたのである。

このような柳田の発想の根底には、「国家ノ生命ハ理想トシテ永遠ナリ個人ハ百年ノ身計ヲ為ス必要ナキモ国家ハ常ニ永遠ノ幸福ノ為ニ企画セルヘカラス」（『農業政策学』）というナショナルな心情が存在する。しかし、柳田のナショナルな心情は、郷土愛がもつ感情構造が権力の作為によって国家的規模までに昇華・飛躍した愛国心とは異なる。また、頑迷、固陋な慣行に遵守し進歩性を欠いたまま停滞し、未来の永続性のみを期待する志向とも異なるのだ。

日本の近代において、家族愛、兄弟、山川、海、郷土から生まれるほのぼのとした心情が唱歌を媒介としながら愛国心の形成に利用された歴史が存在することは一般認識となっている。柳田の心情にも故郷の辻川、北条町、布川の郷土の風景には美しい回想の情緒世界が内在している。

郷土愛・郷土感情（home felling）は、橋川文三が「そのまま国家への愛情や一体感と結びつくものではないということである。『故郷』はそのまま『祖国』へと一体化されるものではない」（橋川文三『ナショナリズム』）と指摘するように、本来祖国愛・国土愛（national felling）とは切り離されたものである。愛国心が郷土感情に根差しているとはいえ、己の育った郷土を愛する心情と自己の所属する国家を愛する心は分離されているのである。故郷がそのまま祖国へと一体化されるものではないことは橋川がロベルト・ミヘルスの『パトリオティスムス』を引用しながら指摘したとおりである。

「郷土感情は、多くの場合、もっとも快よいもっともな詩的な人間感情の花というべきものであることは疑いない。しかしこのような鐘楼のパトリオティスムスは、大規模な様式をともなう国家愛と決して論理的なつながりをもつものではない。生まれ故郷への愛は祖国への愛を含むものではない」（ロベルト・ミヘルス『パトリオティスムス』、橋川文三『ナショナリズム』所収）

したがって、望郷を主題にした歌によって喚起された郷土愛、家郷への感情が強くなりすぎると、国家への忠誠心の集中が麻痺する。橋川が指摘するように「祖国愛・ナショナリズムと矛盾する作用」をもたらし、広範囲な統一国家を解体する危険性が生じる。つまり、歌が家郷のイメージをさまざまと喚起し異常な郷愁のパニックをもたらす厭世歌になれば、反戦・厭戦の哀感によってもたらされる強い郷土感情は国家への忠誠心を解体する危険性を孕むことになる。山県有朋が国体の最終細胞である地方の「春風和気」の境涯としての非政治的要素、情緒世界である郷党社会を疎外し、抽象化・同質化による行政単位に擬制化した理由もここにある。

自国を愛し尊厳を抱く愛国心を形成し近代国家の統合ナショナリズムを構築するためには国家の政治的作為によるある種の接合が必要となる。ここにおいて、郷土感情や郷土愛を強力に愛国心や国家との一体感に結びつけるところに国家権力の介入を見ることができる。すなわち、郷土という生活空間に素材をもとめる歌というシンボル操作（symobl manipulation）によって、人々の内奥に潜む感情をあたかも自発的な行動様式であるかのように擬制化し、支配への自発的服従を形成した。したがって、唱歌に国家主義イデオロギーを基礎とする政治の作為が見えるのもそのような理由からである。

しかし、柳田のナショナルな心情はロマン主義の影響はあるとはいえ、ロマン的な回想と情緒の領域における復古主義とは明確に区別されている。国家権力が介入しない素朴な自然な郷土愛を基礎に、過去・現在・未来が連続的に結び付けられながら、将来生まれてくる未来の国民、すでにこの世を去った祖先たちを含めた「国民総体の幸福」の理念への開かれた世界といえる。

「何となれば国民の二分の一プラス一人の説は即ち多数説でありますけれど、我々は他の二分の一マイナス一人の利益を顧みぬと云ふわけには行かぬのみならず、仮に万人が万人ながら同一希望をもちましても、国家の生命は永遠でありますからは、予め未だ生まれて来ぬ数千億万人の利益も考へねばなりませぬ。況んや我々は既に土に帰したる数千億万の同胞を持って居りまして、其精霊も亦国運発展の事業の上に無限の利害の感を抱いて居るのであります。故に苟くも一方の任を委ねられたる理事者は、公平なる眼を以て十分誠実にこの農業経済の問題を研究し、且つ更に他人を導かねばならぬのであります。幸に拙者の意見に賛同せらるゝ諸君は徐に亦此説を其道々の人に御伝へ下されば忝き次第であります」（前掲、「農業経済と村是」『時代ト農政』所収）

柳田の幸福の概念は、E・バークの国家理念、「それはたんに現に生くるものの間の共同組織ではなく、現に生くる者と、すでに死せる者と、今後生まれて来るものとの間の共同組織である」（『フランス革命の考察』）を思わせるものであり、幼少期の郷土体験によって育んだ「鐘楼のパトリオティスムス」（Gloketurm Patriotismus）を根底にした国民規模でのナショナルな主体性の確立がある。そして、そこには、後年の柳田民俗学のテーマの祖先崇拝の根底に内在する家永続の願いを見ることができるのである。

柳田が「各人とその祖先との聯絡すなわち家の存在の自覚ということは日本のごとき国柄では同時にまた個人と国家との連鎖であります」とのべているように、家永続の願いに支えられたナショナルな主体性の確立は、建設的な社会・政治改革を志向する強靭な自立した思想によって達せされる。しかし、柳田の自立の思想は、近代的思惟の「個」とある程度は主体性の追求という点で同質であったとしても独創的である。なぜなら、自己認識を出発点とした変革思想から日本の政治・社会改良を図ろうとする方向を採る時、過去から未来をも含めたナショナルな生活共同体に結び付けられているからである。そして、ナショナルな視点において歴史的に捉えた国民全体の疑問を解決し、国民規模での生活共同体に必要な思考を創出することによって日本の近代化の促進を計ろうとしたのである。柳田の主体性の探求は、近代の矛盾と諸問題への解決にせまる有力な方法である。それは日本人の思考や行動原理を構築する作業といえよう。

民俗の視点と近代化論

日露戦争後、明治国家が機能不全となり近代化がゆきづまりをみせた。その暗雲の翳が帯び始めた頃、権力支配層は弛緩した国民思想を強力に統合するために「戊申詔書」を発布した。勤勉、倹約、忍従、正直など通俗道徳を鼓舞し、民衆のイデオロギー支配を再貫徹しようとした。しかし、柳田は、実地調査を伴った「旅」を媒介に民衆の精神世界を自己認識することによって、日本国民のナショナルな主体性を探求しようとした。それは、中央の都市空間の市民生活から見れば異質な田舎の日常性をリアルに認識することにある。だが、柳田の場合、単なる好事家の旅行ではなかった。民俗学の創成という壮大な意味を持つことになるからだ。柳田は旅によって生活の諸相が織りなす民俗への心の眼が開かれた。自然と共生する生活文化と自己との緊密な関係に接して強く民俗を意識したのである。

このような田舎の多事を求める傾向は、近世の幕藩体制の動揺が見え始めたころ、「漢意」を排し、『古事記』、『万葉集』の古典研究を通じて純粋な日本精神（古道）を追求し。国学を大成した本居宣長にもみられる。

宣長は、全国四方から集まってくる多数の知識欲に燃える青年の各自の郷土に残滓する古き事に耳を傾け、筆記せずにはおれなかった。また、『玉勝間』八の巻の一節には柳田と同質の民俗資料への眼差しが見られた。

「いずこも、やうやうにふるき事のうせゆくは、いとくちおしきわざ也、葬礼婚礼など、ことに田舎には、ふるくおもしろきことおほし、すべてかかるたぐひの事共をも、国々のやうを、海づら山がくれの里々まで、あまねく尋ね、聞きあつめて、物にもしるしおかまほしきわざ也」（本居宣長『玉勝間』）

平田篤胤も、地方の話を好んで聞き民俗調査を現世と異なる幽冥界の存在の認識を通して試みた最初の人と言える。『仙境異聞』『勝五郎再生譚』はいずれも篤胤の民俗への志向が如実に記されている。柳田は平田が天狗の問題を仏教の領域に押し込んだことへは批判的であったが、平田神道の幽冥観の影響は多分にあった。

本居宣長、平田篤胤、この二人は、古代日本の理想の原型を地方に求める思考があった。しかし、民俗資料の体系化の方向、普遍的な作業を見ることはなかった。

十八世紀の後半、ヨーロッパでは古い生活の痕跡・伝統を求める動きが始まっていた。その民俗学の学問はユストゥス・メーザーによる活動が嚆矢である。十九世紀の中葉になるとドイツ民俗学においてて多大な業績をのこしたグリム兄弟の活発な活動が行われていた。イギリスは海外植民地政策との関係で未開の諸民族の比較研究を志向するエスノロジーへの傾斜が先行し民俗学の発展は後進するということになった。

二十世紀に入り、日本では、近代化の過程において、民衆の生活形態が大きく変貌した。その事実を認識し民俗学へと志向したのが柳田国男だった。民俗学への志向によって得た博大(はくだい)の知識はやがて人間社会の無限の進歩という理念と結びつくことになる。

柳田の学問転換が農政学から民俗学への志向であるならば、「産業組合」設立・普及のための講演や農業調査を通じての旅がやはり大きく起因している。柳田にとって旅が多様性や差異を認識し内省の徹底性を自覚する契機になった。後年の反省的方法である「自己認識」・「自己省察の方法」にとって、柄谷行人がデカルトの『コギト』は旅なくしてはありえないとのべたように旅は柳田にとっては重要な体験なのである。

柳田は旅を経験することによって「僻遠の山村というのが国土の半分を占めております。平地農に対する農政ばかりでは済まぬものであります」と、九州という風景が彼に強烈な印象を得たることになった。農政学においてすでに重要な問題意識である民俗への自覚が旅という豊富・多様な探求の空間を経ることによって一層、高まったといえる。

柳田は、明治四十一年、五月二十四日から、八月二十二日にかけて内地の旅行のなかでは長期にわたった九州旅行に旅立っている。地方の農村経済の状況の視察と把握、農村における産業組合設立の啓蒙、町村自治の視察などを旨とした旅だった。福岡から久留米に行き、肥後に入り、阿蘇、熊本、天草、そして鹿児島から宮崎に行き『後狩詞記』の舞台となった椎葉村まで足をのばしている。柳田は、その旅行を通じて自然景観から土俗の生活史を読み取る眼をいかんなく発揮した。日本の精神風土と民俗を地方の生活において窮知する機会を得たのである。殊に阿蘇高原の眼前の光景は「古日本の風気精神の猶此山間に存する」ものであり、「願くは統一に過ぎたる行政方針を以て平地の標準を適用し急激なる経済組織の動機を引起さぬやう致度候」と画一的な行政政策の弊害を改めて憂慮した。

また、柳田は天草大江村を訪れた時、新しい文明社会の風俗と伝統生活様式が併存していることに「到底単純なる法則の下に、社会の行動を律し様とする書生の想像には及ばない所かと思ふ」（柳田国男「天草の産業」）と自戒も込めて驚異の眼差しを向けるのである。そして、七月に訪れた椎葉村では、土地の分割習慣と土地の公有という社会主義と思想的共通性の発見に驚嘆の感情を露わにするのである。柳田は「臨床的農政学徒」時代にイギリスのフェビアン協会に関心を示したこともあり、『農政学』においてもヘンリー・ジョージ、ウォレスらの土地固有論を検討・批判していた。「此山村には、富の均分といふが如く社会主義の理想が実行せられたのであります。『ユートピア』の実現で、一の奇蹟であります」（柳田国男「九州南部地方の民風」）

このように柳田は近代社会と伝統・民俗が「今日の如き極めて新しい文明社会の風俗と併存して居る状態」（柳田国男「天草の産業」）を認識した。その併存状態において「啓蒙合理主義」では容易に現実の諸問題に対して対処できないことを理解し、「思想性情の観察」の必要に迫られたのである。これによって、柳田は、明治以後の西洋の近代思想によって描かれた市民社会像とはまったく異質な民俗領域、また、権力が掌握できなかった精神世界を知ると同時に、その内部において容易に近代化されない非合理的側面（近代化の拒絶）をはっきりと自覚した。つまり、前近代と近代の連続と断絶を把握し、民俗への探求によって多様な国民性を知得する必要性に迫られたのである。

このような問題意識にもとづいて、柳田の民俗生活史への透徹した眼がふるに発揮される。その視角によって、柳田の民俗を主題にした作品が誕生した。狩の故事の伝承をまとめた『後狩詞記』、おしらさま信仰、無数の精霊などの口碑伝承を精神的紐帯にして営まれた生活を描いた『遠野物語』、「諸国村里の生活には書物では説明の出来ぬ色々の現象之有り候中に最も不思議に存ぜられ候一事はジャグジの信仰に候」（柳田国男『石神問答』）という疑問を解明するために書簡形式で書かれた『石神問答』などが描かれたのである。

民俗への関心が高まりその内実へと接近して行った柳田の近代化論とは、いかなるものであったか、家永三郎との対談でそれに対する考え方をつぎのようにしめした。

「近代化というものは、あなたが思っていられるほどはっきりとこんなものということが言えないと思っている。たとえば、鉛や銀にあるいは銅にメッキするようにこうなったというものでなくして、まだこれからどんな色、形にかわってゆくかわからないものだと思っている。〈中略〉一番大きな問題は、日本人が自分がどんな行動をしてきたか、昔と今とどのくらい考え方がちがったか、ということを考えるようになりさえすればいいんじゃないんですか」（柳田国男「日本歴史閑談」）

柳田にとって、近代化に必要な思想は「個」としての自立、協同と自助というような西洋近代思想によって体系化された理念のみではなかった。やはり、その受容の前提となる近代社会以前の諸事実とその変遷との連続性で捉える歴史主義が内在している。つまり、前近代と近代が連続し現実に機能している社会形態の諸相が存在することを認識しながらも、近代化の過程でどのように日常の生活原理においてそれが有効なのか詳細に考察した。したがって、柳田の近代化とは、前近代社会（伝統社会）を封建的遺制とか負の側面として一方的に断罪せず、近代化の過程において総合的な視野に立ち、薄い表層・外形だけの西洋化を是正し、その自らの主体的な内発性を問題にしているといえる。やはり、柳田にとっての近代化は「個」の確立と「地方」の主体を目指す政策がその主眼なのである。具体的には地方都市と農村が一体となった地域経済論の確立である。これが地方産業の活性化となり、国民総体の幸福へとつながるのである。

そして、近代化の過程の中で過去の歴史を自己認識による変革からいかに過去・現在・未来という国民総体の幸福を目指すナショナルな主体を確立するのか、この点においては福沢の文明の精神と共通性があるが、柳田の問題意識はもっと深いところにあるといえる。つまり、近代合理性を阻む習慣、迷信、伝統、信仰、という非合理的な近代以前の社会要素を温存した状況に直面した時、近代意識のはるか下にあるドロドロとした層、福沢や蘇峰が踏み込まなかった民俗の内面世界にクワ入れをしなければならなかったのである。しかし、柳田のクワ入れには特異な思考が存在し、ここに柳田国男の保守主義の輪郭が明瞭になる。

国家官僚としての特異性

柳田国男は旅を通じて視界に入る景観に生活史を見る眼をもつ特異な国家官僚であった。つまり、合理的な計画を思考する論理的な国家官僚としての「制度の眼」を持ちながら、精緻な感覚と結びつく実体験による「内面の眼」で、生活史としての景観の変遷推移をとらえるという官僚としての特異性がある。それは、『後狩詞記』において、その特異性は山村の傾斜面農耕（焼畑農耕）の実体と歴史的な構造を含む狩の諸相を相互に認識したことにしめされている。したがって、柳田の視察の旅をフィルターにして培った眼はその景観を生活史の諸相や人事の気配とともに変化するそれとして視る精緻な観察法を確立したといえる。

明治四十三年の暮れ、『遠野物語』と同じ、聚精堂から明治国家の近代化への「反抗・抵抗の学」として『時代ト農政』が出版された。戦後、日本ロマン派の保田與重郎は「先生が明治四十三年に出版された農政の本はどんな文学者の描いたテーマよりも、大河の深さと廣さを、その感情と思ひさへもつている」（保田與重郎「畏き人」）と絶賛の言葉を与えているが、まさに保田の評価どおりの地方改良運動への深いポレミークな論争の提起でもある。

この著書のタイトルの「時代」は資本主義がもたらした貨幣経済を指している。つまり、柳田はその「時代」の即した「農政」、つまり、経済合理性を持って地域主体の近代的な企業経営の農業を目指し、地方の農商工業一体（地域の経済圏の確立）となった市場経済の発展だった。だが、地域開発の基本方針の展開こそ見られるが、ラジカルな批判は主体性を喪失した受動的な姿勢への改善を促し鼓舞する姿勢がみられた「農村経済と村是」のみで、他の論稿は重要な示唆に富む啓蒙的要素が濃いとはいえ明確な解決法が提示されていなかった。確かに、柳田は「小作料米納の慣行」も「奇異なる現象」と認識し「半隷属従的状態」の小作人の増大は国家の病となることへ警鐘を鳴らしているが、明確な解決策の提示までには至っていない。

柳田は米の輸入税の問題においても農業保護のそれのみならず、その根本原因を小作料米納制に結びつけている。

「国家の立場から見たる米納慣習廃止の好影響に就いては別に多言を要しませぬ。国の目からは大地主も水呑み百姓も一視同仁であります。〈中略〉小作料は土地の実際の農業的価値と一致すべきものであります。生産を発達させて価値の増加せしむるの策は別としまして、一定の情況の下に於ては地主と企業者との利益は公平に分配せられねばなりませぬ。此目的を達するには借地料を悉く金銭を以つて計算する方法が行はれるゝやうに努めねばならぬと思ひます」（前掲、「小作料米納の慣行」『時代ト農政』所収）

しかし、このように経済合理性を持ってのべる異端者の言質は寄生地主制への急進的な批判と評価されてきたが、柳田においては明確な解決策と方法が見られない。社会政策学会の席上でも桑田熊蔵との応酬でも説得させるような回答を提示できなかった。とはいえ、農工商一体となった地域の市場経済化の視点から、小作料米納の慣行の非合理性を論証したことは画期的な主張である。そのような視角が柳田にあるからこそ、天皇制国家の構造原理の根底にある農本主義思想にも密接に絡む複雑な経済関係を眼前して新たな民俗学という視角（知的関心の対象の変化）が生まれることは何ら不思議なことではなかった。

橋川は「多くの不屈の含みとともに、ある鬱屈と慷慨の感情」と『時代ト農政』からの印象をのべているが、とはいえ、牛島史彦が指摘するように「柳田の民俗学への『転向』が必ずしも組織のなかでの農政官僚としての挫折感ではなく、知的関心の変化という私的事象」が展開されており、鋭い直観力と観察力、帰納・実証が見られここでも国家官僚としての特異性がある。

おそらく、パラレルな関係であった近代農政学と民俗学が後者へ重心が移っていく時期とはいえ、明治国家官僚の発想である演繹的な啓蒙からのそれではなく、歴史主義に立脚した帰納・実証による重要な示唆を含んだ書としての価値を失っていない。だが、『時代ト農政』の開白を読むと、柳田国男という国家官僚はその空間においてもいかに異端な存在であったかは容易に理解できる。

「自分のごとき者の意見でも稀には採用せられたものがあります。また採用はせられぬまでも後日になってそれごらんないさいと言うことのできたものもあります。しかし自分はそんな過ぎ去った事実、碑文じみた記念を世に遺す気はありません。ここには今日なお問題であるところの問題で、私の説のあまり反響を起さなかったものばかりを公けにしました。これは微志の存するところであります。かつて印刷はしましても雲煙過眼の雑誌であり、また頒布の狭い書物であったためにいっそう人の注意を惹かなかったのかもしれませぬが、おそらくは研究の方法が少々迂遠のように見えたために急進的思想を持って居られる先輩の趣味に合わなかったのでしょう」（柳田国男『時代ト農政』開白）

明治国家の法制局参事官は法律専攻の専門行政官であり、二つの類型がある。法理をドグマ化し制度を重んじるあまり行政運用の途を梗塞する傾向と、法理に抵触せず制度の軌道から外れない限り、腹芸的な政治テクニックを身に着けた行政運用を促進するタイプに分けられるが、柳田はいずれの型にも規定されることがなかった。橋川が指摘するように「官僚主義的解釈法学思考」や「豪放な行政運用の妙味を至上とする保守主義的な政治学の思考法」は柳田の個性ではなかったのである。

確かに、官界においては、柳田の同僚、先輩の多くは西欧先進国の近代行政学の造詣が深く優秀な国家官僚である。しかし、柳田の眼に映る明治国家の近代行政の姿が非科学的であり、画一と独断で民衆の内在的理解・実証を欠いた曖昧な政策にしか思えなかった。やはり、そこには、地域の生活に根差す人々の生活原理を思考する点において国家官僚としてのユニークな個性があるといえる。

『時代ト農政』に収められ「農業経済と村是」は明治四十一年の九州の旅のあとに書かれたものである。「農業経済の問題は地方行政の骨子であります。複雑なる国民経済の組織を一つの機械に譬えますならば、農業はその歯車でもあり調革でもあるのです」の一文ではじまる。そして、「一国の生存のために最も将来の問題の解決」をめざし、「横には国の全部、縦には過去と未来と包含した総括的の研究」を主題にしながら、社会改良を経済合理性で達成する思考と同時に民衆の生活原理、生活史の諸相、微視的な眼で洞察する地域の事情の分析など、一層、後年の柳田の民俗学の文体に近くなっているのだ。

『時代ト農政』に所収された諸論稿は、柳田の「経世済民」から発した社会改良による民衆の生活改善へのヴィジョンを提示した。その生活事実の諸相をその形態と心意からの解明しようとする柳田の思考態度には、つぎのような橋川の示唆が存在する。

「柳田国男はわが国における最も純粋な保守主義を代表すると私は考える。われわれは、彼のうちに、バークからヘーゲルにいたるヨーロッパ近代の保守主義と共通する幾つかの性格をかなり容易に指摘することができる」（橋川文三「保守主義と転向」）

保守主義とは国家の作為や人為的な「機械学的哲学の原理（＝啓蒙的合理主義）」によって、一切を改革することではない。伝統主義とも区別された「ゆるやかだが確実に持続する進歩」の理念である。合理的計画によって急進的に伝統や歴史を破壊するのではなく、歴史的な観点に立ちながら、なだらかな変化を求める漸進主義でもある。つまり、一切の改革を拒否する頑迷・固陋な復古主義を排除し、改善するべきものは改善し、過去の古い生活内容の在り方やその形式を固定的ではなく、変化するものとして、徐々に改革をゆるやかに適合させた切れ目のない進歩を意味している。花田清輝がのべた「相対的進歩性」とはこれを指すといえる。

橋川文三はこの点に関しては、マンハイムの語彙を駆使して説明している。保守主義の本質は個々の事実と他の事実を交換・改良することである。忌避の感情を抱く事実に対して改造しようとする抽象的原理の進歩主義者と柳田国男を明確に区別している。柳田は啓蒙合理主義によって未来を設計し社会を一切改革する過去への畏敬を無視する態度ではないのだ。懐疑とは伝統、歴史、慣習的な規律の声に耳を傾ける態度であり、現存する歴史的な事象を分析過程から成分を吸収しその体験から生じる緊張を獲得する。それが保守主義の本質といえる。

また、中村哲は柳田の保守主義を「時代の変化をみとめる歴史主義の立場に立っている彼自身の一貫した主張であった」（中村哲『新版柳田国男の思想』）とのべているが、柳田の歴史の継続性に価値を置き、時代の変化への眼は一貫した彼の「歴史相対主義」のそれでもあった。柳田の思想的立場は、漸進的な進歩主義であり、「保守主義として復古や現状維持の非合理主義とは別なものとして肯定されるもの」である。歴史的に蓄積・堆積された一種の民衆の生活原理と様式の諸相への理解に立脚した政治原理を有しているのである。

柳田の保守主義は慎重である。未来を合理的に社会改造という急進性をもって設計する思想ではないからだ。あくまでも温和な進歩的改良主義である。確かに、大正デモクラシーの時代にあって民衆が政権の交代や労働運動の団結・組織にインパクトをあたえた。しかし、柳田には米騒動に対して積極的な発言をすることなく政治のファクターとなり始めた民衆の声・うねりへの積極的肯定が見られなかった。

すでに橋川がのべた柳田の保守性の萌芽は『時代ト農政』に収録された「報徳社と信用組合との比較」における岡田良一郎との論争に柳田の特徴が見られる。これは近代的な農政学を展開した柳田の思想が、体制に従順な疑似的自治を強調し小農維持政策を根幹にした日本農政原理の構造への鋭い批判を展開する場面である。だが、その論争においては、柳田の頑迷固陋の硬直化した伝統主義の農政思想に批判を展開した異端的特質が明瞭となるとはいえ、その論争過程において柳田の急進性がしだいに後退し、漸進論の保守主義としての立場が明確になっている。報徳社の機能を保持・温存し、それを活かした最新の近代的金融機関の機能を有した産業組合への改組がそれを証明している。

柳田は地域に伏在した報徳社の伝統を保持しながら、頑迷固陋な道徳に拘束された精神の呪縛を解体し、十万円の積み立てを円滑に合理的に運用できる農村金融機関である信用組合の機能をのみならず、生産、購買、分配機能を持つ協同組合への近代的な形態への発展を主張している。報奨制度、入札制度、無利子貸付などの旧来のシステムを改良し、進歩を停滞させる精神共同体の迷信固陋を打破し資本供給の機能的合理性を持った金融システムを完備した近代的協同組合への転換を要求したのである。これは全面的に報徳社を否定した山路愛山とは異なっていた。柳田の思考には急激な日本資本主義の発達による資本の隷属下に置かれる農村状況と農村の生活形態の変化への眼が内在する。その視角は非合理的な歴史・伝統を批判検討し適度な改良を施しながら発展・進歩を計るという明らかに「相対的な進歩性と保守性」をしめしているといえよう。

知識人としての個性

知識人とは、まず第一に普遍的価値を構築しそれを担う歴史主体の立場を取る。そして、現実を分析し意味のある秩序の世界として把握するのだ。その実現・達成のためには何をすべきかを明示できる精神を有する者を知識人という。言い換えれば、権利や欲望が相対化され、何が優先的に正しいのかの基準、これを調整する原理、いわゆる「優先基準」と「調整原理」を提示できる人間である。

この場合、知識人は二つの類型に分類することができる。一つはマルクス主義や自由主義を含めたインテリ・知識人。もう一つは、実業家・官吏・軍人など産業技術・政治的行政技術・兵学的軍事知識などを有する集合体に分けることができるのである。

柳田の場合は国家官僚の立場にいることから後者に属する。人間の生活原理から国家の繁栄と国民の幸福を思考する特異な国家官僚であり、西欧の学問体系を身に着け普遍的合理性を実質とした知識人でもある。だが、柳田は少年期から持続した身体的感受性の豊かさがあった。この資質が日常の生活の中にその変遷と生活感情を察知する感覚を養い、抵抗の方法を見い出す態度を形成している。この態度から、柳田の帰納・実証・保守の姿勢と併せ、一般に認識されている知識人とは異なる個性を柳田自身が持っていたことが容易に理解できる。

例えば、その一つに合理的な学問思考では説明できない少年時代における神隠し、狐ツキ、物忌み、霊などの不思議な神秘体験などを、異常な感覚で体感した。彼の場合、身体的感受性豊かな記憶を持続させた郷土体験をあげることができる。少年期に遭遇した事実のひとつひとつが将来の知識体系化、知恵の種子になり、情緒の諸相、豊かな感受性を育む土壌となるのである。この永続的な影響を付した体験が柳田の感受性の鋭敏さ、類まれな記憶力と想起力の豊かさによって学問発想の動機となり、橋川文三の言葉どおり、抽象的原理からの演繹法ではなく、「すべて感覚とむすびついた体験的事実の集成から帰納されてゆく」のである。

ここで、少年期の柳田の体験を分類し整理してみることにする。


〈感覚に結び付く体験の記憶〉

「日本の地名を調べてゆくと、説明のつかないものが多いのに驚く。その中でもことによると判って来るのではないかと思うのが、各地にある洗足、あるいは千束とも書いている地名である。……播州でも、辻川の少し北にあたる山崎というあたり、市川の流れに山裾の崖がせまるところが、洗足とよばれていた。今は千束と書いている。……私は地名の研究をする毎に、あの郷里の山崎にある洗足の話を思い出すのである。……いずれも水流に関係があるのは、おそらく古代人の葬地に関する信仰が根底にあるところではなかったろうか」（柳田国男『故郷七十年』）

「辻川の部落の中ほどを、南北に貫いた堰溝（ゆみぞ）については、前にもちょっと語ったが、この溝に沿って下流に下ってゆくと、そこに小さな五、六坪ほどの森がある。美しい藤の花がそこの樹々にからまって咲く季節になると、子供心にも和（なご）やかな気持になったものである。……森には小さな稲荷様の祠があった。いまではそれを中心に稲荷講も結ばれていると聞いたが、当時はほんの小さな祠であって、その森へのなつかしみが、稲荷信仰や、狐の研究に心を寄せるようになったもとであった」（『同上』）

〈感覚の鋭さと持続の能力〉

（一）「薬師堂の床下は、村の犬が仔を産む場所で、腕白大将の私が見に行くと、いやでもその匂いを嗅ぐことになった。そのころ犬は家で飼わず村で飼っていたので、仔が出来る時はすぐに判った。その懐かしい匂いがいまも在井堂のたたずまいを想い起すたびに、うつつに嗅がれるようである」（『同上』）

（二）「子供のころ、私は毎朝、厨（くりや）の方から伝わって来るパチパチという木の燃える音と、それに伴って漂って来る懐しい匂いとによって目を覚ますことになっていた。母が朝飯のかまどの下に、炭俵の口にあたっていた小枝の束を少しずつ折っては燃し付けているのが、私の枕もとに伝わってくるのであった。今でも炭俵の口に、細い光沢のある小枝を曲げて輪にして当てている場合が多いようであるが、そのころ私の家などでは、わざわざ山の芝木を採ることはしないで、それをとっておいて、毎朝用いていたのである。しかしその木がいったい何という名であるかは長らく知ることもなかった。ところが、後年になって、ふと嗅ぎとめた焚火の匂いから、あれがクロモジの木であったことに気がついたのである。そして、良い匂いの記憶がふと蘇ったことから、私の考えは遠く日本民族の問題にまで導かれていったのであった」（『同上』）

このような感覚に結び付く体験の記憶と感覚の持続は青年期の文学体験（抒情詩人）を経て、独特な柳田国男の文体を形成する。記憶の小箱の積み重ねのなせる業である。吉本隆明が指摘するように柳田の文体は「体液の流れのような文体」で「既視現象」を起こさせる。つまり、無意識のうちに深層心理に奥深く潜行するような内部からの感覚を呼び起し「鮮明すぎるほどのイメージ」と「ある未知なものへの恐怖」を自覚させるのである。そして、際だっているのが、少年時代の神隠しの体験である。

「母と弟二人と茸狩に行ったことがある。遠くから常に見ている小山であったが、山の向うの谷に暗い淋しい池があって、しばらくその岸へ下りて休んだ。夕日になってから再び茸をさがしながら、同じ山を越えて元登った方の山の口へ来たと思ったら、どんな風にあるいたものか、またまた同じ淋しい池の岸へ戻って来てしまったのである。その時も茫としたような気がしたが、えらい声で母親がどなるのでたちまち普通の心持になった。この時の私がもし一人であったら、おそらくはまた一つの神隠しの例を残したことと思っている」（柳田国男『山の人生』）

このような空想性の強い入眠幻覚の少年期の感覚体験を持つ柳田は「体液の流のような文体」で人文・歴史・社会科学の多岐にわたって偉大な足跡を残した。人間の総体を民俗の視点で捉えたということにおいて、柳田は日本の知識人の中で最も際だっている。そして、後の「内省的方法」によって「常民」の理念に結び付くという近代精神は柳田の知識人としての特徴でもある。それは習慣の基底層に蓄積された思考と行動様式によって作られた習律（慣習的規律）を尊重し、政治の行動体系となる人間―地方―国家への照射の基礎視角といえよう。しかし、合理的な設計主義者は外国から新しい学問に触れながらも過去・現在・未来の思考的意味を理解できなかった。不合理な具体的個別事項を検証せず合理主義によって強引に解決しようとしたのだ。柳田はそのような保守の時間的体験、過去と現在を一つに融合する歴史感覚を失い、分裂状態に陥穽した知識人とは明らかに異なっていたのである。

日本のマルクス主義者は、大衆の『原像』をプロレタリアートという当為の立場から抽象的な人民として描いたにすぎなかった。階級闘争史観に拘束され具体化された生活者としての人間像を捉えることができなかったのだ。プロレタリアート解放の戦士がプロレタリアートによって裏切られるという寓話も数限りなく存在する。

日本マルクス主義は大正十一年の日本共産党成立以後、迷走し混迷の時代を迎えた。昭和二年、福本イズム批判、昭和三年、ナップ成立、同四年、ナルプ成立、同六年、ナップからコップへの改組・成立、その成立過程にパラレルに進行した国家権力による弾圧強化（三・一五事件、四・一六事件、昭和八年の佐野・鍋島の転向声明、小林多喜二の虐殺翌九年、組織的なプロレタリア文学運動の終焉を告げたナルプ解体）という過程を経て、昭和十年代、非合法下に雌伏する思想状況を迎える。この過程において、コミュニスト、マルキシズムから柳田学へ雪崩のごとく傾斜する現象が起こった。それは革命運動の挫折を癒す牧歌的な心情レベルで自然への回帰（現実からの逃避）、あるいは、マルクス主義がもたらす「非政治化され、情緒化された形での革命思想」の奇怪な倒錯表現、また、その一方で綺麗ごとの好事家的な民俗学を嫌い民衆の生活事実の諸相において猥雑な泥まみれ血まみれの残酷民俗史への陥穽等々、その錯綜と停滞の状況のなかにおいて終始してしまう結果となった。

結局、マルクス主義者は学問的視角を狭め、階級闘争の手段の域を超えることができなかった。柳田学に傾斜しながらも、「相対的進歩性と保守性」を咀嚼できなかったのだ。彼らは、測り知れないほど深い他律の心情（反理性の欲望）に拘束され、責任の断絶を無視して無意識による自己欺瞞を徹底した。そして、一気にロマンティックな非現実世界（革命）を達成しようとする場合に起こる悲劇の原因究明ができなかったのである。柳田はこのような「革命的ロマンチシズム」がもたらす心情主義の空虚さや革命的ナルシズムとも言うべき境界に対して痛心を抱いていたといえよう。

一方、西洋啓蒙主義の自由主義者は、明治以後の近代化のなかでナショナルな視点を見失っていた。彼らは演繹的な思考様式において外来思想を受容しながら、それによって理想化された西欧型の市民を追求したにすぎなかった。合理主義は理性信仰に呪縛されており、演繹的な公式主義からは柳田のような発想は生まれなかったのである。内省的方法と帰納的実証主義は啓蒙自由主義者である彼らには持ちえない無縁な思考である。例えば、明治国家官僚は神社合併政策において、矮小な雑神の氏神を特徴づける雑多・猥雑性を無価値なものとし、もっぱら、能率・効率を優先させた行政規制に最大の価値を置く思考を考えれば、柳田のそれとの差異は明らかである。

前近代の解体はマルクス主義も含めた近代知識人に共通していた。彼らは日本の近代化が外国と日本の伝統的な生活史の諸相と内実との関係の上でなりたつ現象としてしか捉えることができなかった。そのため日本の伝統や土着性を一方的に排除し、前近代的なものとして忌避の感情をもって切り捨て解体しようとしたのである。しかし、柳田は、西洋の近代学問を同じように身につけていたにもかかわらず、近代化を西洋の合理性と日本民俗の非合理性の止揚する過程として捉えた。その主体形成を深い洞察力と知識の集成・体系化によって民俗の内実から模索していった。その構造を自己省察によって歴史的に解明し、やみくもな改良・改革を排除し頑迷固陋な復古・伝統主義に縛られず、「ゆるやかな持続する進歩」を持って眼前の問題を考えた点で、マルクス主義者や西欧の知識を普遍的な真理として信棒している学者よりも一歩進んでいたといえる。

柳田は日本の伝統のなかに価値をみいだせなかった当時のマルクス主義者の盲点についてつぎのようにのべている。

「現在の共産思想の討究不足、無茶で人ばかり苦しめてしかも実現の不可能であることを、主張するだけならどれほど勇敢であってもよいが、そのためにこの国民が久遠の歳月にわたって、村で互いに助けてかろうじて活きてきた事実までを、ウソだと言わんと欲する態度を示すことは、良心も同情も無い話である」(柳田国男『都市と農村』)

明治四十年前後に明治国家がもたらした「近代」に対して深い懐疑が表明された時期に、近代化政策の主体である国家そのものへの批判ではなく、民俗のなかにその解決方法を模索した点において、柳田国男はユニークな存在である。明治国家の秋といわれたこの時代、国家官僚の立場にいながら、近代化の矛盾の問題を民俗のそれから発想し思考を展開した知識人は柳田が唯一の人ではなかったか。

柳田は、外発的発展のみ重視し内発性を軽視した日本の近代化に対して危機意識を持つことによって、「常民」が悠久の昔から培ってきた叡智と判断力(西洋近代思想から見れば非合理的な思惟であるが)を否定することなく、一見、反近代的な形式ではあるが民俗の内側から凝視する点において独創的であったといえる。したがって、柳田の近代主義は、明治国家の近代化がもたらした日本の民俗と無媒介な西洋化・近代化によって、主体性を失うことがなかった。むしろ、人間生活の伝統の中に近代化を受容する基盤、エートスを発見し、民俗の内側に立ち入り「常民」の思惟構造のなかにみられる自己形成・自己変革の膨大な人間的エネルギーが生み出す内発的自発性と主体性を探求したのである。

6　柳田国男——民俗への志向

「後狩詞記」

柳田民俗学をコミュニケーションの学ととらえるならば、それは悠久の歴史と連続した交渉の学である。現実に過去のものであってもそれが現時点での今日においても生きているという事実を認識するコミュニケーションの学といえる。『後狩詞記』は過去の村の今日の生業を支えているという意味の真実を明らかにしているのである。

柳田の観察力は鋭く、椎葉村の地理を見事に描写している。

「阿蘇の火山から霧島の火山を見通した間が、九州では最も深い山地であるが、中央の山脈は北では東の方豊後境へ曲り、南では西の方肥薩の境へ曲っているから、空で想像すればほぼSの字の上の隅、阿蘇の外山（外輪山の外側）の緩傾斜は、巽の方へは八里余、国境馬見原の町に達している。その先には平和なる高山が聳って、椎葉村はその山のあなた中央山脈の垣の内で、肥後の五箇荘とも嶺を隔てて隣である。肥後の四郡と日向の二郡とがこの村に境を接し、日向を横ぎる四の大川は共にこの村を水土としている。村の大きさは壱岐よりははるかに大きく隠岐よりは少し小さい。しかも村中に三反とつづいた平地はなく、千余の人家はたいてい山腹を切り平げておのおのその敷地を構えている。大友、島津氏の決戦で名を聞いた耳川の上流は村の中央を過ぎているが、この川も他の三川も共に如法の滝津瀬であって、舟はおろか筏さえも通らぬ。阿蘇から行くにも延岡、細島ないしは肥後の人吉から行くにも、四周の山道はすべて四千尺内外の峠である」（『後狩詞記』序）

柳田の『後狩詞記』は広瀬という弁護士から日向那須の話（五木村焼畑訴訟事件）を聞いたことに端を発している。明治四十一年六月十二日、柳田は「産業組合と農民の危機」（熊本県会議事堂）で広瀬から興味深い話を聞いたのだ。椎葉村は那須（奈須）という俗称で呼ばれていた。六月十三日、柳田は人吉に到着した。鍋屋旅館で「五木村焼畑訴訟事件」の資料に目を通す。六月十六日、熊本県球磨郡五木村に赴き、「畑」は「畠」と違う読みという意味があることを知り、「畑」は「コバ」と読み、焼畑農業であることを知ったのである。

柳田は桜島に遊び、七月二日、鹿児島で「産業組合」の講演を済ませ、七月十二日、いよいよ椎葉村に向かって出発した。十三日、柳田は笹の峠で中瀬淳村長、県の官吏らに迎えられた。五日間、柳田は耳川支流小崎川左岸の嶽の枝尾にある中瀬宅に宿泊した。中瀬は「狩に対する遺伝的運命的嗜好」を持つ人物で、柳田に猪と鹿の話をした。中瀬家は椎葉村大字福良小字岳枝尾の昔の給主で、中世には名主識を持って近世の名主識に従事した家であり、柳田が理想とする地域のリーダーである。柳田はこの五日間、中瀬が山中を歩きながら話す山の信仰が非常に印象に残った。実に面白く、探究心が湧いてきたのである。

同月十五日、柳田は大河内の椎葉徳蔵家に泊まり、「狩」に関する古文書（「狩之巻」という狩猟儀礼伝書）、徳蔵氏から聞いた「狩の伝承」に深い関心と興味を抱いたのである。これを中瀬が後に筆写し帰京後の柳田に送っている。

『後狩詞記』は柳田の言葉を借りれば「鉄砲という平民的飛道具をもって、平民的の獣すなわち猪を追い掛ける」猪狩の慣習の話で、書物の成立事情や関係地域の概説を記した「序」、「土地の名目」（山地地理民俗語彙四十一収録）「狩のことば」（狩猟民俗語彙三十一語収録）「狩の作法」（狩猟儀礼伝承）「色々の口伝」（狩猟諸伝承）附録・「狩之巻」）の構成で書かれている。

椎葉村は現在でも九州では山深く遠い地である。明治の末年、柳田は馬車・人力車を乗り継いで杣道を歩いて椎葉村に入った。そして、すでにのべたように、中瀬、椎葉徳蔵から見聞いた話に柳田は衝撃が走るのである。柳田は文明の利器である自動車無線電信の時代と並行しながら民衆の生活原理として濃密な伝統生活様式である猪狩の慣習が規則正しく行われている歴史の継続性に感銘した。併せて山地の焼畑農業の暮らしが厳然と存在継続していることを深く心に刻むのである。

「古来の慣習は今日なお貴重なる機能を有（も）っている。私はこの一篇の記事を最も確実なるオーソリティーによって立証することができる」（前掲、『後狩詞記』序）

柳田は、過去の歴史事象が眼の前の現在に生きていることに感銘すると同時に山の神との遭遇の瞬間を経験する。『後狩詞記』は柳田に「椎葉人のいわゆる片病木（カタヤマギ）のごとくであることを想像せぬならば、私はとても山神の武威を犯してかかる決断をあえてせぬはずである」と山人、山の神の存在を初めて認識させ、山地人の思考の原初となり、平地人と山人の生活を対置させる契機となった。そして、山の神への信仰が日本の文化に大きな力を持つことを説くようになるのである。

『後狩詞記』は民俗語彙による分類整理の端緒といえる。語彙集として作成されているが、柳田の「産業組合」論に観られる相互自助と協同と大きな接点をしめしていた。椎葉村の猪狩は「狩をなさんとする当日は、未明にトギリを出し、その復命により狩揃いをなし、老練者の指図によりおのおのマブシに就き」と「老練者」の指揮のもとで、各自の役割を己の自覚と責任をもって分担し遂行する。集団の各構成員の相互自助と協同が不可欠なのである。「産業組合」の精神は経済合理性によって支えられているが、柳田は前近代的な生活の中にそれが人間集団の行動理念として機能していることを発見したのである。ここに「郷党心」の結合を見たのだった。

柳田は椎葉の地において山地焼畑の生活習俗から後の民俗学における重要な研究方法のヒントを得ている。それは、『民間伝承論』で展開したように現在の生活面を横に切断し地域の差異を認識し歴史の変化過程を推論する方法である。つまり、柳田は「思うに古今は直立する一の棒ではなくて、山地に向けてこれを横に寝かしたようなわが国のさまである」と、山村の傾斜面農耕（焼畑農業）の実体を古代・中世の時間が堆積する生活史と捉え、しかも、現在の生活面を直線的な時間経過で見るのではなく、それを横に切断し「山を時間的な異界として眺めやる視線」（赤坂憲雄『柳田国男の読み方』）を透してその事象から歴史の変遷過程を推理する比較研究法の基礎視角を得たのである。

柳田は後年、『国史と民俗学』において「殊に日本はこの横断面、最も錯綜した国であった」とのべ、日本民族という根源を共有しながら歴史変化・文化変容を現在の事実として捉え、それを比較・綜合によって時間が堆積する「過去の経歴」を明らかにしたのである。この旅を通じて、柳田は後に官徒を離れ民俗学研究をとおして「生活史の一齣を細部で記録するような観察」眼で分析したが、この旅でどうやら、吉本隆明が指摘するように「おぼろ気にわが民俗の骨格と、その連結や切断の構造を透視できるところまで到達した」ということなのである。

柳田は、近代化の過程において民衆の生活形態の変貌のなかで、前近代的な生活が残滓し近代文明と併存している事実に遭遇したのである。柳田は「猪狩の習慣がまさに現実に当代に行われていることである。自動車無線電話の文明と併行して、日本国の一地角に規則正しく発生する社会現象」と記している。近代化される以前の文化・生活様式は明らかに自然との融合・調和・一体化が前提となっていた。ここには西洋の歴史観である直線的な現在から未来へと直線の時間が進歩・発展的な目的で流れてゆくものではなかった。四季が循環するような時間の流れの中で、一見して永遠の繰り返しは静止・停滞のように思われるが、充実した生活史が存在したのである。

「遠野物語」

『遠野物語』は人間と自然、人間と植物、人間と動物、人間と人間の交渉過程における過去にあって現実に心の中に止まり、生きているという「心理的真実」を主題にしている。これは過去にあって現実に生きているという事実をテーマした『後狩詞記』とは『遠野物語』が過去の事実が現在の心性として生きているという点において明らかに違っている。

『遠野物語』の舞台となったこの辺境地からは、民俗学者伊能嘉矩らを輩出している。もっとも、遠野は藩政時代から内発的な郷土研究の歴史を育んでいた。『遠野古事記』『阿曽沼興廃記』『遠野史談』などの業績が残されている。伊能嘉矩が生まれる土壌が存在したのである。伊能は東京帝国大学人類学教室で坪井正五郎に文化人類学を学び、翌年東京人類学例会において遠野地方に伝承される民俗神オシラ様を民間信仰の研究対象として講演し、学会誌にも掲載した。明治二十八年、台湾が日本に帰属すると、伊能は台湾総督府雇員として台湾へ渡り同地の先住民の調査研究に邁進し古代文化を収録した『台湾文化志』三巻を著した。『遠野物語』の素材提供者の佐々木喜善は伊能嘉矩の郷土の後輩であり、柳田はこの伊能の台湾山岳民族研究によって、山人の原像の具体的イメージを深化したと思われる。

佐々木喜善が柳田国男の自宅（牛込加賀町の自宅）を訪れたのが、明治四十一年十一月四日である。佐々木喜善はこのとき二十三歳。井上円了の哲学館や早稲田大学に在校し、泉鏡花に私淑しながら詩、小説の習作にはげむ文学志望の青年だった。

「この話はすべて遠野の人佐々木鏡石君より聞きたり。昨四十二年の二月頃より始めて夜分折々訪ね来たりこの話をせられしを筆記せしなり。鏡石君は話上手にはあらざれども誠実なる人なり」
（柳田国男『遠野物語』）

柳田は、遠野郷の口碑譚における信仰の規範による民衆の内面心理を聞きおよび、山人の前近代的社会の非合理的な信仰世界について現代の流行の現象ではないとしながらも、山人・河童・狼・猿の経立・天狗・ザシキワラシ・オシラサマ・オクナイサマ等々、さまざまな怪異な可不思議存在・異形なものたちを「目前の出来事」・「現在の事実」として異常な関心を持つのである。

柳田は九州旅行を終え、民俗学へ国家官僚としての感覚を越えた強い関心を持った。つまり、民衆の生活心理と様式の諸相へのそれが彼の内部において高まった時期である。この佐々木の話を単なる怪談、亡霊譚という怪異現象ではなく、リアルな出来事の事実に包含されるある種の精神史・心意現象として捉えた。今後の柳田国男の学問・思想の展開においても重要だった。

『遠野物語』は、柳田民俗学の創成への旅立ちの記念碑である。柳田は序で「日本には遠野よりさらに物深き所にはまだ無数の山神山人の伝説あるべし。願わくはこれを語りて平地人を戦慄せしめよ。この書のごときは陳勝呉広のみ」とのべ、その意志を明確にした。この場合、平地人とは稲作農耕民をも含めた山に対して平地に定住する地域住民という広範囲な概念である。そして、地元の平地人と青年（佐々木喜善）が語る異形の人間集団が境界で交わる物語が成立しているのである。

柳田は、遠野に伝承される口碑伝説を一一九の独立した物語形式にした。佐々木鏡石（喜善）が語った遠野郷の口碑の聞き取りによる聴書風な文体で主観的な態度に立ち、「感じたるまゝ」に記したのである。この文体から「主情的な感傷性」や「学究的な詮索」の態度はほとんど抑制されている。三島由紀夫がこの柳田に手法に対して「データーそのものであるが、同時に文学だ」と高い評価を与えた。また、三島は亡霊の老女の裾が触れた瞬間に変哲もない円形の「炭取」がくるくる回る神秘な心霊現象が、狂女のけたたましい叫びへと日常空間を恐怖で震撼する異常舞台に転回させるという「現実の転位の蝶番」と絶賛している。超現実的な心霊現象を含め、民衆の精神内部に存在した事実の諸相の記録である。

柳田は明治国家の作為による天皇制国家の支配原理が貫徹しえなかった民衆の内面世界をリアルに認識した。その混沌とした世界は奇怪でありアモルフだが神秘的なそれだった。西洋の合理主義では解明できない不思議な心的世界が現在の事実として眼の前にあったことに驚き、多様な山人の精神世界の神秘性に柳田の感性が敏感に反応したといえよう。

この『遠野物語』において、柳田自身の異常な感覚体験である少年時代の入眠幻覚（神隠し）が物語の創造において想起力を発揮している。吉本は「柳田が自身を神隠しにあいやすい気質の少年だったと述べている位相から〈予兆〉譚は、こういう構造的な指向性がいくぶん高度化したものを指している」とのべているが、その『遠野物語』には無数の死の話が簡潔な文体で感情移入もなく語られている。山男がさらった娘に子供を産ませ殺して食べる話、母親を殺す話、子供を藤蔓で背負ったぼろぼろな着物を着た女を見て恐ろしさのあまり病にかかって死んだ男の話など数限りなく死の話が綴られているのである。三島由紀夫の言葉を借りれば「死と共同体をぬきにして、伝承を語ることは」できないのである。柳田は民俗学という学問は「屍臭の漂う学問」、つまり、死が生活のなかで混沌とした表情を浮かべ共同体の禁忌を形成しているという認識があったのである。

また、『遠野物語』が刊行された年、明治四十三年八月二二日、漢城府（現在のソウル特別市）において寺内正毅・統監と李完用・総理の間で調印された「韓国併合ニ関スル条約」が締結されたが、その起草に柳田は参画している。此の点について、柳田は言及を避けている。彼はこの功績によって「韓国併合ニ関シ尽力其功不少」と勲五等瑞宝章に浴している。

さらに、明治四十三年に国内の最大事件である大逆事件が起きている。明治四十三年五月二十五日、信州の宮下太吉を「爆弾製造」の疑いで検挙したのをきっかけに、六月、七月にかけて「天皇暗殺容疑」に事件の様相が変わり、全国の直接行動派は一斉に検挙されることになったのである。

幸徳秋水は六月一日、神奈川県の湯河原で検挙された。この事件には刑法七三条に規定された皇室に対して「危害ヲ加ヘントシタルモノハ、死刑ニ処ス」という大逆罪が適用された。

幸徳秋水が述べるところの無政府主義とは短銃や爆弾で国家権力者を狙撃する暴力ではなく、強権発動による武力と強制的に統治する制度を無くす意味である。つまり、圧制を廃し、束縛を忌避し相互扶助、万人自由な共同社会の実現なのだ。したがって、無政府主義者即暗殺者という認識は明らかに間違っているということである。

柳田が大逆事件に対してどのような思いを抱いていたかは、「明治四十四年一月二十四日読了柳田国男／此日幸徳等十二名刑ニ遭ふ」（『青い鳥』「読了の記」）だけでは判断しにくいが、同情の念が多少あったのではないだろうか。柳田の義父柳田直平が元大審院判事であったことを考慮すれば、彼自身不用意な発言を控えたことは当然といえよう。

大逆事件は国家権力によって人間の精神内部が蹂躙された事件として歴史に記されたが、『遠野物語』は国家権力が介入できない「目前の出来事」・「現在の事実」であり、三面記事のゴシップ的な話でもなく、超歴史的な精神世界として立派な存在理由を持っていたのである。

『遠野物語』は古典的な文語体でありながら、口碑の聞き手の文章（聴書風）としての性格上簡潔な文体である。そして、橋川が指摘するように「自然主義文学との関係において、ある挑戦的な意味」をもっていた。つまり、柳田の『遠野物語』は私小説化する日本的な自然主義文学へのアンチテーゼとして書かれたのである。

日露戦争後、新たな文学思潮として自然主義文学への移行が顕著に見え始めていた。作家の赤裸々な自己体験を優先する作家の個性偏重の自然主義文学の勃興という日露戦争後の文壇の大きな変化だったのだ。この急激な「なだれ現象」をどう受けとめ、己の内部の問題としていかに血肉化し、創作にどのように生かすかが究極の課題でもあった。そして、自然主義文学とそれにつづいて私小説の定型が文壇の主流になって以来、文学上のリアリズムの技巧の実験がいろいろと試行されたのである。

思想的には国民思想の再統合である「戊申詔書」の渙発、地方改良運動の実施など明治国家の反省の時期であるが、それとは対照的に日本文壇は新たな展開を示していた。当時、日本文壇の最大の課題は、明治後期のロマンチシズムから自然主義文学へのなだれのような移行をどう受け止め咀嚼するかが焦点だった。創作営為における自我の問題のそれでもあった。だが、自然主義文学は、無思想を看板・標榜にしていた。作品の創作営為において理想化も行われず、醜悪、些末なトリビアルなものすべて現実あるがままに写し描写するという文学手法である。長谷川天溪（てんけい）はあらゆる外面的規範・型・慣習を否定し、「無理想・無解決」のまま客観的認識に徹し、現実社会への傍観的態度を標榜し、「現実暴露の悲哀」に終始することを主張した。

柳田の文学体験は『文学界』派のロマン的な抒情詩人として出発し、島崎藤村、田山花袋、国木田独歩らと交わった。彼らは詩人として創作から自然主義文学へ向い、島崎藤村は『破戒』、田山花袋は『蒲団』でそれぞれ成功した。一方、柳田は官界に入り国家官僚のコースを選択し、『農政学』→『最新産業組合通解』→『後狩詞記』→『遠野物語』というプロセスにおいて、赤裸々な自己体験の暴露に終始し普遍性から逸脱した自然主義文学への批判という態度表明をしたのである。

「この『遠野物語』は、島崎藤村、泉鏡花、田山花袋らの作家にも贈呈され、それぞれの紹介批評が行われている。なかでも花袋がその文体について、粗野を気取ったぜいたく、という意味の批評を加えているのは興味をひく、花袋と柳田の自然主義に関する評価のちがいと、その気質と背反が、ここにもあらわれているからである」（前掲、「柳田国男—その人と思想」）

柳田は田山花袋の『蒲団』に対して批判的だった。その作品における観察方法を「素人写真の習ひ立て」と揶揄し「あんな不愉快で汚らしいもの」と切り捨てたことからも容易に理解できる。このように私小説化する自然主義文学への批判を込め、「一字一句をも加減せず感じたるまゝを書きたり」と奇譚・奇談を事実として感じるままに記したのである。柳田は『遠野物語』は民衆の精神世界において真実として存在する心的事実を描いた。つまり、正統な自然主義の観察手法からすれば、『遠野物語』は「心理事実」であり、異色な手法であるが、悠久の事実の中に生きている人間の真実ともいうべき心性を対象にしたという点では文学作品としての価値を有する書なのである。

この明治四十三年は柳田にとっては運命の年でもあった。柳田が文学作品と自負しフォークロアへの思考を帯びた『遠野物語』の上梓、日韓併合、大逆事件、そして、抵抗の学と孤立の意識を表明した『時代ト農政』の刊行と、民俗学の思考と農政学が包摂された柳田独自の知的枠組みが豊饒となり、本格的に地方学をベースにした郷土研究を中心に民俗学への志向を強めた契機という意味において運命の年でもあった。

石神問答

柳田は悠久の神秘的な山を歩き、己の行動の主体が環境によって動かされていることを身体論的に体感した。周囲の風景が柳田の心拍、呼吸、生理現象、筋肉の動き、すべてを支配していたのだ。柳田は己が全体の調和の中の一点に過ぎないことを感じた。そして、柳田は山の神ともいうべき自然の神を見た。そして、神々の声を聞く。自然と人間との関係、つまり、自然との共生のなかで信仰という問題に触れたのである。

『石神問答』は「シャグジ」という神をめぐって山中笑、和田千吉、伊能嘉矩、白鳥庫吉、緒方小太郎、喜田貞吉、佐々木繁、松岡輝夫らと交わした書簡をまとめたものである。「諸国村里の生活には書物では説明のできぬ色々の現象有之候中に最も不思議に被存一事はシャグジの信仰に候」(柳田国男『石神問答』)という問題提起ではじまる往復書簡の体裁をとったことは研究書として珍しかった。

この書は聖なる力を認めその軽重で神意をはかる石の博引傍証を積み重ねた文献的考証の傾向が強い。関東地方に分布する石神を出発点にし、道祖神、姥神、山神、荒神、御霊、三峰等の由来を考究し、後の民俗学の方法における心意現象の類似比較という方法が見られるのである。明治国家の作為によって宗教性をもつ天皇信仰にこれらの雑多な氏神信仰をはたして包摂できたのかという懐疑が生まれても不思議ではない。

『石神問答』は明治四十三年聚精堂から刊行された。『遠野物語』が初版三百五十部に対して『石神問答』は千五百部と多かった。だが、文学者の間では話題にならず、幸田露伴の『読売新聞』(明治四十三年六月十二日、十九日)紙上の「一種風変りの面白い著述」、「幽かな、但し面白い刺激を受けた事を悦ぶ」という言葉が眼を惹く程度だった。

同年には『遠野物語』『時代ト農政』が刊行され、また、新渡戸稲造を中心に「郷土会」が設立された年でもある。この作品は柳田が「日本人の過去の生活について、ほとんど異常人ともいうべき博大な認識者であった」(橋川文三「日本保守主義の体験と思想」)ことをしめしている。また、『遠野物語』の扉には「この書を外国にある人々に呈す」という題辞があり、『石神問答』の広告文にも「西洋の学者に手を下されると悔しいからちょっと先鞭をつけておく、云々」と、橋川文三が指摘するように柳田の民俗探求への衝動は明らかに「あるインターナショナルな志向」を抱いており、農政学における「経世済民」の思想が貫かれた「インターナショナルな意識に媒介されたナショナリズムへの展開」（前掲、「柳田国男―その人と思想」がすでに輪郭として存在した。そして、それは『民間伝承論』（昭和九年）『郷土生活の研究法』（昭和十年）において明確となる方向性が示されていたのである。

『石神問答』については安藤礼二の指摘が面白い。つまり、安藤が指摘するように『石神問答』においては共同体の外部から入り込む「外来神としての雑神」として捉えられていたが、それが昭和に入ると『日本の祭』において祝祭の中心に位置付けられる神は共同体の内部から生じる祖先神に新規性を持つ霊、祖霊、いわゆる「祖霊の力の融合」として捉えられている。したがって、『石神問答』は村の正式の氏神信仰以外の「神社ノ体裁備ハラズ、神職ノ常置ナク、祭祀」も行われない小さな「雑神として路傍の祠に祭られる『小さな神々』」の存在、由緒のない「矮小無格」の民俗固有の信仰様式への歴史的淵源への探求への着手であり、国家神道も包含できない情緒世界が彩る民間信仰研究への出発でもあった。

このような民間信仰の分野の研究が柳田国男の民俗学において深化していくわけだが、柳田は明治四十三年十二月四日、柳田は「郷土研究」を発展解消し新渡戸稲造を中心に「郷土会」を組織した。柳田は農政問題に深くかかわり、それを通じて村落生活の伝統への観察・実証の体験がこの学問の発展に寄与することになる。

さて、ここで、とりあえず、柳田国男の地方主体をめぐる農政学と民俗への探求を整理してみる。柳田農政学の最大の特色は、近代的社会改良の意味を含めた「経世済民」の理念によって、その理論体系が近代知性の独自性と民俗への眼差しによって構築されている点である。そして、少年期における鋭敏な感受性、感覚的な体験事実によって磨かれた民俗への眼差しを包摂し、柳田の農政学はロマン主義を帯びる歴史主義の視点に立つ社会政策学の枠組みにおいて経済政策として展開した。「産業組合」論と中農養成策が経済合理性によって構造的に捉えられ、農民の倫理観が地方都市周辺と農村を一大地域経済圏（市場経済論の構想）として綜合的に論じられた。ここに民衆の生活原理と地域の固有の歴史への伝統的な観察・実証による民俗学の視点が色濃く反映されている。この柳田の農政論の展開による振興論が、経済合理性を持った農事活動の諸相を通じて固有の習俗、心意現象を探求し、『後狩詞記』『遠野物語』『石神問答』など民俗学への構想を創出したのである。

民衆心理に宿る天皇信仰

柳田の『石神問答』は書簡形式という断片的とはいえ、明治国家が包括できなかった民衆心意を対象にするというユニークな視点があった。同書は明治国家の神社合併政策が民衆の心情世界における信仰の内と外が混在した内容を無視し、複雑で混沌とした民間信仰の世界を認めようとしなかったことへの批判の書である。この多様・雑多な信仰の民間習俗に生活人の思考様式を探り、伝承・信仰の中に現れる思想を生活事実との諸相との関連で捉えている。そのような柳田の眼は戦後に一気に展開し天皇制批判においても新たな批判の視角をあたえた。

「一般にこれまでの天皇制に関する研究なり分析における視角のなかには、厳密な意味での本格的な日本『常民』の心性の深淵に潜むゆるぎなき天皇感情と深く結びついている『固有信仰』からの視角が欠落していたように思われる」(後藤総一郎「常民に宿る天皇信仰」)

明治国家は天皇制イデオロギーの貫徹のために国民の内面生活の情緒世界に「家族国家観」を擬制化し内在させた。天皇は「現人神」という国家宗教倫理の最高位として絶対的な権威を持ち、その一方、慈愛と温情に溢れた「家父」として赤子である国民の前に日常的親密と愛情をもって君臨した。だが、民衆心理のさらに奥深いところまで支配しえたかどうかは疑問である。その深部とは明治国家の天皇制国家の支配原理が下降できなかった心意世界であり、柳田国男が創成した民俗学の領域である。

柳田民俗学を思想史に位置づけることは、このような天皇制国家の支配原理を民衆に宿る非権力の体系としての天皇信仰から重要な分析である。天皇制の土着的根幹性を暴き、家族国家観の呪縛を解くことによって、自立した個としての主体的な倫理観を構築するヒントとなる。「共同態国家」に内在する民衆心理を民俗学的分析の対象とし、奥深く潜在する悠久の「共同の幻覚」として宿る天皇信仰をリアルに覗くことによって、擬制による天皇制国家の権力支配へ批判のベクトルを向けることが可能になるのである。それは神秘的なベールに包まれながら絶対的な権力者として君臨する天皇制の実体を暴く有効な方法といえよう。

ウォルター・バジョットは、『イギリス憲政論』において、忠誠心の権威の源泉となる君主の神秘性が保持されることによってその生命が存続するとのべた。また、カール・レーヴェンシュタインは『近代国家における君主制』において君主制の本質は理性よりも感情の問題として捉えた。

「君主制の本質は、きわめてつよく感情的価値によって満たされており、その結果、君主制はしばしば形而上学的、神秘的、神話的な特徴をおび、理性よりもむしろ信仰がこれを解く鍵となっている」（カール・レーヴェンシュタイン『近代国家における君主制』）

ヨーロッパの君主制と天皇制を等価に位置づけることはいささか乱暴だが、天皇制の支配原理は権力国家の機構装置を上部構造にして、下部構造に天皇を据え民衆の感情構造や信仰体系という非政治的情緒を組み込んだ。支配の源泉にそれを権力装置として制度化した。そして、その権威の神秘性においてはアモルフな秘密性を帯び、暴いてはならない権力の最高機関として絶対価値を有した天皇を現人神とする権威のベールに包まれた「禁忌」を創出した。この場合の「禁忌」について後藤総一郎はつぎにようにのべている、

「君主制の本質が、理性世界よりも、その信仰世界のなかにこそ、より根源的な本質が宿されているとされるとき、君主制をささえる神秘性や秘密性が、その大きな生命であることが理解されよ

う。そしてそこに、宗教的神秘性につねにまつわる禁忌の問題が発生する。つまり、神秘性とは、その実体を理性世界における合理性によってあばかれることを完全に拒絶したところにその生命を宿すといえよう。ましてその神秘性が宗教性をおびたとき、それは当然のごとく禁忌の領域の問題として、固い神秘性あるいは秘密性を孕むといえる」（後藤総一郎「天皇制支配と禁忌」）

神秘的権威は宗教性を帯びながら、無条件的義務や規範に秘密性を孕みながらあらわれる。それがまた法や制度や道徳の本源の原理となる。この原理が日本人の近代的な法意識を希薄にし、伝統的な慣例を遵守させることによって未来永劫を保証する。つまり、非合理的な慣例を重んじることはその共同体にとって帰属意識を高め、忠誠心を強め、一つの型といえる枠組みにおける安定性をもたらすことになる。未来にむけての永続性や将来の安定性を提供してくれるのである。「市民的法治国家の法の本質」を超えた「無制限な内面的同質化の機能」を貫徹するために、ここに近代天皇制国家の支配原理に有効な「禁忌」が存在するといえる。

「禁忌」とは一般にタブーという意味である。近代政治の統治の論理に機能性を付与する理性による合理的な近代的思考によって暴かれることを拒絶した非合理的な神秘世界である。では、それは一体どのような構造・原理なのだろうか。そのポレミークな問題を透視する有効な方法が柳田民俗学における民間信仰の分析である。

明治国家の政治的な作為が規制できるのは国民の「外部的生活」だけである。擬制化に到達できない、深い「内部生活」、情念ともいうべき深層心理に対して支配の貫徹は不可能なのである。柳田学はそのような日本民衆の基層の生活事実やその形態、心意を明らかにした。日本人の生活思考を規定する根源的なものは何かを自覚的に明らかにする作業を通じて、膨れ上がる非権力の体系の天皇のイメージを自覚したのである。その神秘性、秘密性に包まれたそのイメージは政治権力によって構築された観念形態である天皇イデオロギーとは違和感となって現れるのである。

天皇制は復古的であり、国家理性による合理的な政治権力装置の制度構築というよりは、むしろ情緒的な衝動に訴える非合理的現象である。それは吉本が指摘するように政治権力としての近代固有のリアリティによって具象化された現世の天皇制ではない。近代固有の概念や感覚と異なる無形の神秘的な「宗教性としての天皇」が形而上学的な心性構造において捉えられているのだ。その本質は直接知覚できない観念であり、日本社会の根源的宗教感覚であるシャーマニズムとの関連で考えられるといえる。たとえば、巫女などの現実的な人間に霊が憑依し神格化する宗教信仰の対象となるヒトガミ信仰（神人合一観）、呪術やお告げのもたらす「現世的ゴリヤク」などによって、神話において語られた天皇の生活行動が非日常性において民衆にとって神でありえたのである。そして、天皇信仰に見られる伝承的な型に合理的解釈をあたえたのが天皇と神を同一視する神道であり、清浄さを貫徹し人間としての極致として神の途を説き、生きた神として天皇観を成立させたのが儒教である。だが、素朴な「天造の道」は権力の作為や儒教的な天つ神の思想によって圧せられた。国家神道の体系によって創出された絶対者としての天皇は本来の神との一体化ではなかった。

「儒教の教へはそういふ力の支配者のために人工の神を與へ、それによって政治を極力道義的ならしめ、その支配の持続に必要な平和を行はんとしたしくみである。百姓の生産物はかうして政治に支配され、その素朴な天造の道は、整然とした儒教的な天と神の思想に圧せられた。権力の支配者は、人工の神とその最高なる天の思想を必要とし、民間の神の道の神々を、鬼神として或ひは迷信として排斥した。時には彼らの野望の人工の神（悪魔）を、農民の祭る自然の神々といれかえたのである。その思想は整然として高級なやうに見えた」（保田與重郎『日本に祈る』）

明治末期の神社合併政策は無形の民衆心意の社会形態に対する規制・改良であり、「一切の未組織の民間信仰を廃絶し、国家神道という堂々たる統一的信仰体系を創出するプロセス」である。明治初年、日本は「諸事神武創業の古」に復帰した。日本古代国家における祭政一致の復古的伝承形態に政治の範型を求め復古的な神道国家を目指したのだ。民衆の「伝統的な心情的資産」ともいうべき無数の呪術的信仰を封じ込め包括的な収奪を可能にし、明治末期にその完成期を迎えたのである。これによって、明治国家の政治支配がある程度人間心意の世界まで下降し貫徹することになった。

だが、日本の古来からの無数に存在する神は一種の祖先崇拝にアナロジーなものが極まると、宗教性としての天皇制に収斂されるという軸がある。その軸は直線的な進歩の概念を持つ連続的な時間的な構造というより、農業生産という自然のサイクルと一緒に循環する静止する空間的なそれである。それが米作を通じて神と一体となった神秘的な共同の幻覚として天皇信仰のイメージへと連結される。それは日本基層民の意識に眠っている心性構造であり、無限に民衆の深部に宿り内面世界に入り込み精神的な基軸となっているが、政治権力によって構築された近代天皇制イデオロギーとは違和感が存在するのである。

その違和感を取り除き、神話的な世界に実体を与えスムーズに近代固有の概念と感覚としての天皇制イデオロギーへ粉飾するのが政治的作為である。これによって、近代社会において天皇制が実体としてリアリティを保有し、権威化され大規模に世俗化されていった。その場合、この違和感をベールで蔽い、暴いてはならない禁忌支配の原理となるのである。

たしかに、日本の固有信仰における神の二重構造は仏が祖先となって神となる信仰原理である。その家の祖先神から共同体の守り神へと転位し、国土を護る国神へとなるのである。これは権力によって構築された天皇制の支配原理となる観念形態、イデオロギーとしての国家神道とは異なる。柳田が追い求めたイメージは自然な非権力体系としての天皇像であり、民衆の心情世界の内部に宿る悠久の昔から神秘的な実存形態である共同の幻覚（原始的な天皇の原型）である。稲作生活を軸とする民衆の共同経済生活、穀霊信仰として共同の信仰生活の心意世界の中において持続してきた。橋川文三が指摘するように「氏神信仰はいわば自然村落のもっとも深い核心要素として、いかなる擬制的思考をもうけつけない社会的実体にほかならなかった」（前掲、「明治政治思想史の一断面」）のである。

この無限の民衆心意世界は抽象化された秩序形成力とは無縁である。しかし、膨大な人間エネルギーを宿している。非日常的な形で民衆行動の爆発が生じると、支配権力側は軍隊・警察権力を行使して鎮静化しなければならなかったのである。日比谷焼き討ち事件（明治三十八年）、大正政変（大正二年）、米騒動（大正七年）しかりである。だから、国家権力によって、天皇支配のベールを安定させるために常に非政治的な状態が保持され、平準化が要請された。雑多性・猥雑性に含まれる膨大な人間エネルギーは「無価値な自然状態として行政的規範性によって画一化」が進められ、暴いてはならない天皇制支配の禁忌領域が完成するのである。これによって、民衆生活の内的要求の原理化と規範析出能力が剥奪され、権力を問う「個」としての主体を喪失するのである。

柳田が問題にしたのはまさにこの点である。制度や権力体系としての天皇制ではなく、「固有信仰」にもとづく宗教性としての心性に深淵に潜む自然な天皇感情、その信仰についての考察が柳田の問題にするところでもある。

民衆の内なる穀霊信仰としての天皇イメージは民衆内部に宿る共同の幻覚である。そのイメージはあくまでも自然神としての天皇像である。その実体は、統治技術によって「玉」として自由に操られる国家の最高機関でもないのである。明治憲法体制の構造において天皇が「玉」として操作される国家の最高機関であることは国民が知ってはならないもうひとつの禁忌でもある。

自然に宿る神との一体化によるそのプリミティブな共同原理は自然であり、明治国家が国家神道によって創出した専制としての神とは一線を画すものであった。しかも、国家機構の内部においては統治技術の手段としての「玉」でもなく、最高機関でもないのだ。だが、支配の論理からすれば、天皇は国民の前では神秘性に包まれた偉大な現人神であり、一方、明治国家の統治機構においては「玉」として操縦の対象であり、国家の最高機関なのである。

柳田は丸山眞男が指摘した「同族的（むろん擬制を含んだ）紐帯と祭祀の共同と、『隣保共助の旧慣』

とによって成立つ部落共同体」は「『国体』の最終の『細胞』をなして来た」という天皇制信仰体系の構造をより具体的に鮮明にした。それによって禁忌支配による天皇制支配の原理を解く豊かな民俗資料を提供してくれた。そして、柳田は天皇制国家の支配原理の神秘な内側を透徹した眼を持って覗き、民衆の深層・心底に潜む生活と思想を一体化させる無数の神の存在を明かにした。そして、柳田は政治支配の作為による神秘のベールに包まれた禁忌支配の原理を暴露し、そこには政治的作為、法規制・制度化が貫徹できない領域の所在をしめしたのである。ここに未来に向かっての大衆の膨大な人間エネルギーが存在するといえよう。

Ⅲ 学問体系の樹立

1　モダニズムと柳田国男

柳田の危機意識

柳田国男の学問体系は国内外における危機意識から始まっている。官を辞した柳田は、大正九年八月、朝日新聞客員となり、旅を満喫した。東北・中部・九州・南西諸島など各地を旅行したのだ。こうして、柳田国男の三大紀行文『雪国の春』『海南小記』『秋風帖』が創作されたのである。また、同時に沖縄の旅からは深い印象を受け、後年の民間伝承の研究に大きな示唆を受けることにもなった。

大正十年、国際連盟委任統治委員会に指名され、同年十一、二年とジュネーヴに滞在した。その間にヨーロッパ各地を視察の旅を行っている。ジュネーヴ大学のE・ピッタール教授の人類学講座を聞き、A・ドーザの『言語地理学』の文献を手にとった。また、『金枝篇』の著者、J・フレーザとも会い、地球上の多種多様な民族の生活を集成するエスノロジーの成立など多くの刺激と啓発を受けたのである。このヨーロッパの滞在において、自国民の本源的生活実体と内実を省察する民俗学と未開の諸民族の比較研究である人類学（エスノロジー）の区別を知る。そして、民俗学が心意諸現象の内部領域まで踏み込んだ「自己省察」の学門であることを明確に意識したのである。

大正十二年十一月八日、関東大震災の年の晩秋、柳田国男は帰国した。

「やっと十月末か十一月初めに、小さな船をつかまへて、押しせまった暮れに横浜に帰ってきた。ひどく破壊せられてゐる状態をみて、こんなことはして居られないといふ気持になり、早速こちらから運動をおこし、本筋の学問のために起つといふ決心をした。そして十三年の春に二度の公開公演を試みたのである」（前掲、『故郷七十年』）

この気負った言葉がしめすように柳田は異常な焦燥感に駆り立てられ帰国した。ここに大地震による惨状を憂う感情もさることながら、時代の急速な変化を直観的に感じ、その感情移入が言質に反映されている。ここに柳田の保守の精神が如実に現れているのだ。

明治大正の経済的基礎を一瞬にして覆され、昭和モダニズムへという鮮やかな空間変貌を見せ始める契機は、一九二三年、九月一日、関東地方を突如襲った関東大震災に求められるであろう。死者九万九三三一人、行方不明四万三四七六名を数え、直接損害額六十億円以上が示すようにその損害規模は天文学的数字に近いものであった。

翌日に組閣した第二次山本権兵衛内閣は、治安確保と罹災者救済のため戒厳令を東京市と府下の五郡に施行した。それにもかかわらず、表面化されていなかった不安が一挙に顕在化し噴出したかのように、この混乱のさなか、自警団による朝鮮人殺害、労働運動家川合義虎、平沢計七らが殺害された亀戸事件、無政府主義者大杉栄が伊藤野枝とともに憲兵の甘粕正彦に殺害された事件（甘粕事件）が起きた。また、震災前後の既成国家の権威シンボルを抹消しようとする諸事件、朝日平吾の安田善次郎の刺殺、朴烈、金子文子の摂政宮暗殺計画、難波大助が帝国議会の開院式にむかう摂政宮裕仁親王をねらった狙撃事件（虎ノ門事件）など、底辺に沈殿した無定形な怨恨、鬱的情緒（アノミー）が具象化された。これはやがて昭和テロリズムという情念行動の系譜にリンクされるのである。柳田は関東大震災後の急激な変化に焦燥感を抱いた。明治・大正の生活の残滓するさまざまな風俗が消えて行く現象に危惧を抱いた。

近代以前の日本人の身体的感受性を基底とする伝統生活文化への眼差しを強めたのだ。現在の生活文化における近代以前の日本の過去が消えようとしている状況を察知し、「本来の学問」の構築へと柳田を駆り立てたものは彼自身の驚異的な想像力を越えたモダニズムの変容という世相の変化である。

ヨーロッパの没落とパラレルにジャズエイジと言われたアメリカの繁栄は世界を席捲しはじめていた。当然、大震災後の日本にも到来した。アメリカニズムの消費文化である昭和モダンの文化現象は震災後の都市空間を変貌させた。いゆわる、焼け野原の東京に鉄筋コンクリート建築のビルディング、アパートメント、文化住宅の新形態都市、カフェー、ジャズ、映画、ネオン、自動車などのモダニズムへの変容に柳田は独自の危機感を抱いたのである。

「公民権問題」

柳田国男が生きた時代の明治大正文化は、政治的作為を反映した制度装置の完成を至上目的とした上からの近代化の所産であり、ヨーロッパモダニズムだった。しかし、大正デモクラシーの後の昭和モダニズムは、F・L・アレンの『オンリー・イエスタディ』に描かれたアメリカニズムの影響を免れることは不可能なのだ。明治以来の知識人の憧れであったヨーロッパモダニズムとは明らかに異なる。昭和モダニズムはアメリカニズムの影響を受けた消費文化なのだ。山崎正和は、つぎのようにのべている。

「第一次世界大戦後、アメリカの国力はめざましい興隆を見せ、ヨーロッパとの勢力関係を急速に逆転しつつあった。経済、政治、軍事の分野はもとより、文化の領域においてすら、一九二〇年代のアメリカは、世界に向かってかつてない自己主張を始めていた。F・L・アレンの『オンリー・イエスタディ』が描くように、この時代のアメリカは、急激な都市化、巨大な情報媒体の発達、モータリゼーションの普及と大衆文化の興隆、さらに性道徳の自由化といった画期的な生活革命を実現した。これは、数世紀の西洋近代文化にとっても大きな転換であり、いわば二十世紀文化の成立ともいうべき事件であったが、アメリカの経済力はこれを海を越えて拡張して行った。昭和とは、一面においてまさにアメリカの時代だったのであり、日本の文化も知的社会も、よかれあしかれ、その影響をまぬかれて生きることは不可能であった」（山崎正和『日本文化と個人主義』）

このようにアメリカニズムの影響を受けた昭和モダニズムという感覚文化の到来とパラレルに国家改造による日本全体主義運動も活発化した。

大正七年十月、国家改造による日本全体主義運動の源流は国家社会主義者（堺利彦／高畠素之／大川周明／北一輝／満川亀太郎らが思想的代表を形成）の結社「老壮会」の誕生に始まる。これを水源に大正九年、北一輝、大川周明、満川亀太郎を三位一体とする猶存社が結成された。橋川文三によれば、猶存社の目的は「一、革命的大帝国の建設、二、国民精神の創造的革命、三、道義的対外政策の提唱、四、アジア解放のための大軍国的組織、五、各国改造状態の報道批評研究、六、国権的同志の魂の鍛錬、にあるとされ、『改造法案』の頒布普及、同志の獲得がおもな事業」（橋川文三「北一輝と大川周明」）である。だが、その動きの中心であった北一輝の「強烈な個性、呪術的な言動」は精神主義者の大川周明との対立を顕在化し内部分裂をもたらした。大川は大正十三年、行地社を設立した。この一連の第一次大戦末期の階級対立の激化に対応した国家社会主義者のメンバーは後の急進的な右翼団体の指導者になった者が多く、昭和期の国会改造運動の躍動へと繋がるのである。

大衆消費文化の時代と国家改造運動の始動を迎えて、納税額制限が撤廃された二五歳以上の男子に選挙権があたえられた。これによって、政治参加は拡大した。柳田は普通選挙については「普選の要求自然であり、従って力である。時期や得失の論を超越して居る」と支持の意向を示している。そこで、この選挙制度が適正に機能するためには公民の盲動を予防するための学問についてその意義を提唱した。選挙人が選挙を匡正していく責任を自覚することを説き、公民教育がそのためには必要なのである。

しかし、ジャズに浮かれ、カフェーに入り浸る大学生が同胞全体の幸福の学問への志がなく、そのような不良青年の増したことに柳田は驚き、「わが邦目前の社会相は、かならずしも美しくまた晴れやかではない」と嘆くのである。だが、青年層全体には「人類の集合生活」に役立つ学問や自己認識の学問構想による国民主体の学問の確立を期待するのである。

大正十三年、柳田は朝日新聞の論説員となり、社説に健筆をふるった。大正デモクラシーの成果となる普通選挙を多く取り上げた。この頃の柳田は「公民」を政治主体として民衆の意識をテーマにしており、「常民」という語と概念は登場していない。大正十四年四月、治安維持法と抱き合わせで普通選挙法が成立し政治参加の権利をもつ公民として義務と権利を明確にし、社会改善の方法を論じた。

虎の門事件で責任をとって、第二次山本内閣は総辞職したが、その後の内閣は政党勢力から超然した官僚派の清浦奎吾内閣が登場した。この超然内閣の登場は、大正デモクラシーの成果達成への気運において、時代錯誤であり、政党勢力は一斉に清浦内閣打倒に結集して第二次護憲運動を展開した。其の主力政党は、政友会（高橋是清）、憲政会（加藤高明）革新倶楽部（犬養毅）であったが、政友会内部では、清浦内閣支持を主張して分裂を引き起こし、床次竹二郎・山本達雄・元田肇らが政友本党を結成するという事態を生じさせた。しかし、大正十三年五月の総選挙では、全国的な護憲運動を背景に護憲三派は二八四名の当選者を出し、これによって、加藤高明護憲三派内閣が成立した。そして、大正デモクラシーの目標であった普通選挙（同時に治安維持法も成立）と政党政治が達成され、憲政の常道にもとづいた昭和の政党政治が幕をあけようとしていたのである。

『青年と学問』

柳田国男の『青年と学問』は大正デモクラシーの成果である普通選挙の時代の将来の公民への自覚と啓蒙を目的にしている。「農民や地方人を政治の主体者とみなし国家・社会との適正な関係について覚醒させる教養や学問の実践」（牛島史彦）をテーマにした講演原稿から成り立っている。柳田は将来の民俗学の樹立に向けて記したのである。

「今が今までぜんぜん政治生活の圏外（けんがい）に立って、祈禱祈願（きとうきがん）に由（よ）るのほか、よりよき支配を求めるの途を知らなかった人たちを、いよいよ選挙場へことごとく連れ出して、自由な投票をさせようという時代に入ると、はじめて国民の盲動ということが非常に恐（おそ）ろしいものになってくる」（柳田国男『青年と学問』）

柳田の普通選挙の実施という政治現象に対する問題意識は先鋭化した。政党政治の金権腐敗が普選の実施によって拡大することを危惧し、政治的な主体性を持つ公民としての資質を問題化した。政党政治の現状認識を踏まえ、普通選挙の開始によって、政治の主体とみなす公民への期待と警戒が柳田の問題意識となった。柳田は「一日も早くこの国この時代、この生活の現在と近い未来とを学び知らしめる必要」を感じ、公民の政治主体の意識の覚醒、自主的な判断力養成を主張したのである。

柳田の国内政治論は普選によって選出された衆議院で議席の多数を占める政党の党首が内閣を組閣する政党内閣の展開であり、議院内閣制の方向を追求するものであった。そのためには有権者である二五歳以上の男子は公民としての自立した「個」であり、「自分の判断」「個人の責任」が求められるのである。

柳田は眼前に生起する複雑な社会相、消費文化の繁栄に酔う都市文化の病弊を現実的課題としその本格的な学問活動を始動させた。『青年と学問』は柳田の危機意識と問題意識をもとに社会政策的関心や思索が集約化されている。だが、柳田の「公民」概念は昭和モダンという複雑な社会文化によって挫折するのである。

とはいえ、柳田国男の危機意識は衰えることはなかった。『郷土研究』に始まり、大正十四年十一月四日、には田辺寿利、奥平武彦、有賀喜左衛門、岡正雄らの賛同を得て『民族』を創刊、問題領域が広範な人類学的なものとなり、国内の郷土研究にとどまらない比較民族学のテーマが射程に入ったのである。

柳田は積極的に講演を行った。「青年と学問」（原題「楽観派の文化史学」）「旅行の進歩及び退歩」「旅行と歴史」（原題「歴史は何の為に学ぶ」）「島の話」「南島研究の現状」「地方学の新方法」「農民文芸と其遺物」「郷土研究といふこと」「Ethnology とは何か」「日本の民俗学」（原題「民俗学の現状」）「地方学の新方法」などのテーマで精力的な活動だった。殊に「地方学の新方法」では柳田の「経世済民」の思想が強調されている。

「自分たちの牢く信じているところでは、学問は結局世のため人のためでなくてはならぬ。学者はたとえ研究の興味に酔うて、時として最終の目的を考えぬことがあろうとも、我々の方ではこれに向かって要求することができる」（柳田国男「地方学新研究法」）

このように農政学に内包されていた民俗学への志向のなかで終始一貫した「経世済民」が強調されている。昭和を迎えた日本の社会相にはモダニズムの光を暗闇する暗雲（戦争・恐慌）が漂い晴れやかではなかった。理不尽な競争と欺きが横行し、「この形成をもって押進むならば、末は谷底であることは疑いの余地がない」（前掲、『青年と学問』）状況だった。金融恐慌から満蒙問題と、恐慌と戦争の予見は柳田にとっては新たな学問への途を模索させていた。旧慣とモダンが織りなす煩雑な社会相を解剖し、「自己をみいだすための学問」を提唱し社会への貢献を最も明確にした。だが、その「学問救世」を本格的に展開するのは『郷土生活の研究法』を待たなければならない。

このように柳田は民俗学に邁進したが、柳田の道程は平坦ではなかった。折口信夫の論文「常世の『まれびと』」の掲載を巡り、柳田と岡が対立し、雑誌『民族』が昭和四年四巻三号で廃刊となった。折口を中心に雑誌『民俗学』が創刊されるが柳田は一切の関係を持つことがなかった。だが、柳田の日本民俗学への普及活動は精力的だった。昭和四年九月二十四、五日、「東北土俗講座」の一講義の「東北と郷土研究」が仙台の日本放送局会から放送された。昭和五年七月に『蝸牛考』が言語誌叢刊の一冊として上梓され、空間的な地域差と時間的な年代差に還元する方法論を特徴とする「方言周圏論」の概念が提唱された。

『明治大正史 世相篇』

昭和に入ると、柳田は「日本の社会生活が、近年急に複雑になってきて、いかに明敏なる観測者でも時々は目の届かぬ隅々がありそうだということを感じている一人である」とのべている。確かに大正後期からのモダニズムの文化現象は複雑な文化の様相を展開した。消費もますます合理的となり能率的になってきたのだ。しかし、柳田はこのような文化現象に対して批判的であり嫌悪感を増してゆく。

当時の現在（昭和初期）において日本の過去が消えようとしていた。柳田はその状況を察知し反応した。「本来の学問」の構築へと柳田を駆り立てたものは彼自身の想像力を越えたモダニズムの変容という世相の変化である。柳田は時代の変遷を敏感に感じとったのである。

アメリカの影響を受けた消費文化のすさまじい発達は、人々の感覚を刺激し享楽へと駆り立てる。これまでは一部の人々の間に占有されていた「嗜好品」が、安価にきらびやかな装いを凝らして大衆の前に登場した。活動写真、自動車、ラジオ、などの普及、ビルディングに代表される鉄筋コンクリート建築、アパート型の新形態の都市への脱皮、ネオン、カフェー、レビューの流行、『キング』

などの大衆雑誌の氾濫。機械文明、都会主義、大衆娯楽、それらモダニズムが刺激と享楽の対象となり大衆を魅了した。まさしく生活文化であるアメリカニズムの反映であった。

殊にネオン、イルミネーションの電光の輝きは柳田が「色の歴史は不思議なように、文化の時代相を反映している」とのべたように鮮やかな文化の色彩をもたらした。都市空間ではジャズの喧騒がさらに興奮の渦をもたらしたのである。

大衆は自動車に乗り、新しく生まれたラジオから流れる新鮮なクラシック音楽に耳を傾けた。昭和に入ると、都市空間の街頭に設置された蓄音器から、世界を舞台に活躍したオペラの「我らのテナー」・藤原義江、晋平節を流布させた佐藤千夜子、ジャズ・ソングの二村定一、クラシックの正統派、「正格歌手（楽典・理論に忠実な歌手）」・藤山一郎、モダンの哀愁を妖艶に歌うポピュラー歌手の淡谷のり子ら洋楽演奏家が歌唱するレコードが流れ、大衆は聞き惚れた。また、その一方では、日本調の艶歌唱法の小唄勝太郎、市丸らの邦楽歌謡、「エロ・グロ・ナンセンス」と言われた頽廃するモダニズムを象徴するかのように無数のエロ歌謡も場末の悪所で流れた。

柳田の『明治大正史 世相篇』は「現代生活の横断面、即ち毎日我々の眼前に出ては消える事実」を対象に急激な都市空間の変貌、消費文化に埋没する個人の欲望の肥大化、モダニズムへの変容への批判である。柳田は生活にしみ込んだ国風と民衆の生活史を描いたとのべているが、明らかに新しい都市風俗文化（昭和モダン）への批判なのだ。

「殊に最近の所謂モダン振りには、自分も相応に悩まされて居る一人である。〈中略〉今一つは都市が余りに多くの問題を提供して居るので、之を制限する意図もあった」（柳田国男『明治大正史 世相篇』）

柳田を悩ます昭和モダンはアメリカニズムの影響下において勃興した新たな感覚文化であり、「最も複雑なる新世相」でもある。

たしかに、昭和モダンは過去の文化の痕跡が映し出されてはいない。しかし、柳田は「国民生活の主力」の痕跡は人々の意識、心意、習慣の中には顕著であると主張する。モダンに入り混じっているのである。

それは莫大なごくあたりまえな平凡な生活事実である。しかも、それらの諸相は流動し変化しながら転がっているのである。つまり、都市文化と地方文化とが大都会と地方小都市、農村によって分裂したが、地方から出てサラリーマン化、インテリ化した新しい中間層には都市生活においても都会趣味・感覚になじみながらも郷土農村的な感覚や古い生活様式・習俗がみられ、柳田はそこに着目した。断髪・洋装のモダンガールが民謡を愛唱するのもその顕れである。

柳田の「国に遍満する常人といふ人々が、眼を開き耳を傾ければ視聴し得るもの丶限り、さうして只少しく心を潜めるならば、必ず思ひ至るであろう所の意見だけを述べた」（『同上』）という言葉にはやはり堕落する中間層、公民の精神の荒廃を問題とし、アメリカニズムの消費文化であるモダニズムへの反発が伏在していたのである。

昭和期のモボ・モガと言われた男女はカフェーやダンスホールでの自由恋愛を主張し、性欲を肯定した。刹那的な快楽を求める実感を尊重するという人間の欲望の主張の時代が到来したのだ。だが、柳田は一方で悠久の昔からの身売りという「女衒という職業が盛んに活躍を始め、次いでは娘を売るという家々の悲劇」（『同上』）の歴史を記している。カフェー、ダンスホールではモダンの自由恋愛と称して売春という頽廃した遊戯、軽薄児の戯れに興じているが、昭和に入っても前代からの苦界に堕ちた女性の残虐な性の任務が存在することを記しているのだ。貧ゆえの身売りの悲惨な実体を投げかけているのである。

さて、モダン現象に対して『明治大正史　世相篇』は書かれたものだが、その内容は第一に世の中の変わり目において先人の人たちが経験してきた明治大正期の農村や地方の生活文化、都市に底流している古い情動（感覚の変化）である。第二には過去の人間感情が織りなす伝統的生活文化を捉え直そうとする試みである。それらの新鮮な復活を望み、社会がもつ相互扶助の共同体と個としての倫理観の復権を求めた書である。

『明治大正史　世相篇』は朝日新聞社の『明治大正史』のシリーズ企画（全六巻）の一冊（第四巻）である。柳田は明治大正の世相の全体像を十五のテーマを設定し詳細な項目を列挙し再構成している。

第一章「眼に映ずる世相」第二章「食物の個人自由」第三章「家と住心地」第四章「風光推移」第五章「故郷異郷」第六章「新交通と文化輸送者」第七章「酒」第八章「恋愛技術の消長」第九章「家永続の願い」第十章「生産と商業」第十一章「労力の配賦」第十二章「貧と病」第十三章「伴を慕

う心」第十四章「群を抜く力」第十五章「生活改善の目標」

ここで注意しなければならないことは、『明治大正史 世相篇』はあくまでも、明治大正時代の農村・地方文化の諸事実と情動がテーマである。関東大震災後、大正後期から昭和初期にかけて変容する都市空間、複雑な都市文化の社会世相を描写したのではないということである。

明治大正時代に明らかに生活者の意識に存在した伝統文化や生活事実の諸相が昭和に入り、しだいにモダニズムへの変容過程において埋もれていった。柳田はそれを憂慮した。それはアメリカニズムがもたらす合理化・能率化を徹底した大量生産・大量消費によって日本人の精神文化が混乱をきたすという危機意識の顕れである。柳田は日本人が近代以前から培ってきた生活事実の諸相と生活文化を伝えることによって、ジャズの浮かれた軽佻浮薄な文化に溺れる都市中間層への戒めとして執筆に至ったのである。

従来の柳田の『明治大正史 世相篇』についての研究書誌は、モダニズムへの変容に対して言及がなかった。昭和の複雑な社会文化世相、いわゆる大量生産・消費文化であるモダニズム、昭和モダンを分析することが全く見られなかった。そのため、柳田がなぜ「多数の人々が平凡と考え、そんなことがあるかと言わぬような事実」、「細かな地方の生活事情」などの感覚文化を伝えようとしたのか、その動機・意図の説明に至っていないのである。保田與重郎が「文明開化の終末の悲劇」と規定したモダニズム（アメリカニズム）への分析アプローチがなければ、柳田の執筆の動機・意図を解明することには決してならないのである。

一九三〇年代のモダニズムの展開は「褻と晴との混乱」をきたし、「現代人の昂奮」による異常の心理の激動をもたらした。

柳田を悩ますモダン現象は吉行エイスケの『女百貨店』においても描かれた。

「白いカラーをつけた、黒奴のジャズ・シンガーが高層から拡声器に厚い唇をあてて流行歌を唱いだした。都会に宵暗がせまって、満艦飾をした女がタクシーを盛り場にとめると、貴婦人気どりで歩道を行ったり来りした。地下室の踊場では、タキシードの男と、夜会服から黄色い腕をだした踊子とが胸と胸の国境をデリケートな交錯で色どりながら踊った。

ポール流行品商会の二階の美容室では、太田ミサコが弟子にからだ中に花粉をはたかせていた。ひる間商品窓に飾ってあった、マルセーユの歌劇女のきるような華美な衣裳をつけて、白い羽のついた黒い帽子を目深にかぶり、ネロリ油の強烈な蠱惑的な香をさしてサーカスの女のようなミサコは高慢な夜を感じていた。

夜の界わいを、極度に断截された近代娘(モダンガール)たちが、短いスカートと男のような乳房と新しい恋愛教科書によった独立の精神をもった彼女たちが、キャバレットとバーと夜の百貨店へくりだした。ホワイトマンによって教練された女達のなかにまじって、十九世紀の万国旗に包まれた太田ミサコが船出する」(吉行エイスケ『女百貨店』)

ジャズが流れるアスファルトの路上では男を漁るステッキガール、赤いワンピースに黒エナメルのバンドを付けた派手な洋装で娼婦とほとんど変わらないストリートガールも現れた。また、カフェーでも軽薄なモダニズムが生み出したエロ・グロ・ナンセンス全盛時代を生み出していた。カフェータイガーよりも濃厚なエロサービスを武器にしたカフェーが進出してきた。

永井荷風は五・一五事件がおきる直前にモダニズムの堕落をつぎのように記した。

「京橋河岸通のとある露地にバラックのカッフェーあり。女給外に出で通行の人をとらへ寄り添ひて私語する様甚いぶかしければ、入りて見るに、女四、五人あり。参円にて淫を売るといふ。五円出せば二階の一室に案内して女二、三人裸体になり客の望むがままにいかなる事もするといふ。〈中略〉芝口玉木屋裏の露地に白夜といふカッフェーあり。この店にては祝儀四、五円与る時は女給テーブルの下にもぐり込み、男の物を口に入れて気をやらせる由評判あり。とにかくこの頃のやうにカッフェーの店構俗悪醜陋になりては今更如何ともすること能はず」（永井荷風『断腸亭日乗』）

柳田は「不良青年の増したのに驚く」と『青年と学問』でその頽廃堕落ぶりをのべたが、まさしくそのような現象が現れていた。

このように中間層の堕落は「政治的責任の主体的な担い手としての近代の公民」の資格の放棄である。彼らは政治的に成熟することなく、権威の決断に盲従する卑屈な従僕なのだ。人間のモラル倫理観に価値を置いていた柳田はこのような頽廃するモダニズム現象に危機感が増していった。

「われわの考えてみたい幾つかの世相は、人を不幸にする原因の社会にあることを教えた。すなわちわれわれは公民として病みかつ貧しいのであった」（前掲、『明治大正史 世相篇』）

柳田は、堕落した頽廃文化の状況におかれたときの人間の心理を内面的に追求する方法をとるが、選挙権をもつ公民＝モダニズムの担い手への嫌悪は凄まじかった。柳田は誇り高き日本人の民族としての願いを込めた。エロ・グロ・ナンセンスに染まる社会現象を直視し、眼前に出ては消え埋もれ行く明治大正期の社会事象を「進化の径路を一目で明瞭」とする方法を持って『明治大正史 世相篇』を記したのである。

だが、柳田はこの書を「徒に一箇暗示の書の如くなってしまったと」のべ、アメリカ文化の洪水に飲み込まれる日本文化の繁栄（エンターテインメント）と悲劇（エロ・グロ・ナンセンスと戦争・恐慌）の二重構造の末路を予見したのである。

『都市と農村』

一方、柳田にはさらなる深刻な問題があった。それは、資本主義がもたらす苛酷な現象である都市と農村の格差が柳田に新たな危機意識をもたらしたのである。昭和という時代において、明治末期の明治国家の機能不全の時代が現れ、国家的危機が叫ばれ農村の悲劇が再び問題となった。柳田はふたたび日本の近代と農村問題に関わることになったのである。

その窮乏打開のエネルギーが「農山漁村経済更生運動」の過程のなかで「自力更生」「隣保共助」というスローガンのもとにファシズムを支える体制補完に利用された。底辺から支えるそれに転化していったのだ。これは明治末期の「地方改良運動」の昭和盤であり、昭和恐慌に喘ぐ農村の構造改革であった。日本の近代は国家危機に直面すると必ず地方が問題となる。

「天皇制体制のもつ内在的矛盾（第一章および最終章等参照）からたえざる動揺の要素を内包している。しかし、その動揺と再編が顕著な表現を示す時期に大よそ次ぎの三つを分つことが出来る。その一つは明治末以後の『地方改良運動』の時期であり、第二には大正後半の時期（この二つがそれぞれ一九〇八年・明治四十一年『戊申詔書』と一九二三年・大正十二年『国民精神作興に関する詔書』を一つの契機にしていることは象徴的である）そして第三の時期は一九三二年（昭和七年）の農山漁村経済更生運動以後の農村再編政策である」（石田雄『近代日本政治構造の研究』）

昭和恐慌によって都市と農村の問題が深刻化し、新たな政策が展開することになったが、「農村部落ニ於ケル固有ノ美風タル隣保共助ノ精神ヲ活用シ其ノ経済生活ノ上ニ之ヲ徹底セシメ」（「農山漁村経済更生計画ニ関スル農林省訓令」）とあるようにあくまでも上からの命令指示であり、柳田が主張する「村の周囲には無数の先例と指導とがあり、さらにそれよりも適切なる村の経験」と「自主能力の成長」に応えるものではなかった。

各府県知事は経済更生村を指定し、自力更生の確立や生産能力の拡充、自給生活の充実、経済組織の改善、協同組織の整備という目標をかかげた経済更生計画書を作成させ、農村の荒廃を是正しようとした。

昭和恐慌の最大の被害は農村である。昭和五年の東北の農村は豊作飢饉と翌年の未曾有の凶作のために悲惨な生活に喘いでいた。日本の近代化の過程において農村はつねに犠牲となっていた。とくに日本資本主義の発展においては、終始農業部門が犠牲においてなされた歴史がある。小作料は資本の源泉に転化され、貧農の次男三男、娘は家計補充のために女工や職工という労働力となり、また、日本軍隊の兵の培養地という認識があった。そのため、小農維持主義がつねにスローガンとなり国家の危機が叫ばれるとその代償を担った。本来、近代化とは前近代的要素を否定するところから出発するものであるが、国家体制の土台を維持するために農本主義という前近代的思想が援用されたところに日本の近代の矛盾の一面が顔をのぞかせる。そして、この農本主義が国体を強調しながら反モダニズム、反都会主義、反工業主義となってファシズムのイデオロギーに流れ込んだ。この思想が五・一五事件（昭和七年）や二・二六事件（昭和十一年）の主役たちに影響をあたえたのである。また、農本主義といえば、権藤成卿、橘孝三郎ら超国家主義的農本主義が登場するのもこの時期である。

権藤成卿は、「社稷」の観念を国家に対置させ郷土主義を主張した。社稷とは、「各人共存の必要に応じ、まず郷邑の集団となり、郡となり、郡市となる。その構成の、内容実質の帰着するところ」（権藤成卿「自治民政理」）であり、国家の領域、境界がなくなろうとも統治機構、制度が消滅しようとも土地の神と五穀の神を中心に形成される衣食住と人間団結のユートピア的な共同体を意味する。

橘孝三郎は、マルクス主義やトルストイの人道主義に基づいて大地主義、兄弟主義、勤労主義による理想村の建設に従事した。橘孝三郎がそのような理念をかかげて愛郷塾を創設したのは昭和六年四月である。橘の「我々は相愛観念を忘れた。相互信頼を捨てた。すべて徹底せる個人主義、理知主義、営利主義、売買主義云々、云々。そして大東京をかざる大デパートや、大新聞や、大銀行や、大ビルデイング等々は何を我々に語っておるのでしょうか。こんな愚問を繰り返すことはさらに無礼を重ぬる上に余裕なき時を潰す以外の何物でもありますまい」（橘孝三郎「日本愛国革新本義」）という言葉からは、軽薄なモダニズムへの怒りを感じとることができる。

柳田はそのような農村状況をすでに想定し、昭和四年、朝日新聞社より『朝日常識講座』第六巻として刊行された『都市と農村』は都市対農村という対立関係ではなく、その歴史をもう一度遡求し都市と農村の関係を考察した内容であった。

『都市と農村』においては、農村内部における奢侈（不必要な消費）、いわゆる都市的な消費の模倣を諌める啓蒙が強調されている。柳田は、『青年と学問』『明治大正史 世相篇』においても地方と都市の枠組みを超えた公民の自立・主体への啓蒙を図ったが、『都市と農村』においては都市農村相互の道徳、自立した公民による市民・中間層の形成に向けてその構造を深く分析し、地方文化の軽視を諌め農村疎外の気風打破をテーマに農村衰微の解決という大きな課題を提示した。

柳田によれば、本来、都市と農村は対立する構造ではなく、「都市に永く住みながら都市人にもなり切れず、村を少年の日のごとく愛慕」（前掲、『都市と農村』）する都市生活者の故郷・郷土を思慕する心情、つまり、美しい回想の世界への追慕が存在する。柳田はそれを「帰去来情緒」と定義した。都市市民の故郷は農村であるという歴史的な根拠をしめし、都市と農村を経済的な利害も含めて情緒的な連続性を強調したのである。地方農村の主体を自覚させ、都市と農村の問題を解決する方法を講究させようとする啓蒙性が強かった。だが、昭和恐慌以後の農村状況は柳田の認識を遥かに超えていたのである。

モダニズムの都市文化は地方都市にも模倣をもたらした。農村内部の相互依存の伝統を消滅させた。柳田は農村の文化への覚醒を基調に論じ、自立の余地を含んだ「盲従雷同」を主体的な団結心・協同へと転換を試みてきたが、『日本農民史』の序論における「諸君の面前には、大きな実際問題が横たわっている。この日本を幸福にするためには、急いでこの問題を解決せねばならぬ」という言葉も悲愴感を感じさせた。

また、その一方では農村の荒廃は、国体の危機意識を自覚させた。それが、血盟団事件、五・一五事件へとエスカレートしてゆくのである。

昭和初期の社会的激動期、昭和モダンの光（都市文化の繁栄）と翳（昭和恐慌）の時代、満州事変による戦争景気から日中戦争へと進んでゆく過程において、この間の柳田は橋川文三が指摘するように日本民俗学と柳田の関係は微妙な環境に置かれていた。

「一言でいえば、それは柳田にとってもまた試練の時期であり、科学としての民俗学が直面した最初の受難の季節にほかならなかった。その強みも弱みも、ここで試されることになった」（橋川文三「柳田国男—その人と思想」）

柳田の試練とは「公民として病みかつ貧しいのであった」という言葉に象徴されている。『明治大正史 世相篇』に見られるように公民への期待が挫折したからである。政党政治の腐敗と崩壊、血盟団事件、五・一五事件などのテロリズムの横行、エロ・グロ・ナンセンスの頽廃と、消費文化に浮かれる都市中間層の政治的無関心、満州事変以後の軍部の台頭と、光に対する暗い翳の狂気が不気味な情念となり日本の政治と思想を捉え、日本回帰を唱える日本主義への極端な「呪術的思弁」が席捲しようとしていた。

昭和八年、日本は世界の中でもいち早く恐慌から脱出した。夏頃になると異様な空気が東京から全国に流れた。異常な興奮ともいうべき熱狂的狂乱の渦が吹き荒れる。マス・ヒステリー（大衆狂乱）を思わせる《東京音頭》の流行がそれだ。ヨイヨイという熱帯の嵐のごとく熱狂が、一切の拘束を投げ捨てるかのように、情念を噴出させたのである。現状への不満と明日への不安から生まれる焦燥感、挫折感、刹那的快楽主義が一気に爆発した。まるで、エロ・グロ・ナンセンスの偏狭な馬鹿騒ぎが伝染病のように広がっていくようだった。柳田はこの「郡盲の象」の現象をすでに予見していた。

2　自己認識の学――常民の思想

『民間伝承論』

柳田に脈々と底流していた「経世済民」の理念が「学問救世」となってふたたび現れた。『民間伝承論』においてはまだその輪郭は明瞭ではないが、学問体系における民俗学の意義の中にそれらが暗示されている。

『民間伝承論』では「新国学」が提唱され、『郷土生活の研究法』で「経世済民」さらに「学問救世」として民俗学の目的を明確にした。『民間伝承論』にも語彙として登場する「常民」が『郷土生活の研究法』において概念・理念化された。そして、柳田国男の思想は「国民総体が当面する現在の諸問題に正しい解答」を提出するために日本民俗学の樹立への新たな展望を展開するのである。

柳田は昭和八年九月十四日、「民間伝承論」の講義を始める（終了は同年十二月十四日）。同年には木曜会を発足させ、全国山村調査会が開始された。柳田はアメリカのモダニズムに毒された後にそのアンチテーゼで忍び寄る思想（軍国主義）を敏感に感じていたかのように、この講義は真剣だった。この時期から、柳田民俗学に関する研究は、『民間伝承論』『郷土生活の研究法』『国史と民俗学』

へと明治末年以来の思索・思想が集成されていく。

『民間伝承論』は「明日の学問である」。柳田は「人間は動物だが、賢い動物である。考えてどこまでも社会を改造して行ける動物である」と人間の学としての民俗学の意義をのべている。「民間伝承」＝「民俗」であり人間研究の学問なのだ。

では、柳田は「民俗」をどのように定義しているのだろうか。

「人からお世辞にインテリと言われ、自分も内々はそう心得ている者を除き、その残りの者が持っている古臭いもの、それが我々のいう民間伝承になる」（柳田国男『民間伝承論』）

民俗とは有識者の考察の対象にならず、優雅階級が卑俗・鄙俗として帰りみなかった人間事実を主題にする学問である。そして、柳田はその研究の眼目は「有識階級の外もしくは彼等の有識ぶらざる境涯において、文字以外の力によって保留せられている従来の活き方、または働き方、考え方、弘く人生を学び知る手段」（『同上』）を観察することであるとのべている。

ここに民間伝承の定義・研究の目的と「常民」の具体的な姿が浮き彫りにされている。柳田は「常民大衆」の表現を使い、常民感覚の複雑な現象を分析し概念化するのである。

このように柳田民俗学は実際生活の疑惑・疑問から出発するものであり、その論断は事実の認識を基礎とする。そのためには国の前代からの経過・変遷を無視することなく過去を知ることは重要なのだ。この作業は「新国学」ともいえる日本学の基礎でもある。

都市文化を席捲するモダニズムの狂乱と恐慌で喘ぐ農村の怨嗟の声は柳田の耳目にも届いていた。柳田はその後に襲ってくる不吉な暗い情念（熱狂的な日本主義と軍国賛美）を感じ、『民間伝承論』では「国が自己を知る学問」として民俗学の方法論を提示し、その領域を三つに分類した。

1「第一部は生活外形、目の採集、旅人の採集」
2「第二部は生活解説、耳と目との採集」
3「第三部は骨子、すなわち生活意識、心の採集または同郷人の採集」

第一部は視覚に映える対象物であり、村落形態、衣服、住居、労働形態など、柳田は「洒落て旅人学と呼んでもよい」と言っている。生活に現れるものが対象となるのだ。有形文化、生活諸技術誌、生活諸様の内容をもつことから習俗ともいえる。第二部は口碑と言われる耳による言語資料で奇遇者の学である。言語芸術の口承文芸も網羅される。第三部は「体碑」に対する「心碑」であり、最も微妙な心意感覚に訴え捉えることが可能なもの、この場合、俗信も含まれる生活諸様式、観念、解説であり、心意諸現象の採集が目的となる。

この書は日本の最初における民俗学概論としての評価が高い。関敬吾がのべているように「近来の学界の好ニュースであり、これを世界の民俗学界に告げうる日本はいささか誇ってよい」（関敬吾「日本民俗学の歴史」）という発言も当然ということであった。柳田国男の民俗学が日本人の古来の信仰を祖先崇拝に求めるものであることは、「日常生活の慣習（類型的な生活事実）、意識的または無意識的に口承あるいは以心伝心によって世代伝承される生活体験の蓄積」（『民俗学辞典』）と定義される民間伝承の資料蒐集の成果であることに異論はないであろう。

『民間伝承論』の書誌は昭和九年八月、共立社から『現代史学大系』（第七巻）』として出版された。第十五巻の内第十回の配本の独立単行本だった。これは昭和五年四月、長野県西筑摩郡洗馬村の長興寺で『真澄遊覧記　信濃の部』刊行記念講演会において講演された「民間伝承論大意」の講演要領をまとめたものである。全体の構成はつぎのとおりである。

「序」「第一章　一国民俗学」「第二章　殊俗誌の新使命」「第三章　書契以前」「第四章　郷土研究の意義」「第五章　文庫作業の用意」「第六章　採集と分類」「第七章　生活諸相」「第八章　言語芸術」「第九章　伝説と説話」「第十章　心意諸現象」

ここで柳田は史的発展の順序の横断面を理解するために「重ね撮り写真の方法に等しい」という比喩を使って、資料の歴史的変遷を明らかにするという独自の資料操作法、いわゆる「重出立証法」を提唱する。これは文献史学の単独立証法に対比した用語である。この「重出立証法」は柳田の一人歩きに終始し、戦後、福田アジオの徹底的な批判によって否定されることになる。だが、柳田の手法は、生活意識、心意現象の採集という民俗学の輪郭を提示したという点においては評価されるべきであろう。翌年、柳田は「民間伝承の会」を発足させ、機関誌『民間伝承』が発行された（昭和十年九月十八日）。

昭和十年七月三十一日から八月六日まで、柳田の還暦を記念して、「日本民俗講習会」が日本青年館で開催された。この昭和十年を画期として、民俗学の活動は活発となった。だが、この時期、柳田は民俗学の発展を喜ぶ一方で憂慮を感じている。

「柳田の発言の中には、民俗学の機運の上昇を喜びながらも、それが真にあるさしせまった試練に答えうるか否かを恐れているかのような、いわば時間との競争を意識している者の危機意識ともいうべきものがほの見えている」（橋川文三「柳田国男—その人と思想」）

柳田には不吉な何かが見えていた。反モダニズムとしての日本回帰、日本主義が声高に説かれ、「非合理的な原始本能への先祖かえり」を見たのである。その一方では非常時が叫ばれ、準戦時体制へと向う深刻な変化が国民生活に影響を与えようとしていた。

昭和八年の国際連盟脱退以降、日本は完全に「明治以来伝統的に外交政策の基軸としてきたアングロサクソンとの協調という枠」（橋川文三「反近代と近代の超克」前掲、『近代日本政治思想の諸相』所収）を逸脱し独伊と提携し独自の外交政策、つまり、欧米のアジア支配を排除することによって新しいアジアの盟主となることを正当化するイデオロギーを模索し始めた。

柳田はかつて、「Ethnologyとは何か」において、欧米の人類学・民族学・民俗学の成立・発達事情をのべ国別の事情や対立のいきがかりを指摘し、異質の文明・文化への相互理解を求めたが、それは日本の膨張による国際社会における孤立化を暗示していたかのようである。つまり、白人であるヨーロッパ人が作り上げた国際秩序、日本にとって身近なものはワシントン体制だが、そこから逸脱すれば、戦争という悲惨な歴史状況がまっているということなのである。

『郷土生活の研究法』

昭和十年八月、『郷土生活の研究法』が出版された。これは単なる地域の郷土研究書にとどまらず、民俗学の全体像の輪郭を明確にし、意義、方法、研究内容を解説した入門書である。前編は民俗学の基礎理論、後編は民俗事象の具体的な説明・解説という構成になっている。この昭和十年を画期とし、日本青年館において「日本民俗学講習会」が開催され、民俗学そのものが上昇期に入り、いよいよ学問として輪郭が明瞭となってきた。だが、柳田はそれとパラレルに深い憂慮と危機意識を抱いていた。

『郷土生活の研究法』が出版された前後、日本は大きく迷走する。昭和九年ワシントン海軍軍縮条約を破棄、ついで昭和十年ロンドン海軍軍縮条約も廃棄し国際的孤立を明確にしたのだ。この間に統制派の宣言書とでもいうべき陸軍省新聞班から「国防の本義と其強化の提唱」が公布された。これは「たたかひは創造の父、文化の母」という文言ではじまり、総力戦思想に基づく高度国防国家の構想を明確にする内容であった。これにより民衆の情念がその最高表現である天皇制の価値体系に包摂されて行く歴史物語が始まろうとしていた。つまり、非合理的な情念から発散する熱狂は、高度国防国家樹立のための政治エネルギーに転化され、支配権力にとって合理的な意志形成に吸いあげられ、超国家主義が成立する。

丸山眞男は国内の充実と対外的に膨張する明治国家を太平洋戦争期に実在した超国家主義と包括的な連続として捉えた。しかし、橋川文三は丸山眞男の「超国家主義の論理と心理」の分析を通じて、「日本の超国家主義的支配と、その明治絶対主義的支配との区別に対応する」(「昭和超国家主義の諸相」)視角、すなわち、丸山がのべるところの明治国家と昭和の超国家主義の連続性・包括性に対して疑念を呈した。橋川によれば、「太平洋戦争期に実在したものは、明治国家以降の支配原理としての『縦軸の無限性、云々』ではなく、まさに超国家主義そのものであったのではないか」ということであり、丸山とは違った見解をしめした。軍部とメディアが一体となり国民の戦争協力を喚起し戦意高揚を煽る軍国歌謡の時代の昭和期の超国家主義と、美文調の観念的詠史歌、戦況描写による叙事詩型の軍歌の傑作が誕生した明治国家を明確に区別している。

昭和十年、天皇機関説問題が起きた。国家全体を高度国防国家に改造し、元老西園寺公望、内大臣牧野伸顕、枢密院議長一木喜徳郎などの「現状維持派」に決定的な打撃をあたえるために美濃部達吉の「天皇機関説」を葬った。天皇機関説とは、天皇は法人である国家の最高機関として憲法にしたがって統治権を行使するというもので、明治憲法を立憲的自由主義的に解釈するため、上杉慎吉らの天皇主権説とは対立する考え方であった。明治憲法は、第四条に「天皇ハ国ノ元首ニシテ統治権ヲ総攬シ此ノ憲法ノ条規ニ依リ之ヲ行フ」とあるように君主主義的側面と立憲主義的のそれという矛盾した構造をもっていた。

美濃部は、立憲主義的側面に力点を置いた。最高機関である天皇を補弼する内閣は、衆議院で多数をしめる政党の総裁が内閣を組織する政党内閣でなければならないという解釈によって、大正デモクラシーの理論を展開したのである。この学説は東京帝大でも講義され、官僚は学生時代にこれを学び試験をパスして行政に携わっていた。しかし、大正デモクラシーが後退すると、美濃部の憲法理論は「天皇を虚器ないしロボットとしようとする説」と批判する勢力から手痛い反撃を浴びてしまった。

一九三五年二月十八日の貴族院本会議で菊池武夫陸軍中将が「緩慢ナル謀反人」と攻撃。美濃部は、これにたいして二月二十五日の本会議で「私ノ深ク遺憾トスル所デアリマス」と弁明し、「天皇ノ統治ノ大権」を「権能」としながら「ソレハ万能無制限ノ権力デハナク、憲法ノ条規ニ依ッテ行ハセラレル権能デアルトナスモノデアリマス」としている。しかし、美濃部の理路整然とした反論はかえって排撃勢力を刺激する結果となった。在郷軍人を中心とした国体擁護連合会などが批判の狼煙をあげたのである。

岡田啓介内閣は、八月に「若し夫れ統治権が天皇に存せずして天皇は之を行使する為の機関なりと為すが如きは、是れ全く万邦無比なる我が国体の本義を愆るものなり」と国体明徴声明をおこない、美濃部を貴族院議員辞職に追い込んだ。さらに軍部は、断固とした処置を求め、政府は十月に「天皇機関説は神聖なる我国体に戻り其本義を愆るの甚しきものにして厳に之を芟除せざるべからず」と二度目の国体明徴声明を出すにいたった。こうして、伊藤博文が苦心してつくりあげた「一個のみごとな芸術作品」（久野収）といわれた明治憲法体制が崩壊しはじめたのである。

橋川文三が指摘するように明治憲法体制の崩壊は「天皇制国家の宿命的矛盾を表現した日本ファシズムの体験を通過」することによって、立憲主義（憲法による天皇大権の制限と議会政治）と君権主義（広範な天皇大権）、あるいは密教（天皇機関説）顕教（現人神としての天皇の権威・権力の絶対性）という明治国家構造の巧妙なバランス機能が喪失したことを意味している。国体明徴と日本精神が強調された昭和十年は、同人雑誌『日本浪漫派』（昭和七年に創刊された『コギト』を母胎）が創刊された。そこに保田與重郎、伊藤静雄、亀井勝一郎らが中心となったグループが形成された。

日本の近代主義批判として、日本ロマン派が日本の思想界・文学界において深甚な影響を及ぼした。このように日本的な文化と民族を強調する日本主義の氾濫が日本人の心理を蔽い始めた時期でもある。また、この国体明徴声明に呼応したのが、雨、紅葉などの情緒、菊・桐・松・梅・桜・あやめ・藤・萩・牡丹などの花に日本精神を求めた「日本精神花暦一二ヶ月」の企画だった。西洋音楽のモダンな流行歌に海の向こうの蜃気楼を夢見ることを捨て、日本の家郷や伝統、情緒を認識するために演歌系歌謡曲路線を取るポリドールが企画したのである。

このようにワシントン体制への反旗と「国体」の強調による戦時を意識した軍部主導の国民統合へのイデオロギーの形成は、米英との戦争は必須であり、呪われた運命だったのである。ここには、啄木が正面から挑んだ明治国家とは明らかに乖離した昭和の超国家主義が存在し、やがて、日米決戦となり近代日本の崩壊の姿を映し出すことになる。

この天皇機関説問題が起こった昭和十年、『郷土生活の研究法』が出版され、平民から民俗学の方法理念である「常民」の理念への転化が明瞭となった。

昭和六年の執筆段階では「郷土研究の第一義は、手短に言うならば平民の過去を知ることである」としている。この場合、「平民」というタームを用いているが、その後の口述した整理原稿の内容（昭和七から八年にかけて）においては「常民」が民俗学の方法的概念として登場している。

確かに、柳田は『民間伝承論』において「常民」という語彙を使用している。しかし、「文章記録に記載せられざる生活」「文字と交渉のなかった階級の風習」「下級無文字の階級の生活」という記述はあるが、概念・理念化されたものではなかった。『郷土生活の研究法』の第七章の「民俗資料の分類」の中で明確に在村の構成する住民の大部分を「常民」の概念によって規定しているのだ。この柳田の平民から常民への変化は神島が指摘するように「おそらく常民は平民と同義でファシズム時代への対応がこのようなおきかえをさせたのではないだろうか」という理由が存在したからといえる。

常民の歴史、平民史が彩る社会相は「千差万別賢愚貧富」が錯綜している。そこには「一定の法則、因果の関係」が存在する、過去を知るということは自己の力を持って充分に調査し確かめことである。ここに柳田の「できるだけ多量の精確なる事実から、帰納によって当然の結論を得、かつこれを認むることとそれがすなわち科学である」（柳田国男『郷土生活の研究法』）という方法理念が存在する。それが社会現前の実生活に横たわる疑問、心底に潜む共同の疑問に答えることになる。

しかし、帰納・実証ということだけでは柳田の独自の思想の説明にはならない。彼の独自の帰納・実証を独自の思想に導いているのが常民の理念であり、その内容を規定する内省的方法（自己省察の方法）である。

「平民の今までに通って来た路を知るということは、我々平民から言えば自ら知ることであり、すなわち反省である」（『同上』）

神島二郎は柳田学の特徴である自己認識の学が自覚化されることによって、柳田自身の「情報源の推移」を指摘した。確かに、明治・大正期の柳田は草鞋履きの旅と称したように全国を旅して己自身の眼を通して地方人、事情に詳細な知識を持つ土地の人々とその感覚を「共働」できた。しかし、昭和期に入ると、旅による直の情報収集から、「柳田詣で」と言われたように郷土の知脳が情報を提供するようになり、ここに情報源の組織化が成立した。

「そこに成り立ったのが、旅人・奇遇者・郷土人の共働による認識方法であり、そこでは、この共働を成立たしめるにたる根拠が要請された。〈常民〉が提出される必然性は、ここにある」（神島二郎「〈常民〉とは何か」『常民の政治学』）

神島の言うところの常民は「歴史過程を通してあらわれてくるところの個性的な集合体」（『同上』）である。では常民が現れる歴史過程とはどのようなものなのだろうか。神島によれば、歴史過程は「政治的、社会的、文化的に馴化と異化とがおりなす過程」である。異化と馴化が相互に交錯するわけだが、そこでは「常民」の「常」がつぎのように成立する。

「そこでは、異化が馴化の契機（けいき）を含みながら馴化に立ちまさる異成（いせい）の過程と、馴化が異化を含みながら異化に立ちまさる馴成（じゅんせい）の過程とが含まれる。時・処・位にわたる〈常〉の契機が成立しうるのは、馴成の過程で、柳田が中世を上限とする民間伝承（みんかんでんしょう）に着目した理由も、また、そこにある」（『同上』）

では「常民」の「民」はどのように成立するのだろうか。神島によれば、西洋化、近代化の文献中心の「官」に対する「抵抗の学」がその成立の契機なのである。

時間・場所・位相を共有し抵抗の学の概念を有する「集合体」、いわゆる「常民」を基調とする柳田学は実践性を発揮する。柳田は『郷土生活の研究法』において、「私たちは学問が実用の僕になることを恥としていない」という決意のもとに学問は人間生活の幸福を導くものであり、世のため人のためという意義を展開した。「何ゆえに農民は貧なりや」という根本問題を解決し、「人が自ら知らんとする願い」に応える「新たなる国学」を提唱する。つまり、柳田の学問体系が自己認識の学を出発点にし、帰納・実証、自己省察の方法は学問救世、経世済民の学へと体系化の完成をみるのである。

明治期の農政学の著作や『時代ト農政』以来、柳田は『青年と学問』『民間伝承論』の著作活動を通して起動力となった経世済民の精神を一貫して保持してきた。そして、その「経世済民」の社会貢献の意義が『郷土生活の研究法』において「学問救世」「学問の実用」としてより具体的に明確に学問の主題を強調し、その方法論を確立してゆくのである。

「我々の学問は結局世のため人のためでなくてはならない。すなわち人間生活の未来を幸福に導くための現在の知識であり、現代の不思議を疑ってみて、それを解決させるために過去の知識を必要とするのである。〈中略〉郷土人の奥の機微は、外から見たり聞いたりしたのではとうてい分かりようもなく、結局彼等自身の自意識に俟つよりほかに仕方はないのである」（前掲、『郷土生活の研究法』）

柳田はここでも内省的方法を「つまり我々の採集は兼ねてまた、郷土自身の自己内部の省察でもあったのである」と強調している。国民の知巧と感覚が堆積した過去の知識の採集方法の有効な手段として捉えているのだ。

そして、柳田は「国民総体が当面する現在の諸問題に正しい解答」と実社会の問題解決に必要な学問の実用をつぎのように説くのである。

「私たちは学問が実用の僕（しもべ）となることを恥としていない。そうして自身にもすでに人としての疑問があり、またよく世間の要求期待を感じている。差当りの議論には間に合わなくとも、他日必ず一度は国民を悩ますべしと思う問題を予測して、できるものならそれをほぼ明らかにしておこうと企てている」（前掲、『郷土生活の研究法』）

柳田国男の思想と学問形成は、農政学から出発し、民俗への志向、自己認識の学、帰納・実証、内省的方法（自己省察の方法）と展開し、『郷土生活の研究法』において平民から「常民」の理念への転化が見られるのである。「常民」は『明治大正史 世相篇』において記された「常人」にその萌芽を発し、『民間伝承論』において「常民」が人間の複雑な生活史の主体となる「常民大衆の歴史」という表現で使われているとはいえ、そのイメージは抽象概念が先行しその本質・実体像がアモルフなものであった。

昭和六年の執筆段階（第一章「郷土研究とは何か」）でも「郷土研究の第一義は、手短に言うならば平民の過去を知ることである」という試みとして、錯綜する社会相の底に潜む共同の疑問に応えるために「平民」というタームを用いている。しかし、その後平民史の攻究の昂揚と要求を受けて口述した整理原稿の内容（昭和七から八年にかけて口述した第七章「民俗資料の分類」）においては柳田学の理念を象徴する言葉が変化し、「常民」（村を構成する住民）が民俗学の方法的概念として登場している。

常民概念・理念の成立

柳田の学問の方法理念である「常民」概念が昭和に入ると確立する。その「常民」の原型は『明治大正史　世相篇』で「英雄の心事」に対比する形で使われた「常人」に端を発している。

「世相篇は英雄の心事を説いた書ではないのである。国に遍満する常人という人々が、眼を開き耳を傾ければ視聴しうるもののかぎり、そうしてただ少しく心を潜めるならば、必ず思い至るであろうところの意見だけを述べたのである」（柳田国男『明治大正史　世相篇』）

柳田は「常民」概念が成立し固定化するまで多種多様な言葉を使って表現している。例えば、「農民」「農村人」「平民」「凡俗」「民衆」「平人」「人民」「常人」等々。それらは家永が指摘するような「本質的な諸要素のいくつかを捨象して人為的に構成された抽象概念」とはいえ、都市と農村の物理的空間を共有する生活者の集合体である。

近代政治社会は個人、もしくは「個」を前提に構築される人間諸活動の組織複合体としての社会システムである。日常の生活者である「常民」は政治の舞台では公民でもある。公民は個人が言語（論理）と合理的な思考（理性的原理）を持った「個人」としての有権者である。国、地方公共団体において公的な意思形成に参与する資格、具体的には選挙権、被選挙権を通じて政治参加できる権利を有する「個」が「公民」となることによって、政治的公共性が成り立つのである。

柳田にとって、「セルフ・ガバメント」的な強靭な「個」は自己認識によって形成される。「経世済民」の思想が彩る民衆の生活改良は自己認識以外にありえないという考えであり、その方法的指標が橋川文三の指摘する常民の理念であり、「すぐれて方法的な一種の作業仮設」なのである。『郷土生活の研究法』において、すでに『都市と農村』、『民間伝承論』で使用されていた「常民」が語彙から概念・理念へ転化し、自己省察の方法、自己認識の学が強調される。

柳田の「常民」の概念はつぎのように規定されている。「常民」概念の萌芽から成立の過程をすでに引用した箇所も含めて列挙してみる。「平民」「常人」「常民大衆」「常民」が混在しながら、また前後しながら使われ、その変遷がよく分かる。

「私などは日本には平民の歴史は無いと思っております。何れの国でも年代記は素より事変だけの記録です。これへ貴人と英傑の列伝を組み合わせたようなものが言わば昔の歴史ではありませんか。なるほど政治と戦争とは時代の最も太い流れで、いかなる士民のはしくれといえども、その影響を受けぬ者はなかったでしょう。しかし事績の記事だけを見て、これに向かった国民の心持を推定するのは、写真機械を望んで人顔を想像するようなものです。当れば奇跡です。かように後世の我々が国民の過去をゆかしがることを知ったら、昔の歴史家も今少し注意して書き残してくれたかも知れませんが、実際多数の平民の記録は粗末に取り扱われて来ました。『絵本太閤記』などの絵を見ても、旗持の後や馬の陰などに、無数のへの字が積み重なっているのは、あれがいわゆる雑兵の陣笠であります。〈中略〉平和時代の名所図会などに、あるいは両国の川開きとか、祇園天満の祭礼の図とかを見ると、小さな円の中に眼と口とだけを書いてこれを見物と名づけ、そのまた後には無数の丸薬のようなものを一面に並べて、これを群衆などというのであります」（前掲、『郷土誌論』）

「風俗習慣、時としては迷信などとも呼ばれて、今もって暗々裡（あんあんり）に平民の行動を支配している信仰の切れぎれなもの、人によってはこれだけを引き離して土俗学と名づけ、何となくその材料だけを珍重しているが、これを確かな校量比較の上に組み立てて、国の昔の姿を画きだそうとする骨折りは、今までは重きを置かれなかった。しかしもう大分優（すぐ）れた判断力のある若い人たちが、この方面に手つけ始めたから、遠からず一躍進の日が来ることと予期している」（前掲、『青年と学問』傍点著者）

「我々常民の祖先はずいぶんよく苦しみ、また痛切なるいろいろの実験をしたが自身でそれを書き残しておいてくれなかった。今ある彼等の生活の記録は、たいていは外から観ていた人の推察に基いている。それが果たして地方地方の真状と一致するや否や。それによって議論の価値に大いなる相違があるわけである。ところが今では深くもその点を考えてかからなかったために、もう我々は大分の損をしている。熱心なる読書家がかえって自分の境遇と縁のない説を、吐くような場合も多かった。都市と農村との将来の関係がいかにあるべきかは、大切な実際問題である」（前掲、『都市と農村』傍点著者）

「生活の最も尋常平凡なものは、新たなる事実として記述せらるるような機会が少なく、しかもわれわれの世相は常にこのありふれた大道の上に推移したのであった。〈中略〉在来の伝記式歴史に不満である結果、故意に固有名詞を一つでも掲げまいとしたことである。従って世相篇は英雄の心事を説いた書ではないのである。国に遍満する常人という人々が、眼を開き耳を傾ければ視聴しうるもののかぎり、そうしてただ少しく心を潜めるならば、必ず思い至るであろうところの意見だけを述べたのである。これをもって一個特殊の地位にある観察かの論断を、日知にしいるものと見られるのは迷惑である。」（前掲、『明治大正史　世相篇』傍点著者）

「平素の常民大衆の生活のごとき、下等にしてありふれた当然のことは、記録する価値のないものであった。そして彼等の生活が変化するということは知られず、いつまでも不変で永続するもののごとく考えられていたのである。今日の学究的問題は、実はこの以前顧みられなかった方面に起こっているのである。古今に通じて不変なるごとく考えられていたことが、じりじりと変化していることが問題になって来たのである。常民の衣服にしても髪容（かみかたち）にしても、長い年月には完全に変化している。〈中略〉人間の複雑極まりない生活の、何千年という久しい経歴を知るとする歴史は、いくら知ってもまだ行く先があるということを、よくよく覚悟する必要がある。ことに今まで閑却されていた常民大衆の歴史においてことにしかりである。民間伝承の学問は、この歴史の欠陥を補うべく起こった学問といえるのである」（前掲、『民間伝承論』傍点著者）

「村を構成している住民であるが、これを分けるとだいたい次の二つになると思う。一つは常民即ちごく普通の百姓で、これは次に言おうとする二つの者の中間にあって、住民の大部分を占めていた。次は上の者即ちいい階級に属するいわゆる名がある家で、その土地の草分けとか、または村のオモダチ（重立）といわれる者、あるいはまたオオヤ（大家）・オヤカタ（親方）などと呼ばれている階級で、これが江戸時代の半ばまでは村の中心勢力をなしていたのである。そうしてこれらの階級には右言ったような名称の他に、家としての特殊の名前があったから、これも集めてみたいと思っている。第三には下の者で、この階級に属する者は今でもかなりいるし、またおった痕跡が残っている。これには普通の農民でなく、昔から諸職とか諸道などといって、一括せられていた者が大部分を占めていた。たとえば道心坊や、鍛冶屋、桶屋など、これらはいずれもしばらくずつ村に住んでは、また他に移って行く漂泊者であった」（前掲、『郷土生活の研究法』）

柳田の「常民」の概念は農民層に中においてで限定された存在として捉えられている。農業を主業にしつつも、上層と下層の中間に位置する階層、つまり、近世社会における手作り地主、本百性に該当する。この層が習俗、慣習、いわゆる民俗を伝承する農村居住の中核部分である。神島二郎は「常民」をマルクス主義の階級史観としての「階級」概念ではないが、「文化」概念とも言いがたいとしながら、つぎのようにのべている。

「常民は歴史的な運動過程そのものを透してあらわれるところの個性的な集合体である」（神島二郎「民俗学の方法論的基礎」『文学』）

柳田は「農政学」「農業政策学」で階級という表現を使用しているが、この場合の「階級」は農業者、商業者、工業者という認識であり、あるいは、「生産者」「消費者」というそれであり、マルクス主義でいわれる「階級」とは意味が異なっている。したがって、「常民」概念と規定する場合、マルクス主義の「階級」概念とは無関係といえる。では、神島二郎の言うところの「個性的な集合体」はどのような歴史の過程において形成されたのだろうか。それは政治的、社会的、文化的における馴化と異化の織りなす重層から次第に「異化に立ちまさる馴化の過程」においてである。異化が濾過されて、「被治者側からの馴成因として作用する集合体」として形成されるのである。

また、谷川健一もやはり、マルクス主義が強調する階級性とは無関係な存在として捉えている。

「日本人のなかから特殊性を剥奪された普遍的人間、それを柳田は常民とよんだ。常民というのは、ただの人というのでもなければ、民衆を指すものでもない。それは実体的な概念ではなく、人間の中の普遍的な部分を指す抽象語である」（谷川健一「柳田国男の世界」）

確かに「常民」は特定の階級・階層、つまり実体としては捉えがたい概念である。しかし、橋川文三は階級概念、社会層というような実体概念として追究するよりも、内省的方法に規定される自己認識の主体として「むしろすぐれて方法的な一種の作業仮説」という視座で捉えた。その視角は、人間―地方―国家という反政治的思想史の方法としては有効である。また、橋川の常民論には「保守的思考における価値の基準は『持続』『生成』ということであった」（橋川文三「保守主義と転向」）という歴史的現実における理念においてヘーゲルの「民族精神」と等値するユニークな視角がすでにあった。柳田の場合は歴史と思考において弁証法を展開することはなかったが、「一種静的な性格」を持っている。

「柳田の抱懐する『常民』は、歴史的現実の中に与えられた存在ではなく、民族的存在の持続のモメントを集成した方法論的理念であった。それは悠久に常なるものの形象化であり、変化によってかえってその内包性を拡大する性質のものであった」(「同上」)

さらに、「常民」概念の実体をより鮮明にしようと試みたのが福田アジオである。福田は『柳田国男の民俗学』においてつぎのように「常民」概念の発展を三段階に分けた。

一　漂泊移動する人々に対する定住農耕民

二　民俗の担い手としての農村居住者の中核部分を構成するごく普通の農民

三　天皇もふくんだすべての日本人

福田はこの三段階を柳田学における「常民」概念の発展とみなし、三段階目を「常民」概念の確立とするのか、それとも各段階を「常民」概念の個性と把握するのか、意見が分かれるところである。ただ、農政学の段階では、このような「常民」概念が明確ではなく、「地方の公吏、資産家、有力者、学校の教師、医師、僧侶等多少の余閑を有せらるる氏」、「現在生活スル国民」「死シ去リタル我々ノ祖先モ国民ナリ」「将来生レ出ツヘキ我々ノ子孫モ国民ナリ」と後の「常民」概念の対象を予見させる記述にとどまっていることは確かである。それが、平地人と対置された山人、普選の時代の公民概念、民俗学の研究対象として普遍化された方法理念である「常民」が概念化されていったといえる。

柳田は明治から昭和における日本の近代政治行政が「常民」の生活原理と心理に無関係に進展してきた事態を目撃した人間である。つまり、近代という社会変動の渦において民衆の生活を無視しながら社会的攪拌が行われて来たことへの批判である。そして、民俗学が被治者に対して政治行政に有効な現在科学の機能を有することを熱望していた時期を考えれば、柳田国男の民俗学樹立の意義が見えて来るのではなかろうか。国家―地方―人間という支配の論理に対して反対ベクトルとしての反政治的思想体系（人間―地方―国家）を基礎づけるために有効な民俗学であり、柳田の豊饒な近代的知性の独自性の所産によって成立するのである。

新たな危機意識

神島二郎、橋川文三、谷川健一らの積極的評価の一方で、柳田国男の「常民」概念に対して厳しい見方もある。安永寿延の「虚構の概念」という評価である。

「彼を裏切った生きた大衆こそは、彼のいう『常民』の一面であり、民間伝承からいつまでも足をあらえないことも一つの契機として、やがてウルトラ・ナショナリズムを支える主体に転化する。逆に彼自身は、現実の粗野な大衆には感覚的に背をむけ、一方観念の所産である抽象的な非政治的『常民』に依拠することによって、そのナショナリズムがウルトラ・ナショナリズムへと転回していくことをチェックした。それは、プロレタリアートを変革の主体として観念的に美化しながら、生きた労働者にたえず裏切られ、幻滅するマルクス主義的知識人の立場に、どこか似てなくもない。彼の『常民』概念は、個々の村々に対して異邦人であり、生きた大衆に対してエリート意識をすてきれない、反俗的姿勢の中から必然的に生み出されてきた一つの虚像である」（安永寿延「柳田國男―その近代と土着の論理」）

柳田は超国家主義の時代と「常民」概念・理念が形成される頃、新たな危機意識を持ち始めた。それはひとつには戦争であり、もう一つには日本ロマン派の時代である。『郷土生活の研究法』が出版された昭和十年は同人雑誌『日本浪漫派』（昭和七年に創刊された『コギト』を母胎）が創刊されている。

日本ロマン派は保田與重郎が「満洲事変が、その世界的純潔さを以て心ゆさぶった対象は、我々の同時代の青年たちの一部だった」とのべているように満州事変に遡及できる。そして、翌七年『コギト』の創刊、八年、佐野・鍋山の転向声明、九年の「ナルプ解体」、青年層のデスパレートな心情が昭和精神史のトニカ（基音）となった。橋川文三が指摘するように「プロレタリア的インテリゲンチャーの挫折感を媒介としながらも、もっと広汎な我国中間層の一般的失望・抑圧感覚に対応するものとして、その過程の全構造に関連しつつ形成」（橋川文三『日本浪漫派批判序説』）したのである。

確かにマルクス主義の影響は思想界を震撼し、社会改造が演繹的な革命論によって志向された。しかし、転向の問題とナルプ解体後はこの時期の合理的な体系思想にもかかわらず、挫折感が蔓延した。その敗退によって、合理主義的思考による西欧的な知的方法への懐疑が日本人の知識層に広がった。橋川が指摘するように「政治から疎外された革命感情の『美』に向かっての後退・噴出」であり、「デスパレートな飛躍」が表現されていた。シュペングラーの「西欧の没落」という危機意識とジャズエイジが象徴するアメリカの繁栄、そして、協調外交の挫折から国際連盟の脱退という日本の国際社会における行き詰まりと孤立化が負の相乗効果をもたらし、近代への不信をもたらした。

また、その一方では中間層の頽廃というべきジャズに踊る軽佻浮薄なモダニズム（アメリカニズム）の頽廃が都市空間において現象化された。このような状況において、保田與重郎の独自な政治思想（農本主義的神政理論）が提示され、非政治化された形式で情緒化された革命感情の美的昂揚、日本民族への回帰ともいうべき日本ロマン派が飛躍する時期を迎えたのである。

橋川は保田與重郎の思想をマルクス主義、ドイツ・ロマン派、国学の三要因として捉えた。そして、その批判方法をイロニー（反語）に求めた。

「日本の新しい精神の混沌とした未形の状態や、破壊と建設を同時的に確保した自由な日本のイロニー、さらに進んでイロニーとしての日本といったものへのリアリズムが、日本浪漫派の地盤となった」（保田與重郎「我国における浪漫主義の概観」）

イロニーは一般には真実を隠蔽する。その本質を隠すという意味がある。無限定の可能性をほのめかし、嘲笑をこめた表層的に立ち振る舞うレトリックでもある。だが、保田の場合は「悲観と楽観」「破壊と建設」「頽廃への情熱」、日本の新しい精神の混沌と未形の状態、破壊と建設を同時に確保していた。混沌とした時代の異相を漂わせながら美的世界を描くまさに修辞学である。その耽美な情緒に彩られたロマン主義には過激な表現に秘められた敗戦と没落を肯定追求する大崩壊の予想が内在していたのである。

保田與重郎のイロニーは日本のリアリズムと結合してはいなかった。日本ロマン派の出発の時点において、保田は「イロニーとしての日本」を自覚的に唱えてはいなかったのだ。保田のイロニーはドイツ・ロマン派から学び取った「無限に自己決定を留保する心的態度」ともいうべき作家の精神態度である。そこから混沌未形の矛盾する概念の状態と同時に二つの事を確保したという表現に転化した。ところが、日中戦争を契機に状況が変化した。日本の大陸における中国との武力紛争を境に重大変化を遂げるのである。この中国大陸における武力行動によって、保田與重郎は現実の動向へ対応した、「イロニーとしての日本」がより鮮明となった。「聖戦」への介在が民族原理の世界的発展という意味において保田自身のイロニーと日本を連結させたのである。橋川のいう「過激なイロニー」がその輪郭を明確にし、様相を顕わにしたのである。このような過激なイロニーは敗戦の必然に対する予感的構想、死の美学を自覚させるものであった。

「イロニーとしての日本、最も今世紀に於いて浪漫的な日本は戦争の結果、その相をあきらかにした。すべて戦場にある価値を見よ。生命の最も偉大な価値の瞬間は、その死によって表現される。個人の生の価値は死によって照明されねばならない。勇敢と最新が、冒険と小心が、つねに一体である。さういうイロニーは、未形で、漠然でただ将来である。それらはすべて未だなかった新しいものの感じにみちている。かくて日本の一つの予感と神話が、この混沌の中に住むのである」（保田與重郎「日本浪漫派について」）

だが、昭和十四年、保田は『後鳥羽院』を書き終えた段階でイロニー（発想）から日本民族の血統の歴史（系譜）へとさらに転換する。保田は英雄と詩人の悲劇を念頭にして昭和十四年十月発刊の『後鳥羽院』を書き終えることによって、日本文芸の血統を祈念したのである。そして、後鳥羽院を軸に記紀神話、万葉の精神と日本の神々と古代人の魂の交流を辿り、王朝文学の雅を讃え後鳥羽院以後の隠遁詩人の系譜（血統）を　西行、芭蕉へと日本文芸の血統の精華を結実させてゆくのである。

一方、柳田は創造と破壊という混沌としたイロニー世界が描く日中戦争から大東亜戦争といわれた太平洋戦争の狂気の時代を察知した。「今日のごとき時勢において、学者にも正しく説明しえない世相が、後から後から現れるようであったら、それこそ国は救いがたき紛乱に陥るのである」（柳田国男『日本の祭』）と新体制運動にそれ以後の超国家主義の奇怪な世相へ警戒心を持ったのだ。柳田は保田が『万葉集の精神』で描いた悲劇的精神がもたらす敗戦という日本近代の大崩壊（敗北は勝利のイロニー）を予測したかのように、日本の古典の底部にあるもの、つまり、民俗学の領域からそれを解明しようとしたといえる。

このような魑魅魍魎とした百鬼夜行ともいうべき精神が倒錯し、混乱した思想状況に対処する学問こそが人間を主体とした生活変遷史ともいえる民俗学だった。柳田は近代精神を前近代の伝統に求め、民俗学という学問方法をもって、遠い過去からの連続性を保持した生活感情、文化感覚を対象とした。その解決する「術」となる「方法と決意」を提示したのである。

柳田が日本ロマン派の美的世界に潜むイロニーについて直接の言及があったかどうかは分からないが、柳田学の己の過去を認識する内省の学が妖しい美的世界に隠蔽され、倨傲さに満ちた邪悪な要素を知る術を提示したことは確かだ。世相はモダンの平穏が去った。次は狂気と熱狂の時代である。戦争と日本ロマン派の狂気の嵐を迎えたが、柳田は経世済民の精神を一貫して保持し、彼の民俗学はその学問論・方法論を確立してゆく。そして、戦後を迎えるのである。

近代日本思想史研究と柳田国男

吉本隆明の丸山眞男批判

柳田国男の思想と学問が近代日本思想史の領域に位置付けられた端緒は吉本隆明の丸山眞男批判からである。吉本が指摘する批判は丸山の分析における「思想のなまなましさ」、天皇制の存在様式の民俗学的な流れを曖昧にした「民俗のエートスの欠如」という点である。その批判を契機としながら、柳田国男の学問・思想が近代日本思想史の領域において注目されたのである。

丸山眞男の「超国家主義の論理と心理」は天皇制国家を従来のマルクス主義の革命理論からの制度、「社会的・経済的背景」への分析・批判ではなく、天皇制の支配を原理とした「超国家主義の思想構造乃至心理的基盤の分析」を本格的にアプローチした論稿である。

その主眼は、「国民の心的傾向なり行動なりを一定の溝に流し込むところの心理的強制力」の構造の全貌を把握するところにあった。まずこの「超国家主義の論理と心理」において、明治維新以来の日本の近代化の過程における特殊性、すなわち、「国家主権の技術的、中立的性格を表明」しなかったことを指摘し、その構造を解明する。西欧近代国家と日本近代国家の質的相違を「中性国家」の有無に求めたのである。

「中性国家」とは、政治権力が国民の内面や内容的価値に介入せず、真理や道徳というような内容的価値に対してあくまでも踏みこまず、中立の立場を保持する国家である。政治権力は法治による行政機構によって執行され、国家権力の基礎はあくまでも形式的・技術的な法機構上に設定されるにすぎない。道徳、倫理などの内容的価値の選択と判断は個人の良心に委ねるということになるのだ。ところが、丸山によれば、日本の近代においてはそのような「中性国家」は実現しなかった。丸山の解明の対象は国体である。彼は「国体」を真善美の内容的価値を占有する実体として捉えた。その「国家的社会的地位の価値基準」を天皇への距離に置き、民衆の翼賛する同心円の中心（天皇）から流れる価値の無限の流出が縦軸の無限性（天壌無窮の皇運）によって保持されているという天皇制国家の特徴を明らかにしたのである。つまり、日本の近代国家は国体論によって忠孝の観念を持ち出し、国民の倫理・道徳を独占したのである。

このような丸山の手法は、その後権力エリートの思惟構造・支配者の精神形態に対してザッハリヒな分析批判へと及んでいる。殊に太平洋戦争を指導し戦時国家体制を構築した軍国主義支配者の「精神と行動」への分析・批判は斬新的な手法であり、マックス・ウェーバーの理念型、フロイトの精神分析学、権力機能を「価値の剥奪」と捉えるラズウェルの政治心理学の方法論、ミルズのブルジョワジーと区別されるところのパワーエリート（権力組織の管理者）の分析への視座を導入しながら、戦後の政治学の華々しいスタートでもあった。

だが、吉本の丸山眞男への批判は鋭かった。それは丸山の作業が戦争に動員された国民の「民俗のエートス」・「土着への様式」、天皇制の存在を下から支える民俗的な流れ、雑多な要素によって構成される生活経験の構造、いわゆる、「天皇制イデオロギーのもっとも根幹的な部分」へ向けられるべきアプローチが欠如していたことを痛烈に批判したのだ。つまり、吉本は丸山がのべるところの日本軍の残虐性・暴虐性・蛮行は「真善美の体現者である天皇の軍隊であるから、究極的価値を保証されていると考えたがゆえに起こった」のではないとし、丸山の説を批判した。吉本は問題提起として、権力国家のシンボルである天皇制の存在を支える「共同態国家」＝「農」の社会の民俗的な生活構造、心性構造といえる村落秩序の非政治的情緒へのアプローチを求めたのである。

たしかに、吉本は丸山眞男の「超国家主義の論理と心理」の価値を「国家として抽出される幻想の共同性が日本においてつねにあいまいなる『抽出』としてしか行われない、という土着的な様式を指摘した点に帰する」と一定の評価を与えた。しかし、吉本の丸山への批判は鋭かった。丸山は神秘性を帯びた天皇＝国家と一体となる共同幻想を民俗や土着の問題として眼を向けることをせずにその根幹部分（生々しい生活史・民俗の諸相）を曇らせてしまったのである。

丸山の場合はあくまでも道徳や倫理が政治イデオロギーとして天皇制の価値、作為による国家道徳の人格化された天皇（権威の源泉）に収斂される。そのため国家権力に対抗できる「個」の確立が成立不能となり、超国家主義に呑み込まれたというのが丸山の主張である。しかも、丸山はファシズムの担い手層を「疑似インテリゲンチ」（亜インテリゲンチャ）とし、「小工場主、町工場の親方、土建請負業者、小売商店の店主、大工棟梁、小地主、乃至自作農上層、学校教員、殊に小学校・青年学校の教員、村役場の吏員・役員、その他一般の下級官吏、僧侶、神官というような社会層」（丸山眞男「日本ファシズムの思想と運動」）を例にあげているが、彼等の精神構造（「村」意識・「家」意識・郷土愛）への問いの作業と日常の諸相における生活行動原理・倫理へのアプローチ、解明がまったく行われていなかった。また、欲望ナチュラリズム、出世民主主義の意識構造などの具体的な内実を解明する作業がみられない。たとえ、権力の体系の天皇制の支配原理が彼等の心性・精神構造の内部深く浸蝕し、その淵源に潜む情念と深く結びつくとしても、それを受け入れる思想的土壌、都市と農村の生活空間によって形成された精神風土への分析は不可欠である。ここに民俗的資料を素材に民衆に宿る政治シンボル化される以前の天皇信仰となる感情体系の分析も含め、戦時国家体制に巻き込まれた民衆の心理・行動原理の解明を主題とした柳田民俗学が重要視されたのである。そして、そのような作業によって、日常の生活原理、生活経験事実、民衆の心性構造から近代日本の民衆生活の実相を対象とする学問が創出される契機となったといえる。

丸山眞男の思想史の方法と対象

吉本の丸山批判テーゼ以前において、すでに思想史に民俗的方法がもたらされていた。丸山は「思想史の考え方について」において、思想の重層構造とその各層を貫く思想の価値について考察している。最上層の最も高度な「抽象的体系的な理論とか学説・教義」から、第二層の「時代思潮」「社会相」「世界像」「世界観」、その下の「態度」「世論」「体験」、思想の基底となる最下層の「生活感情」「生活ムード」、「深層心理の情念」の四層にとらえた。

丸山は重層構造を持つ思想の各層を今度は横断する思想の価値を「重さ」「浸透範囲」「幅」「密度」「多産性」に分類し基準を設定した。つまり、思想の重層構造とならんで各層を貫く思想の価値（重さ・範囲・広狭・密度）を論じ、問いに対する解答の徹底性を明らかにし、思想をめぐる各層の対話によって、思想の発展と展開を表明したのである。

丸山は最上の成層と基底層の無限の往復ともいうべき密接な関係、いわゆる「さまざまなレヴェルでの思想の相互の連関」についてつぎのように定義した。

「思想というものにオリエンテーションを与える。つまり目標や方向性を与えるのは、相対的にこの成層において上のレヴェルにあるものです。つまり目的意識性、目的設定による方向性というものは、上から下に向かって行く。それに反して思想を推進していくようなエネルギーというものは、逆にこの層の下の方から発して上へと上昇していく〈中略〉生活感情とか実感とか、そういうものによって裏づけられないところの理論なり学説なり教養なりは『空虚』であり、逆に理論、学説、教義あるいは世界観というものによって方向づけられない実感は『盲目』である、つまりエネルギーはあるけれどもどこにいくか、どういう機能を果たすかわからない」(丸山眞男「思想史の考え方について」)

重層化された各成層は何ら脈絡もない不連続なものではない。また、格闘無しに併存するでもない。上層〈中層〉低層の重層構造は互いに密接な関係があるのだ。たしかに、丸山がのべるように概念なき直観は盲目であり方向性に欠け、直観なき概念はエネルギーが無く空虚な概念そのものである。理性(上から下降する指導エネルギー)と情念(変革・抵抗のエネルギー)の二項対立の悪循環は何ら近代社会の主体となる思想を生み出すことにはならない。

しかし、丸山は上層の思想である理論、学説、教義が基層の思想(生活感情、ムード、情念)よりも価値があるといっているのではない。また、丸山は大衆や庶民の日常性、生活、土着のエネルギーこそが、思想や概念、観念の鉱脈になるという大衆主義の立場をとっているわけでもない。「空虚な概念」と「盲目な生活感覚・直観」を弁証法的に統一した高次の思想、すなわち、思想とは上層の思想と下層の基底思想をダイナミックに連結し各層を貫く共通項であり、雨宮陽介が指摘するように思想は「問いと答えの一対からなるもの」（『丸山眞男を読む』）であり、その「問いと解答」から成り立つものとして捉えられている。丸山にとっての思想はこのように問題への「問い」から出発し思想の価値は「解答の徹底性」によって決定するのである。

人間は理性的であり、情動的でもある。また、意識的な存在でもあり無意識な情念的な存在でもある。丸山の思想の重層化と価値基準は「問いと解答」を徹底化することがその基準である。徹底化は人間を総体的に捉えようとする視点である。総体的に人間を捉えるには民俗学の思想とそれに彩られる生活史が重要となる。

思想の各成層の無限の往復は「問いと解答」の複合体でもある。基層の生活感情、ムード、情念は「問いと解答」のプロセスを経れば、思想となるのだ。思想の各層において色川大吉がのべるように「権力支配のエネルギー」――〈媒介エネルギー〉――「基層エネルギー」の無限の往復がスムーズに成立すれば、近代社会の主体の活動は可能といえる。思想の各層、レベルを貫く共通項がその主体の活動を可能にするからである。したがって、思想史の領域において、低層の民衆内部の生活実感、ムード、土俗のエネルギーに思想を基礎づけ、下からの強靭な自己の思想を表出するうえで、〈媒介エネルギー〉となる自己認識の学を方法理念とする柳田国男の民俗学が重要となる。そして、〈媒介イデオロギー〉の担い手である篤農、老農、有識者をイメージする常民概念が方法指標となるのである。

民衆だろうが知識人だろうが日常性において多くの諸問題に直面する。その問題を自己認識し周辺の過去から事実関係を知ろうとする思考はその問題に解答をあたえることであり、そこに思想が生まれ過去が現在を構造化し思想史が成立する。

丸山眞男が思想の重層構造を四層に分け、その価値基準を設定したことはすでにのべた。その各層を「問い」(重要)と「解答」(徹底)によって連続にとらえ、思想の本質を規定した。さらに丸山は「近代日本における思想史的方法の形成」(福田歓一編『政治思想における西欧と日本(下)』)において「文化史的思想史」および「生活史的思想史」という民俗学的視点からの考察も思想史に位置付けた。「文化史的思想史」の代表は村岡典嗣、和辻哲郎であり、それとパラレルに、対立・交錯しながら展開した「生活史的思想史」では津田左右吉、長谷川如是閑、そして、柳田国男の民俗学を取り上げている。しかし、丸山はこの二つのカテゴリーにおいて柳田学の具体的な考察を試みたわけではなかった。そこで、神島二郎のアプローチが重要となる。

神島二郎——丸山眞男と柳田国男の架橋

神島は内容的に具体性をもたせるために、すでに丸山によって志向されていた天皇制の精神構造へのアプローチの補完として、柳田学を思想史においてその方法を試みた。

「民族の意識の問題をトータルに取り上げようとした二人の先人を見出すことができる。一人は、柳田国男であり、いま一人は、丸山真男である」（神島二郎『近代日本の精神構造』）

神島は吉本による丸山批判を予期していたかのように『近代日本の精神構造』において、丸山眞男と柳田国男の成果と問題点を指摘しながらその架橋を試みた。

まず、神島は柳田の情報組織化についてつぎのようにのべている。

「柳田は、日本民俗学の研究のために地方にまでおよぶ全国組織を確立し、その情報組織は、すくなくとも没落しつつあった中間層、いわゆる部落有力者層を通じて下降し、深い共感と鋭い洞察とをもってかれは日本人の『心意現象』に迫り、いくたの学問的発見をもたらした。それにもかかわらず、自己の問題意識を普遍化してその情報組織から研究組織を創出することができず、そのため、折角おし進めてきた民俗変遷の追究をコンテクスチュアルな現実把握まで高めえなかったうらみがある」（『同上』）

そして、神島はさらに丸山の問題の組織化についてつぎのようにのべている。

「丸山は、日本政治思想史の研究を通して現実の認識に焦点を指向し、西欧政治思想との比較において、鋭い問題提起とその解明のためのあらたな視座の提供とを試み、ことに『主体性』の問題を提起してきたことの意義は大きかった」(『同上』)

たしかに、神島は天皇制国家の思惟構造・心理基盤の分析、軍国主義者の精神形態と行動様式のエートスを解明した丸山の作業に対して一定の評価を与えている。しかし、丸山に対しては「社会現実の底辺に迫りその分析の的確さを保障する配慮が足らず、ややもすれば形態的把握の明快さにとどまりやすく、かならずしも歴史的事実に迫りえなかったうらみがある」と吉本の批判と同じ視点に立った。

だが、神島は丸山のより具体的な基層思想への民俗学的アプローチの欠如を真摯に受け止めていた。そして、その問題を指摘し、思想や思想の表層と基層の二つの方向からのアプローチを接合することによって「集合体としての精神構造の問題を提起し、かつ、その近代日本におけるありようを究明する試み」を行った。ここに神島によって本格的な丸山眞男と柳田国男の架橋作業が試みられたのである。

神島はこの架橋作業の第一にエリートと大衆の分極化の基本的な座標に注目した。神島はこの分極化の問題においてつぎのような頂点と底辺という思想の枠組みを規定したのだ。日本の近代国家の発展のダイナミズム、中央からの起動と底辺からの上昇の無限の往復をより実体的にとらえるために思想の重層を「理性と情念」「精神と行動様式」という頂点と底辺から成る二層として配置し、そのダイナミズムを心理的に「意識」と「下意識」、哲学的に「理念」と「存在」、文化的に「表層」と「基層」、政治社会的に「指導者」と「大衆」、という配置状況の下に規定した。

神島によればこの基層から昇華する行動基準・感情的価値（モーレス）が頂点と底辺をスムーズに往復させるダイナミズムとなる。この視点が明治国家の体系の底辺に存在する村落共同体（擬制的政治行政村）秩序が国家支配に制度化されるという構造分析をより具体的な心性構造からアプローチすることになったのである。つまり、丸山がのべるところの日本の近代国家の発展のダイナミズムは「中央を起動する近代化」と「底辺から立ちのぼってあらゆる国家機構や社会組織の内部に転移して行くプロセス」によって構成される構造原理となっている。後に藤田省三が『天皇制国家の支配原理』において指摘した「天皇制支配のダイナミックスを決定する内部の二契機」の実体（「村落共同体秩序」と「制度化された擬制的政治村落」）がより鮮明となったのである。

神島はまずエリートの造出の場として自然村、擬制村を問題にし、中央からの起動を担う権力エリートの精神分析を試みた。神島は前近代的な自然村（「『国体』の最終の『細胞』」）の秩序原理を神道主義・長老主義・身分主義・家族主義・自給自足主義と定義した。擬制村〈第二のムラ〉はこれらの秩序原理をベースにした回想的な故郷（農村心情）を軸心とする観念形態である。神島は「第二のムラ」（擬制村）のモデルを設定しこのような広い意味での観念形態をリアルに抽出するという方法を志向したのである。

そのような第二のムラは「家郷」と「母校」（学閥）が軸心となる。現実と切り離された観念形態は距離化のゆえに美化されると愛着が増す。人々との交感のうえに回想が再生され軸心の団結がより強固となるのである。そうなると、理性的規範的能力を持つ自立した「個」と他者との関係は生まれず近代国家を支える市民社会は成立しない。カントがのべる西洋概念の自然は「人間の内なる自然＝理性＝神」だが、日本の場合はそれとは異なり、本能、欲望のままの行動を無軌道にする自然なのである。このように西欧近代の個人主義、規範・秩序形成主体の欠落は膨張主義（対外戦争）へ最終帰結する欲望自然主義（本能・衝動・欲望の感覚的世界）をその代位として成立させるのである。このような欲望自然主義を受け入れる器となる近代天皇制国家の支配原理の深部に迫ったのが神島二郎だった。

神島の作業は明治国家の支配の権力構造、制度分析、思惟構造分析から、被支配者側に奥深く宗教性をおびながら宿る悠久の天皇信仰、感情体形へとその分析が進む。そして、神島は政治的主体性の究明に本格的に民俗学的な方法を導入した。権力国家の基盤となる「共同態」の実態分析と生活者である被支配者側の内面心理や精神構造（集合体の自己認識）に対して鋭いメスを入れたのである。

神島は擬制村〈第二のムラ〉の美的回想の世界が近代的都市生活においていかに浸透しているのか、その担い手である中間層の観念形態を分析するために丸山眞男の天皇制ファシズム基盤の精神分析と柳田民俗学の方法論を接合して実体的に捉えた。つまり、天皇制イデオロギーの根幹部分である生々しい民俗の領域といえる被支配者側の精神構造（「人間生活の情緒世界」）に言及したのだ。そして、生活の場を構成する方法的指標を柳田学に求め、そこから「常民」概念を正面に据え日本人の行動原理の分析を試みたのである。

「日本人の行動を根源的に規定しているところの信仰をあきらかにし、これをしっかりとみなお

そうと考えた」（神島二郎「日本民俗への招待」『教養』第十号）

神島は柳田学の特質をつぎのように分析した。第一に「学問の実用性の重視」、第二に「起源ではなく変遷を問題」とし、そして、最後に「国民的学問たることを要求したこと」を取り上げたのである。神島は柳田の学問を地方（郷土）研究を単位にした自己認識の学と規定し、「常民」をその対象単位として「共通の感覚と行動様式」をしめす指標としたのである。

近代国家の政治は治者と被治者という論理が多様化し複雑化している。たしかに、丸山政治学は政治権力の支配分析に大きな功績をもたらしたが、日本の自治的方向への改革の視点を欠き、統治・支配のための、権力による政治支配と大衆社会における日常化した政治技能を必要とする自治の問題が無媒介にパラレルな状態になっているという批判がある。

「丸山理論のなかには、権力的支配のリアリスティックな分析と日本の自治的方向への改革という二つの魂が、理論的に無媒介に共存している」（高畠通敏『政治学への道案内』）

高畠通敏は統治・支配の学から自治の学へと捉えなおす視点を貫くことを提示した。「統治の理性と現実を認識できる『境界人』的知性だけでなく、自治の理性と現実をも認識できる『集団人』的知性を開発しなければならない」とのべている。つまり、政治の実用価値が市民社会における自治の論理を方向付け、自治という理性世界の合理主義と多様な現実を認識できる日常において機能する政治技能を生活人の知性として確立しなければならないと論じている。そこで、神島がのべた「被治者の側から馴成因として作用する集合体」である「常民」が政治の世界における自治概念とどう結びつくのかが大きな問題となる。

神島によれば民族が異成社会を前提にしていることに対して「常民」は馴成社会を前提にしている。「常民」は政治的・社会的・文化的に馴成と異化とが織りなす歴史過程にあらわれる「個性的な集合体」である。そのように神島が定義する「常民」は柳田学（「民」を契機にした「抵抗の学」）の学問の重要な概念であり、日常においては「生活者」とはいえ、政治の世界となると「公民」である。柳田はかつて家永三郎との対談で「常民」を「事理の明確に言える、人に誤ったことがあると承知せぬ、極めて判断力に富んだ」人間とのべたことがある。その「常民」が主権者として政治の意思決定に有効な機能をはたすことができるのか、新たな展望（「常民」の可能性）が神島によって提起されたのである。

権力的支配を照射し下から批判の矢を放ち対抗してゆく自治という観念を中心に政治のイメージを成熟させるためには、橋川文三が指摘した「民俗学思想そのものの政治思想的意味づけ」が重要である。つまり、天皇制国家の支配原理の分析手法としての柳田国男論から、橋川の視点によって政治思想史として柳田国男論が浮上したのである。

橋川文三——反政治的思想体系

「柳田の学問は、常民が保持した過去（民間伝承）の研究を通して、国民総体が当面する現在の諸問題に正しい解答を見いだそうとする目的を持っていた」（橋川文三「柳田国男—その人間と思想」）

では、柳田の「問いと解答」とは具体的には一体何を出発点にしているのだろうか。それは明治国家の農政官僚である柳田自身の内部と外部の大きな変化である。柳田は近代学問を身につけた啓蒙的な農政官僚だった。その精神内部（主体）は経済合理性による近代農政学である。そして、その対象となる外部（客体・対象）は前近代的な日本の農村社会だった。しかし、柳田の思想は明治国家の近代化に根本的な懐疑を持つことによって大きく変化した。精神内部は反近代的手法による民俗学への志向となり、批判の対象となる外部は明治国家となる。ここで重要なのは柳田がこの変化によって民俗の世界に対して内視の眼をもったことにある。いままで政策の対象と客体として視ていた視点が内視に変化し、近代農政学の対象であった日本の農村社会を内から視る視点が生まれたのだ。そして、柳田民俗学思想の学問体系である帰納法と実証、内省的方法、常民の理念が深く結びついていく。

明治国家は外圧による開国という状況において、「制度化された停滞」の内部の膨大な基底エネルギー、巨大な政治エネルギーを権力に集中させた。復古的な伝統的皇統思想を倫理とし、いわゆる復古的天皇制を近代的政治社会システムよって外形を粉飾することによって、明治国家という

「一個のみごとな芸術作品」（久野収）を創出したのである。だが、上からの支配のエネルギーの下降によって変革のエネルギー、自己析出の能力、規範創出能力を失い自己を閉じた精神状況をもたらした。上からの近代的エネルギーの下降によって、下からの内発の契機は喪失した。つまり、近代へ開かれたはずの精神は逆に閉じた精神となり、近代主体を成立させなかった。

明治国家が民衆内部の自己内部の主体の活動を剥奪し疎外の形態をもたらしたとするならば、自己析出、自己表出、規範創出の能力を回復し日常化した政治技能を構築しなければならない。自治という理性世界の合理主義と多様な現実を認識できる日常において機能する政治技能を生活人の知性として確立しなければならないのである。そう考えるならば、橋川文三が指摘した「民俗学思想そのものの政治思想的意味づけ」は重要な示唆を含んでいる。

橋川文三の「明治政治思想史の一断面——『地方』の擬制と実体をめぐって——」は政治思想史として展開する柳田国男論の本格的なスタートである。橋川は「天皇制国家の宿命的矛盾を表現した日本ファシズムの体験」の問題を「明治国家形成の基礎的局面にさしもどし、とくにそれ自体また一つの『傑作』（島恭彦）と呼ばれる地方自治制の創出過程の分析をとおして、明治国家における『疎外』の一般形態としての『地方』をとらえ、同時にその人間表現としての『民衆』の問題に接近しようとする試み」を提起した。

その作業の一つとして、明治国家批判を下から照射する手法によって権力国家（天皇制国家の支配原理の制度化）——地方——人間という支配序列を下降するのではなく、人間——地方——国家へと逆転させたのである。そして、天皇制国家の制度化の原理を構成する「共同態国家」を民俗学資料である民間固有信仰（神社合併政策）の側面から考察し、柳田国男の民俗学的方法、つまり、柳田の「前近代的なものを否定的媒介にして、近代的なものをこえようとする進歩的態度」（花田清輝「柳田国男について」）をより思想史の領域において鮮明にし、常民の概念と自己認識の学という視点から「反政治的思想体系」を提起したのである。

> 「筆者の関心は制度の構造分析よりも、その制度化の対象とされる人間におかれる。いわゆる制度史的観点からではなく、むしろその制作主体であり、同時に疎外形態でもある人間の歴史の見地から、この問題をとらえようとする。〈中略〉すでに述べた関心からも察知されるように、国家＝地方＝人間という支配序列を下降過程にしたがうのではなく、その逆にとらえようとする方法にとって、一般政治史的な資料はそのままでは有効ではなく、また豊かでもないということから、筆者の分析対象とする資料が極めて限られてくるということである。筆者はそのために、資料の範囲を主として民俗学に限らざるをえなかったが、それがもともと一種の反政治的思想体系であることは恐らく多言の必要がない」（橋川文三「明治政治思想史の一断面―『地方』の擬制と実体をめぐって―」）

橋川はさらに「もし政治思想が純粋な意味で支配の思想であり、また制度の思想であるとすれば、民俗学はいかなる意味でも政治思想史の対象となりえないであろう」（『同上』）とのべ、柳田学の位置づけを本格的に思想史の方法において明確にしたのである。

「反政治的思想体系」の構築には開かれた人間精神が重要である。停滞する精神の疎外形態を克服し（他者感覚の養成）、主体の活動を形成することなのである。混沌、多様な生活史を基礎資料にした民俗学を視角に重層化の構造を形成する各層を貫く共通項を探求することによって、基層からの自己規範創出を生み出す民俗学思想が重要となる。つまり、柳田の「問いと解答」が日本の近代化の方法への根本的懐疑と批判を契機とし、その独自の方法を「常民」の理念と結びつけた。その内容を規定する反省的方法、内省による自己認識である。神と精神の問題を探求したデカルトの思考を連想させるような自己省察の方法である。主体の活動はあらゆる思考を含む。それは日常生活に遍く混沌と多様な形態として存在する。客体として明治国家に対して批判の矢（人間―地方―国家）を向け、内においては国民総体の幸福（過去・現在・未来）を目指す柳田の思想と学問が一体どのようにして地方の疎外と擬制を克服し主体の回復を目指した民俗学思想の樹立へと向かったのか、そのプロセスは重要といえる。

「反政治的思想体系」である民俗思想は被支配者の日常における政治技能と主体的な個の確立による自治の秩序の創出を意味していた。つまり、それは被支配者の内部に主体的な個による自治の方向に向かわせる政治技術と知性を構築し浸透させることにある。

もし、自治の観念を主体にした政治のビジョンが日本政治に確立するとするならば、日常を生きる人々の中から政治秩序を下から形成するためにまずその思想と行動原理となる非政治的領域における精神構造を照射しなければならない。その精神内部を過去から照らし出す手法には内省をくり返し過去を知るという自己認識の学（民俗学の方法）が必要となる。相互に協力し合意を形成してきた歴史を認識することによって、政治決定を主体的に作り出す精神を構築しなければならないのである。

公共の精神をもった主体的な個が相互に連帯し、合意にもとづく政策決定を創出する精神は近代社会の本質的なエートスである。これによって、身の回りの生活改善から地域、国家、環境問題まで思考する政治技術が確立する。そのような意味において、橋川文三が指摘するように「支配と制度の学問としての政治思想を、その対極から逆に照明する見地を開拓することによって、それ自体が政治思想史おけるユニークな形象」（「同上」）をなした柳田民俗学は政治思想の重要な資料となるのである。これが思想史としての柳田国男の視角が提示された意義なのである。

橋川文三は「柳田国男—その人間と思想」においてまた一つユニークな視点を提示している。それは柳田国男の思想を世界史のレベルでとらえている点にある。橋川が提起した「反政治的思想体系」において重要な視角は個としての確立の機軸となる内面化の問題である。橋川は「生活感情の内面的な意味」としてその問題をマックス・ウェーバーとの比較において捉えているのだ。マックス・ウェーバーは近代合理性の発展は呪術からの解放であるとしている。近代的個人はカルヴァニズムによる宗教的な規範から生まれ、その宗教的主体である倫理的個人は合理的な経済活動に従事する経済人に移行するのである。

マックス・ウェーバーの『ピュリータニズムの精神と資本主義の論理』が書かれたのは柳田国男が近代日本における主体性を探求し経済合理性にもとづく農政学に従事していた時期と重なる。ということは、橋川の「反政治的思想体系」において民俗学が重要資料となるという問題提起において、マックス・ウェーバーの宗教社会学、他民族の習慣・風俗への探求は思想史における柳田国男研究に重要な示唆を与えているといえよう。

明治四〇年代にはいると、明治国家は機能不全となり、日本の近代化はゆきづまりを露呈していた。その病理を超えるためにさまざまな思想潮流が噴出した。明治四三年には、石川啄木が自然主義文学批判を正面に据えて、「時代閉塞の現状」を書いた。啄木は国家権力という強権によって理想と方向性を失った青年層の閉塞した思想状況を深刻に受け止め、「我々自身の時代に対する組織的考察に傾注」することを論じている。明治四十年前後といえば、柳田の『遠野物語』（明治四十三年）、北一輝の『国体論及び純正社会主義』（明治三十九年）が刊行されている。

橋川文三は柳田国男を北一輝との比較において思想史に位置付けた。

「北一輝は明治国家の本来の理念を超越原理として、日本の近代と反近代の矛盾をこえようとしたものとすれば、同じ時期にその思想形成を行った柳田国男（一八七五―一九六二）の場合には、逆にすべて国家権力によって疎外せられた永遠の大衆（常民ということばでよばれる）の生活そのもののなかに、近代と反近代の矛盾をこえる原理を求めようとしたものといえるかもしれない」（橋川文三「反近代と近代の超克」）

柳田が民衆の生活を価値基準にしたことに対して、国家論の視点から明治国家を批判したのが北一輝である。北の場合は、伊藤博文の明治憲法を読み抜きその構造を分析し、天皇を万世一系の現人神とみなす復古的な国体論への批判を展開したのである。北は権力・支配機構・制度上からの批判だが、柳田の場合は民衆の生活そのものが究極の価値基準であった。北の場合は国家改造の革命だが、柳田は民衆の生活改善・向上が政治であり、「日本の民衆生活事実をその形態と心意について明らかにするという作業」（『同上』）によって日本民衆の総体の幸福を目指すものであった。権力による一方的な起動による支配の政治学ではなかったのである。

このような柳田の政治的態度を橋川は真正の保守主義とのべた。

「柳田国男はわが国における最も純粋な保守主義を代表すると私は考える。われわれは彼のうちに、バークからヘーゲルにいたるヨーロッパ近代の保守主義と共通する幾つかの性格をかなり容易に指摘することができる」（橋川文三『現代知識人の条件』）

保守主義とは国家の作為や人為的な「機械学的哲学の原理（＝啓蒙的合理主義）」によって、一切を改革することはない。その保守主義の本質は個々の事実と他の事実の交換・改良することである。また、伝統主義とも区別された「ゆるやかだが確実に持続する進歩」の理念である。合理的計画によって急進的に伝統や歴史を破壊するのではなく、歴史的な観点に立ちながら、なだらかな変化を求める漸進主義でもある。つまり、一切の改革を拒否する頑迷・固陋な復古主義を排除し、改善するべきものは改善し、過去の古い生活内容の在り方やその形式を固定化・停滞化するのではなく、変化するものとして、徐々に改革をゆるやかに適合させた切れ目のない進歩を意味している。花田清輝がのべた「相対的進歩性」とはこれを指すといえる。

橋川によれば、マンハイムの定式（進歩主義者と保守主義者の体験の差異）から視ると、柳田の場合は抽象的、合理的体系的思考でありながら、機械的な合理主義もしくは幾何学的思考態度でなく、あくまでも「歴史主義的な態度、もしくは保守主義的な感性」と結びついている。柳田は、性急な理論主義、体系主義ではなかったのだ。また、橋川は「原保守主義」（ロマン主義の空虚な主観性と自己陶酔とは無縁）を代表するメーゼルと比較し、「啓蒙的革命思想の体験構造と全く異なる方法」から遠い位置にいる柳田の思想・学問との同一性を指摘している。それは両者ともロマン主義に美化された回想と情緒世界における極端な復古主義、頑迷固陋な現状主義とは区別されている。橋川は柳田の現実の歴史的発展と変化・変遷へとむけられる眼を捉えているのである。これは継続した進歩観を持つエドマンド・バークと共通するところでもある。

後藤総一郎――天皇制の心性構造

このような神島、橋川らの視点は、従来の権力装置・機構制度論、思惟構造からの支配権力としての天皇制への批判という視角ではなく、被支配者の内奥に潜在する心理、非権力体系である天皇信仰をリアルに覗くという民俗学的方法による批判を創出した。ここに後藤総一郎の思想史における柳田国男のアプローチが誕生する。

「作為的に創出された天皇制国家であったとしても、そしてそのために、批判の矢がともすると、その天皇制国家を制作した権力エリートの思惟構造や制度の分析を通して、その批判の作業を完了しようとするきわめて一面的な批判作業が今日まで多くの人によって取られてきたが、柳田国男はまさにその逆方向に向って、つまり批判の矢を伝統的村落共同体のなかにおける常民の信仰世界をリアルにのぞくことによって、そこに奥深く潜在する悠久の天皇制信仰の事実を大胆に抽出することを通して、擬制としての明治近代国家の病理をあばこうとしたのであった」（後藤総一郎『柳田国男論序説』）

後藤総一郎の視角は天皇の心性構造を民俗学の手法によって思想の深層から視るというものである。つまり、共同の幻覚としての天皇信仰、天皇制国家の「精神基軸としての無制限な内面的同質化の機能」を持つ情緒世界の領域に踏み込み、「体制の底辺に存在する村落共同体」の秩序原理と国家の制度化された擬制的政治行政体の「天皇制支配のダイナミックスを決定する内部の二契機」（藤田省三『天皇制国家の支配原理』）をより具体的に捉え、非政治的情緒領域からのアプローチが試みられたのである。

そして、後藤の柳田学と天皇制へのアプローチは常民の内面信仰に宿る天皇信仰が政治権力の作為によって構築された天皇制イデオロギーとは一線を画するのではないかという問題提起へと進んで行く。

たしかに近代天皇制国家は明治国家の権力機構の作為による支配原理をその対象として民衆の内面世界に宿る信仰体系の中に浸食させていった。その過程において形成された精神的機軸の縦軸の具体的な感情体系、その中心となる同心円の感情構造の構図を被支配者の生活心理や生活の諸相において反映させた。しかし、これは後藤総一郎によれば、明治国家の政治権力によって作為された天皇支配原理（支配のイデオロギー）は時間的な意味での天皇支配原理であり、民衆内部には非権力体系としての天皇信仰の心性が空間的な意味として存在しているのである。

後藤の視角は吉本隆明の「国家論ノート」（『転位と終末』所収）を基本ベースにしている。

「政治権力としての天皇制というのはあまり重要でないと思います。現在の政治権力が倒れれば天皇制も倒れるんです。しかし問題はそういうことじゃなくて、つまり倒れても倒れなくても依然として宗教性としての天皇制というのは、もし手をつけなければ残るわけです。このことはいくら政治的に処理してもどうしようもないくらい重要なことで、これはやはりはっきりしておかなければならない」（吉本隆明「国家論ノート」）

支配権力は支配そのものであり、思想において最上の成層に装置として存在する。それに対して祖先崇拝など空間的な意味における天皇信仰は思想の最下層に宿る感情である。後藤は吉本の天皇制の「空間的な概念」を生活者としての民衆、いわゆる常民に宿る「共同の幻覚」というイメージでとらえた。後藤はこのような視点を提起し、個人や集団の実感経験、神秘的な天皇信仰の原像にアプローチしたのである。ここに丸山眞男が踏み込まなかった非中性国家（専制的道徳国家）の下部の共同体の内容的価値のどろどろと宗教性を帯びる情念、ファシズムの熱狂の基層である民衆の情念エネルギーへの解明がスタートしたのである。権力に集中される下層のエネルギー（生活感情、生活ムード、情念）の内部構造を分析する方法として柳田国男の民俗学は有効だったといえる。つまり、忠孝が一体となった天皇制国家の非中性国家の基層を民俗学の領域から解明する有効な方法を提示したのである。

後藤総一郎の柳田国男と天皇制論における特徴の一つに「君主制の生命は、その神秘性あるいは秘密性のなかにある」という君主制の独自な支配形態として捉えた視角がある。その視角が「天皇制支配と禁忌」という論稿である。

後藤は、ウォルター・バジョットの『イギリス憲政論』、カール・レーヴェンシュタインの『近代国家における君主制』、ジョン・スチュアート・ミルの『代議政体論』を引用し、君主制の神秘機能と天皇制支配の比較を行っている。君主制の支配は統治機構・権力装置の構築という理性の問題よりも被支配の感情のそれが君主制の本質であることを指摘している。この後藤の視角は従来の天皇制研究において欠落していた「心性の深淵に潜むゆるぎなき天皇感情と深く結びついている『固有信仰』からの視角」（「同上」）を提示している。信仰体系の天皇制は円の循環型の「空間的」な存在であり、そのイメージは神秘性を含んだ幻覚的であり、非権力の体系なのである。民衆に宿る悠久の天皇信仰の感情体形、信仰体験の分析において、いかに柳田民俗学が有効であるかをしめしたことは重要である。

後藤の柳田学における天皇制の問題は支配権力が貫徹できなかった民衆内部の心意世界への視座であり、さらに橋川の視角（「一般政治史と民俗学的発想の対比」）を踏まえ、柳田民俗思想を予備的段階から一歩進め、実践・行動学（常民大学の活動）として展開し、柳田学の展望と可能性を拓いていったといえよう。

＊この「近代日本思想史研究と柳田国男」は『駿河台文芸』（第四十号、二〇二一年六月、駿河台文学会）に掲載された内容に若干の加筆・修正をしたものである。

柳田国男年譜

明治八（一八七五）年　〇歳

七月三十一日、柳田（旧姓松岡）国男は兵庫県神東郡田原村辻川、現在の兵庫県神崎郡福崎町辻川に生まれる。松岡家は長兄鼎、次兄俊次、三兄泰蔵がおり、芳江（夭折）、友治（明治七年没）の二兄はすでに逝去。

明治十（一八七七）年　二歳

父、操、兵庫県多可郡の神官となる。十二月二十七日、兄泰蔵、旧田原村吉田の井上家の養嗣子となり、通泰と改名する。

明治十一（一八七八）年　三歳

五月一日、弟静雄が生まれる。七月、長兄鼎、神戸師範学校を卒業し、辻川の昌文小学校訓導となる。

明治十二（一八七九）年　四歳

結婚式（三木家）で三三九度のお酌をする男蝶（おちょう）・女蝶（めちょう）の男蝶に選ばれる。この体験が日本婚姻史へのアプローチとなる。辻川の昌文小学校に入学する。長兄鼎、結婚し両親、弟らと同居する。「小さな家」の舞台となる。

明治十三（一八八〇）年　五歳

兄通泰、勉学のために上京する。長兄鼎の嫁、実家へ帰る。

明治十四（一八八一）年　六歳

七月九日、弟輝夫生まれる（後の日本画の松岡映丘）。十一月、長兄鼎、医学を志し上京する。

明治十五（一八八二）年　七歳

父、鳥取県東伯耆郡赤崎の私塾順正書院の教師となる。

明治十六（一八八三）年　八歳

昌文小学校を卒業する。北条町の高等小学校に入学する。父の教えを受け漢詩を学ぶ。九月十二日、大阪に奉公に出ていた次兄俊次逝去（腸チフス）。

明治十七（一八八四）年　九歳

冬、松岡家は加西郡北条町に移転する。国男少年の民俗体験の舞台となる。

明治十八（一八八五）年　十歳

高等小学校を卒業する。辻川、三木家に預けられ、終日読書に邁進する。此の年、民俗学への途につながる饑饉体験をする。

明治十九（一八八六）年　十一歳

十二月、長兄鼎、帝国医科大別科医学科を卒業する。

明治二十（一八八七）年　十二歳

八月三十一日、柳田国男は次兄通泰に伴われ、北条町を発って上京する。自筆詩文集『竹馬余事』を編纂、故郷に残す。旅の途中、神戸の旅館で兄通泰に香川景樹の和歌を吟じて驚かす。神戸より横浜まで船に乗り、上京する。長兄鼎（茨城県布川に開業）家に身を寄せる。『救荒要覧』を読む。

明治二十一（一八八八）年　十三歳

明治二十一年、小川家で濫読の日々を送る。神秘的な体験をする。この濫読時代に『利根川図志』に衝撃を受ける。

明治二十二（一八八九）年　十四歳

明治二十二年、父母と二人の弟が北条町から布川へ移り、長兄鼎宅に同居する。『しがらみ草紙』第二号（明治二二年十一月二十日）に柳田が布川から寄せた和歌一首が掲載される。

明治二十三（一八九〇）年　十五歳

明治二十三年の冬、柳田は布佐から上京する。次兄井上通泰宅に住むことになる（下谷区徒土町一―二五）。図書館に通い濫読の日々を過ごす。通泰の紹介で森鷗外と知己となる。

明治二十四（一八九一）年　十六歳

明治二十四年、開成中学に編入学する。六月、柳田は平田派国学（神道）の松浦辰夫（萩坪）の門（桂園派）に入る。

明治二十五（一八九二）年　十七歳

明治二十五年一月『しがらみ草紙』（二十八号）に萩坪門下の紅葉会のメンバーが登場する。五月、『しがらみ草紙』（三十二号）に和歌を掲載する。郁文館中学に転向する。

明治二十六（一八九三）年　十八歳

明治二十六年四月、森家への出入りが頻繁になる。九月十二日、一高（当時は第一高等中学校）に入学する。『交友会雑誌』に短歌を寄稿する。

明治二十七（一八九四）年　十九歳

三月、岡田武松と一緒に筑波を越えて北常陸の海岸を逍遙する。夏、田山花袋と日光に行き、尾崎紅葉と会う。

明治二十八（一八九五）年　二十歳

寄宿舎を出て本郷に下宿する。『文学界』の発行所（第三十一号より）である中川恭次郎宅に出入りする。十一月、『文学界』（三十五号）に新体詩が掲載される。「赤松某」「赤松国祐」などの筆名を使用する。

明治二十九（一八九六）年　二十一歳

七月八日、母たけが脳卒中で亡くなり（中川恭次郎宅）、九月五日、父操が急逝する。『文学界』『国民之友』に新体詩を発表する。秋、田山花袋とともに渋谷に居を構える国木田独歩を訪ねる。

明治三十（一八九七）年　二十二歳

二月、『文学界』に柳田の両親没後の心境を歌った哀詩が掲載される。七月八日、第一高等学校を卒業し、九月、東京帝国大学法科大学校政治学科に入学する。

明治三十一（一八九八）年　二十三歳

一月、『文学界』終刊する。八月～九月、三河、信州の旅に出る。伊良子崎に滞在し、漂流する椰子の実を見る。

明治三十二（一八九九）年　二十四歳

『帝国文学』に新体詩、詩的散文を発表する。秋、松波雄山を通じて柳田家の養嗣子の話が出る。

明治三十三（一九〇〇）年　二十五歳

七月十日、東京帝国大学法科大学政治学科を卒業する。農商務省農務局農政課に入る。同時に大学院にも籍を置く。十一月、高等文官試験に合格する。

明治三十四（一九〇一）年　二十六歳

二月一日から一週間、群馬県の前橋・桐生・伊勢崎などの製糸工場を視察の旅に出る（官吏としての最初の旅）。五月二十九日、柳田家の養嗣子として入籍する。柳田家の牛込加賀町に移る。十月、早稲田大学で農政学の講義を始める。十一月十一日から四十日間、「産業組合」の講演の旅に出る。

明治三十五（一九〇二）年　二十七歳

一月二十二日、社会政策学会において足尾銅山の鉱毒をめぐって議論し「鉱毒事件調査会」の委員となる。二月十二日、法制局参事官に任官する。九月二十六日、専修大学で「農業政策学」を講義する。十二月、大日本実業学会から『最新産業組合通解』を刊行する。

明治三十六（一九〇三）年　二十八歳

十一月、全国農事会（後の帝国農会）嘱託幹事となる。法制等作成の職務以外に半官半民団体、教化団体の役員となり、農政理念の奮闘の場に身を置く。十二月十五日、大学時代からの研究ノート『三倉沿革』が完了する。

明治三十七（一九〇四）年　二十九歳

三月二日、横須賀の捕獲審検所検察官となる。四月九日、柳田直平の四女孝と結婚する。この年も、内閣文庫の濫読生活を送る。

明治三十八（一九〇五）年　三十歳

一月、水戸と奈良で「産業組合」について講演をする。七月十五日、「龍土軒」で開かれていた文人仲間の会合が「龍土会」となる。八月二十日、大学院満期退学の通知を受ける。九月、「幽冥談」が『新古文林』（第一巻六号）に掲載される。

明治三十九（一九〇六）年　三十一歳

一月、掛川の大日本報徳会において「報徳社と信用組合」と題して講演する。六月、九月、『斯民』に「報徳社と信用組合」が掲載され、これが「報徳社と信用組合との比較」に改題され『時代ト農政』に所収される。

明治四十（一九〇七）年　三十二歳

二月、第一回「イプセン会」を開く。田山花袋、長谷川天溪、岩野泡鳴らが参加する。二月十四日、第二回報徳会例会で、新渡戸稲造の講演「地方の研究」を聴く。十二月二十二日、社会政策学会大会の講演者の一人に名前を連ね社会政策学会に熱心に関わっていく。

明治四十一（一九〇八）年　三十三歳

五月二十四日から、八月二十二日にかけて内地の旅行のなかでは長期にわたる九州旅行（『後狩詞記』の旅）。十一月四日、佐々木喜善が柳田国男の自宅（牛込加賀町の自宅）を訪れる（水野葉舟の紹介）。

明治四十二（一九〇九）年　三十四歳

三月十一日、『後狩詞記』を私家版として出版する。七月、内務省地方局主催第一回地方改良事業講習会で「農業経済談」を講演する。八月、はじめて遠野を訪れる。

明治四十三（一九一〇）年　三十五歳

五月、『石神問答』を刊行する。六月、『遠野物語』を刊行する。十月、法政大学で農政学の講義を始める。十二月四日、「郷土研究」を発展解消し新渡戸稲造を中心に「郷土会」を組織する。

明治四十四（一九一一）年　三十六歳

五月、牧口常三郎を伴い甲州谷村から道志を旅する。七月、製紙業・林業視察のため、美濃・越前を視察旅行。大垣の警察署長から賤民の話を聞く。十一月二十七日、神道談話会に出席。高木敏雄と知己となる。

明治四十五（一九一二）年　三十七歳

四月二十一日、フレーザーの『黄金の小枝』（金枝篇）五冊を読み始める。十月、考古学会で人形塚の話をする。

大正二（一九一三）年　三十八歳

一月二十二日、学士会の経済学研究会で所謂特殊部落の話をする。三月十四日、兼任法制局書記官に任命される。高木敏雄の協力を得て『郷土研究』を創刊する。八月、フレーザーの『穀神論』、『不死霊魂論』等を読む。十一月、ゴムの『エスノロジー・イン・フォークロア』を読む。十二月十七日、東洋協会で柱松の話をする。十二月二十五日、新村出、長谷川天渓、箭内亙と、東京クラブで「甲寅叢書」出版のことについて相談する。十二月三十日、紀州田辺に南方熊楠を訪ねる。

大正三（一九一四）年　三十九歳

四月十三日、貴族院書記官長となる。高木敏雄、『郷土研究』の編集から手を引く。以後官舎を編集所にして、夜は『郷土研究』の論文執筆と編集に没頭する。

大正四（一九一五）年　四十歳

五月十一日、長男為正生まる。八月、ロバートソン・スコット夫妻らとともに那須、南会津、越後を旅行する。九月、四国、山陰を旅行する。この旅行において帝国農会主催の「御即位記念講演」の講師（中国地区担当）を務める。十月三十一日〜十一月三十日、京都における大正天皇御即位式に奉仕する。宮中最大の儀式を体験する。伊勢御視察にも随伴、畝傍での祭事にも奉仕する。

大正五（一九一六）年　四十一歳

この頃、折口信夫、はじめて訪ねてくる。四月、関西旅行に出発する。五月下旬から、津軽の旅、十三潟—十和田湖—花輪を歩く。

大正六（一九一七）年　四十二歳

三月一日、三女、三千生まる。『郷土研究』四巻十二号で休刊。最終号は、各種のペンネームを使い、一冊全部一人で執筆する。三月二十日、長期にわたって台湾、支那、朝鮮旅行（約二ヶ月）。上海で唐紹儀、孫逸仙、孫洪伊と会う。

大正七（一九一八）年　四十三歳

五月十一日〜十二日、甲州へ旅行。七月、この頃、弟静雄と蘭領インド（現インドネシア）に興味を持ち、丸の内の日蘭通交調査会によく行く。八月、神奈川県津久井郡内郷村の調査をする。十月三日、折口信夫から雑誌『土俗と伝説』のことについて相談をうける。十一月三日〜九日、関西旅行、近江、信楽から宇治田原を経て若狭を歩く。

大正八（一九一九）年　四十四歳

一月、前年よりオランダ語を習い、はじめてオランダ語の原書ルーフセマの『モルッカ紀行』を読む。一月三十日、四女・千津生まる。四月十六日。貴族院議長徳川家達から柳田国男の貴族院書記官長としての職務の不熱心さを指摘され、原敬首相に善処の願い書が提出される。五月一日〜十二、九州旅行。フレーザーの『旧約民習論』を購入。十二月二十三日、原敬に辞表を提出し貴族院書記官長辞任する。

大正九（一九二〇）年　四十五歳

六月十五日〜二十四日、佐渡旅行をする。八月四日、東京朝日新聞社客員となる。八月二日〜九月十二日、東北東海岸を旅行する。十月中旬〜十一月、中部・関西・中国旅行をする。十二月十三日、翌年二月まで沖縄の旅に出る（『海南小記』の旅）。三田史学会例会や折口信夫宅での国学院大学郷土研究会、フォクロアの範囲について講演する。

大正十（一九二一）年　四十六歳

三月六日、折口信夫宅の小集会で沖縄の話をする。四月二十八日、慶応義塾大学地人会で「琉球の文献」を講演する。五月に入り、国際連盟委任統治委員会委員に就任。五月八日、春洋丸に乗船しハワイ、アメリカ合衆国を経由し、渡欧する。六月二〇日、パリに到着。七月十一日、ジュネーヴに到着。国際連盟委任統治委員会に指名される。ドイツでは『グリムの御伽話細注』など多くの本を購入。十二月、インド洋を経て帰国する。

大正十一年（一九二二）年　四十七歳

三月十日、信州旅行。三月十一日、飯田で講演をする。四月一日、東京朝日新聞論説班員になる。五月七日、国際連盟の仕事で、ジュネーブの委員会に出席する（二度目の渡欧）。五月十五日、エスペラント語の稽古始め九月六日、ドイツへ旅行する。十月六日、イギリス旅行に出発する。

大正十二（一九二三）年　四十八歳

九月二日、関東大震災の惨事はロンドンの宿舎で知る。十一月八日、アメリカ大陸を横断して帰国する。十二月二十日、自宅で民俗学に関する第一回談話会を開く。十二月、国際連盟委任統治委員を辞任する。

大正十三（一九二四）年　四十九歳

二月七日、吉野作造と共に朝日新聞社編集局顧問論説担当となる。大阪朝日新聞社にて入社披露講演会。吉野の舌禍に奔走する。四月二十二日、慶応義塾大学文学部史学科で民間伝承を講義（昭和四年三月まで続く）。五月十一日～十六日、京都、大阪へ講演旅行に出る。六月十三日～二十三日、東北地方を講演旅行に出る。七月一日、朝日新聞の社説を書き始める。以後毎週一、二回執筆。七月三十日～八月八日、朝日新聞社主催の講習会で吉野、名古屋、甲府などをまわる。八月三日、吉野で「太平洋民族の将来」を講演する。十月三十一日、大阪に講演旅行に出る。大阪市公会堂における婦人連合会大会で「昔風と當世風」を講演する。十一月十日、宇都宮中学校で「国を愛する者の学問」を講演する。十一月二十七日、国学院大学国文学会で「俳諧とフォクロア」を講演する。

大正十四（一九二五）年　五十歳

四月、十二日〜二十六日、朝日新聞社の巡回講演で、中国・四国・九州をまわる。五月八日、早稲田大学にて「農民史」の講義を始める。八月五日、「北方文明研究会」創立会に出席（京橋・富士見軒永楽クラブ）。八月九日〜二十二日、朝日新聞社主催の講習会で岩手県下を講演旅行。九月五日、啓明会で「南島研究の現状」を講演。十月二十四日、伊波普猷、折口信夫、岡村千秋とともに『おもろさうし』の研究会を開く。十一月四日、田辺寿利、奥平武彦、有賀喜左衛門、岡正雄らの賛同を得て『民族』を創刊。

大正十五（一九二六）年　五十一歳

二月十六日、吉右衛門会（昔話研究の会）発会。三月二十八日、丁酉倫理会で「日本のフォクロア」を講演する。四月十七日、啓明会で「眼前の異人種問題」を講演する。四月二十二日、日本社会学会で「民俗学の現状」を講演する。七月、東北旅行。八月二日、東北帝国大学で「義経記から清悦物語へ」を講演。八月、信州旅行。新野の盆踊りを見る。

昭和二（一九二七）年　五十二歳

五月十四日、大曲農業学校で「東北と学問」を講演する。六月二十九日、朝日新聞社婦人室で「南島談話会」を開く。九月十日、北多摩郡砧村（現世田谷区成城）に転居。九月二十一日、南島談話会で性に関する話をする（朝日新聞社五階）。九月二十七日、三田史学会にて「女性の地位の研究」を講演。十月二十六日〜二十九日、信州小谷に講演旅行に出る。

昭和三（一九二八）年　五十三歳

三月十七日、東大山上御殿の史学会で「婚姻制の考察」を講演する。四月、日本青年館から『青年と学問』が刊行される。五月十九日〜二十四日、仙台旅行。五月二十日、東北帝国大学文芸会で「笑の文学の起源」を講演する。六月十日〜十四日、信州旅行。

飯山郷土研究会で「妖怪変化」を講演する。十二月八日、方言研究会が成立する。

昭和四（一九二九）年　五十四歳

三月、『都市と農村』が朝日新聞社から『朝日常識講座』第六巻として刊行される。四月、雑誌『民族』四巻三号で休刊となる。七月、折口信夫ら『民俗学』を創刊する。九月、『真澄遊覧記』覆刻校訂本第一冊刊行。九月二十四、二十五日、「東北土俗講座」の一講義の「東北と郷土研究」が仙台中央放送局から放送される。十一月十六日、法政大学社会学講演会で「農民文化と言語現象」を講演する。

昭和五（一九三〇）年　五十五歳

一月二十四日、童話作家協会主催の桃太郎の会で「桃太郎の話の起源と発達」を講演する。四月二十五日、長野県西筑摩郡洗馬村の長興寺で『真澄遊覧記 信濃の部』刊行記念講演会において「民間伝承論大意」を講演する。七月、『蝸牛考』が言語誌叢刊の一冊として上梓される。十月十六日、村落社会学会例会で「家族と私有財産について」を講演。十一月二十日、朝日新聞社論説委員を辞任。十二月三十一日、『明治大正史』の全六巻の第四巻「世相篇」を校了する。

昭和六（一九三一）年　五十六歳

一月、『明治大正史 世相篇』を朝日新聞社から刊行する。四月十日〜五月十二日、関西、朝鮮、九州旅行。五月十四日〜六月二十五日まで、東京文理科大学で六回にわたり民俗学を講義する。八月四日〜七日、神宮皇学館で四回にわたり「欧州諸国における民族学の歴史」、「郷土史の研究法」などを講義する。十一月十六日から、中国地方を旅行。十二月十六日、日本地理学会で「地名の話」を講演する。

昭和七（一九三二）年　五十七歳

一月七日、義母柳田琴死去。四月十六日〜二十四日、信州旅行に出る。四月十八日、長野師範学校で「外国の郷土研究の話」を講演。四月二十五日、「郷土生活の研究法」の会を開く。七月二日、東京帝国大学文学部で第六回民俗学会大会が開かれ、「フォクロアの蒐集と分類」を講演。十一月四日～十一日、東北、信州旅行。十二月七日、養父柳田直平死去。

昭和八（一九三三）年　五十八歳

四月二十三日～五月十日、関西、中国、四国旅行に出る。五月、比嘉春潮と雑誌『島』を編集・発刊する。七月二十二日～三十日、富士、信州旅行に出る。九月十四日、毎週木曜日、自宅で「民間伝承論」の講義をする。後藤興善、大藤時彦、比嘉春潮、杉浦健一、大間知篤三らが参会する。以後十二回にわたって十二月十四日まで続く（昭和九年より木曜会となり、さらに研究会、日本民俗学会の談話会となる）。十月十四日～十八日、関西旅行に出る。

昭和九（一九三四）年　五十九歳

一月十一日、第一回木曜会（民俗学研究所の前身）開く。四月十五日、全国山村調査を開始（三ヶ年継続）。書斎を郷土生活研究所として開放。五月二十一日～三十一日、京都に行き、京都帝国大学文学部史学科で五回にわたり、「民間信仰について」を特別講演する。六月二十一日～二十五日、房総の旅へ向かう。八月、共立社から『現代史学大系』（第七巻）として『民間伝承論』が出版される。十月一日～六日、信州旅行に出る。二十二日より五回、京都帝国大学で特別講演をする。二十七日、帝塚山女子専門学校で「日本民俗学の提唱」を講演する。

昭和十（一九三五）年　六十歳

三月十三日、三菱クラブで「芬蘭の学問」を講演する。五月一日～十日、北陸、山形、仙台旅行に出る。五月五日、高岡高等商業高校で「社会科学としての民俗学」を講演。五月二十四日、千葉医科大学で「尋常生活の重要性」を講演。六月十五日から二十一日、東北旅行に出る。六月十六日、石巻の小学校で「史学の自治」を講演する。七月三十一日から八月六日、「日本民俗学講習会」が日本青年館で開催される。八月四日、「採集期と採集技能」を講演。八月、刀江書院から『郷土生活の研究法』が刊行される。九月三日、自宅に民間伝承の会を創設。九月十八日、雑誌『民間伝承』を発刊。これによって民俗学研究の全国組織が成立する。

昭和十一（一九三六）年　六十一歳

一月十七日～二十一日、関西旅行に出る。四月十一日～五月六日、九州旅行に長男為正を伴って出る。五月三十日、自宅で昔話研究会を開催する。十月下旬、信州、北陸旅行に出る。十一月九日～二十九日、中国、九州旅行に出る。十二月三十一日、「採集手帖」の原稿、年中行事要綱を書き始める。

昭和十二（一九三七）年　六十二歳

一月十九日、丸ノ内ビルにおいて日本民俗学講座を開催する。二月十八日～二十五日、関西旅行に出る。五月三日～七日、東北帝国大学で日本民俗学を講義する。五月二十六日～六月三日、東北帝国大学で日本民俗学を講義する（十回）。六月二十日～七月五日、京都帝国大学において日本民俗学を講義する（五回）。九月二十四日～十月六日、東北帝国大学で日本民俗学を講義する（七回）。十月二十四日～十一月七日、関西を旅行する。

昭和十三（一九三八）年　六十三歳

一月二十五日から日本民俗学講座で「酒の問題」（二回）「餅の問題」（三月一日より三回）「伝説の社会性」（四月二十六日～七月五日まで五回）「猿蟹合戦の昔話」を講義する。三月二十八日、昭和研究会において教育改造論を講話する。

昭和十四（一九三九）年　六十四歳

四月十四日、日本民俗学講座において「祭礼と固有信仰」を講義する（十二回）。九月二十日、松山高等学校において「人類学と人間学」を講演する。十二月二十六日～三十日、伊豆大島を旅行する。

昭和十五（一九四〇）年　六十五歳

一月十九日、日本民俗学講座で「民俗学と国語」を四回にわたって講義する（二月九日・十六日・二十三日）。十月十三日、東京帝国大学で日本方言学会創立大会が開催され、初代会長に就任する。

昭和十六（一九四一）年　六十六歳

一月十日、日本民俗学の成立と普及の功労によって、第十二回朝日文化賞を受賞する。六月二十六日から七回にわたって、東京帝国大学全学教養部主催の教養特殊講義において「日本の祭」を講義する。七月五日、神社精神文化研究所例会で「神道と民俗学」を講義する。十二月十四日、『こども風土記』の序文を書く。

昭和十七（一九四二）年　六十七歳

一月五日〜二十三日まで熱海に滞在し『菅江真澄』（三月刊行予定）の構想を練る。十二月、伊豆北条の富士見荘に滞在し「神道と民俗学」を執筆する。

昭和十八（一九四三）年　六十八歳

三月、『火の昔』の執筆のため伊東に滞在する。五月十四日〜三十日、越後、東北旅行。五月二十四日、角館において菅江真道の記念碑を見る。十一月二日、原町田を散策。『祖先の話』のヒントを得る。

昭和十九（一九四四）年　六十九歳

四月「戦時生活と日本民俗学」（大阪市・朝日新聞社共催）を講演する。五月二十日、国際電気通信講習所において「祖先の話」をする。十月十五日、内務省神祇院において「敬神と祈願」を講話し必勝を期す。十月十八日、死生観をテーマに東京中央放送局（国外放送）において放送し、神祇院において「我国の固有信仰について」を講演する。十二月十日、堀一郎宅で芭蕉の俳諧評釈を始める。

昭和二十（一九四五）年　七十歳

三月十三日、二十四日、成城高等学校で「家と霊魂の話」を講演する。八月十五日、終戦の詔勅を拝聴し日記に「感激不止」と記す。九月九日、木曜会を再開する。『冬の日』の評釈と氏神と山宮祭のことを講話する。

昭和二十一（一九四六）年　七十一歳

一月三十一日、『新国学談』の出版を決意する。一月、『展望』を創刊する。六月十一日、天皇及び各宮家に国語教育の問題を御進講する。七月十二日、枢密顧問官となる。七月二十五日～二十七日まで靖国神社文化講座で「氏神と氏子」を講演する。九月二十八日、十月五日、十二日、旧国防館（九段）で日本民俗学講座が開講され、「現代科学といふこと」と題して講演する。十一月一日、国語教育学会が戦後復興するその第一回において「是からの国語教育」を講演する。

昭和二十二（一九四七）年　七十二歳

三月十三日、木曜会を発展解消し、民俗学研究所を創設する。四月九日、成城学園の教育者に社会科の教育法について談話する。五月三日、成城高等女学校専攻科で「生活史」の講義を始める。六月三日、北海道大学（中央講堂）において、「如何に再建すべきか」と題して、占領下の沖縄について講演をする。七月二十六日、芸術院会員となる。十月十六日、交通協会で「戦後の民俗学」を講演する。十月二十六日、第一回あんとろぽす文化講座で「二つの人類学」を講演する。

昭和二十三（一九四八）年　七十三歳

一月十日、民俗学研究所において「社会科教育と民俗学」について講話する。二月八日、神社本庁設立二周年記念芸能祭において「永続と統一」を講演する。三月二十四日、雑誌『心』の同人となる。四月八日、民俗学研究所が財団法人として認可される。五月十五日、東京書籍株式会社の小学中学国語科検定教科書の監修を受諾する。十二月十四日、筑摩書房の「中学生全集」の監修を受諾する。十二月二十四日、幸田露伴の後任として学士院会員に推挙される。

昭和二十四（一九四九）年　七十四歳

二月四日、国立国語研究所評議員となる。三月十五日、正式に学士院会員となる。四月一日、民間伝承の会を日本民俗学会と改称し、柳田本人が会長となる。九月二十四日、日本民俗学会第一回年会が開催され、朝日講堂において「日本を知る為に」を講演する。十一月十二日、アメリカ人類学協会名誉会員に推薦される。神道宗教学会大会において「鳥柴考大要」を講演する。

昭和二十五（一九五〇）年　七十五歳

三月二十六日、民俗学研究所研究会で「島の鼠」について話す。七月十二日、国学院大学教授を受諾。同月より、民俗学研究所の事業として、三年計画で全国離島村落の調査研究が始まる。九月十八日、民俗学研究所研究会で「根の国」の話をする。十月一日、日本民俗学会名誉会員となる。十月二十四日〜十一月一日、折口信夫とともに関西旅行。十月二十五日、伊勢内宮で参宮の話をする。十月二十六日、伊勢外宮で民俗学の現状について話す。十月三十一日、京都大学理学部動物学教室の徳田御稔教授に鼠が海を渡る話をし、意見を聞く。十二月十一日、沖縄文化協会の人びとに「宝具の話」をする。

昭和二十六（一九五一）年　七十六歳

一月二十七日、島嶼社会地理研究会を民俗学研究所に開き、島の文化について話す。五月一日、国学院大学大学院の開講式に出席、午後、「瑞穂の国」を講演する。七月十日、東京都立大学の新嘗研究会で「新嘗まつりのこと」を講演。十月十八日〜三十一日、関西・長野旅行。十月十九日、天理大学において宗教学会に出席し「樹木の信仰形態」を講演する。十月二十七日、京都大学人文科学研究所における日本人類学会・日本民族学協会連合大会に出席する。十一月三日、第十回文化勲章を受章する。

昭和二十七（一九五二）年　七十七歳

四月二十二日、東京都立大学の新嘗研究会で稲霊の話をする。五月十一日、第六回九学会連合大会で特別講演、「海上生活の話」をする。六月二十六日、農業総合研究所で第一回稲作史研究会に出席。十一月八日、朝日新聞社主催の開国百年記念会で「明治史と国語教育」を講演する。

昭和二十八（一九五三）年　七十八歳

二月十四日、東京都立大学の新嘗研究会で「倉稲魂

神名考」を話す。二月二十七日、国立国語研究所評議会会長となる。三月三十日、丸山教第六十年祭に「日本人とあの世」を講演する。九月三日、折口信夫死去。

昭和二十九（一九五四）年　七十九歳

五月九日、第八回九学会連合大会（上野国立博物館）で「海上の移住」と題して研究発表する。五月二十三日、民俗学研究所研究会で金関丈夫の波照間島の写真とスライドを見る。

昭和三十（一九五五）年　八十歳

五月八日、民俗学研究所談話会で、南島文化研究の意義・方法などについて説く。八月十四日、民俗学談話会で将来に残された日本民俗学の問題について語る。十二月四日、民俗学研究所の理事、代議員会の席上において「日本民俗学の将来」（石田英一郎）を取り上げ研究所の将来について話をし、研究所発展解消の案を出す。

昭和三十一（一九五六）年　八十一歳

四月二十八日、国学院大学日本文化研究所創立記念講演会で「次の世のために」を講演する。十二月二十日、国立国語研究所八周年記念式に出席、「国語研究者にのぞむ」を講演する。

昭和三十二（一九五七）年　八十二歳

四月七日、民俗学研究所代議員会に出席、研究所解散を決定。十二月十四日、嘉治隆一に神戸新聞社六十周年記念のため、故郷の話をする（翌年三月末まで毎週二回）。

昭和三十三（一九五八）年　八十三歳

八月五日、成城大学柳田文庫で「親」という語について話をする。十一月二十八日、国学院大学日本文化研究所の秋期学術講演会で「みてぐら考」を講演する。

昭和三十四（一九五九）年　八十四歳

十月二十四日〜二十五日、成城大学での「稲作史研

究会」（第二十回）に出席、中国の稲作について討論する。十二月十二日、『故郷七十年』の出版記念会が開催される（都市センターホール）。

昭和三十五（一九六〇）年　八十五歳
五月十三日、「日本民俗学の頽廃を悲しむ」（千葉市星雲閣）を講演する。九月二十四日、成城大学で「南島旅行の話、舟のこと」を話す。十月二十二日、慶応義塾大学地人会で「島々の話」を講演する。

昭和三十六（一九六一）年　八十八歳
五月二十八日、成城大学において東南アジア留学生の集まりに出席し、講演する。

昭和三十七（一九六二）年　八十七歳
七月十七日、成城大学で東京都立大学沖縄調査団一行に「沖縄の話」をする。
八月八日、心臓衰弱のため逝去。

（著者作成）

あとがき

筆者の近代日本流行歌史研究は柳田学の近代と反近代の諸問題がベースとなっている。近代＝クラシックであり、反近代＝俗謡・流行り唄という二項対立においてその媒介となるのが近代流行歌である。近代流行歌は西洋音楽芸術の技法で日本情調を詩想・楽想にしている。日本調（過度のセンチメンタリズム・哀調趣味）の割合によって、歌曲調のクラシック系歌謡曲になるか、退嬰的哀調趣味の演歌系歌謡曲になるのである。殊に筆者の最初の著書である『藤山一郎　歌唱の精神』はクラシックと流行歌をテーマしており、柳田学の近代と反近代の諸問題からの影響は大きい。そのような意味でも、柳田学に出会えたことは大きかった。

『故郷七十年』『民間伝承論』をテキストにした橋川ゼミ（橋川文三ゼミナール）は氏の逝去によって一年未満で終わったが、その後は後藤総一郎（橋川ゼミ二期生）が第二ゼミとして指導にあたってくれた。お二人とも故人になられて久しいが感謝の言葉をこの場においてのべたい。後藤総一郎が良く言っていたが「橋川先生の『近代日本政治思想の諸相』は本の原形がなくなるまで大学の教員になっても読んでいる」という言葉は筆者自身も同じである。筆者は著作活動に入ってからも橋川文三の『近代日本政治思想の諸相』は片時も手元から離したことがなかった。近年上梓した『昭和

演歌の歴史　その群像と時代』『昭和軍歌・軍国歌謡の歴史　歌と戦争の記憶』は橋川氏の『近代日本政治思想の諸相』を徹底的に読み込んだ成果の結晶であるという自負がある。それは後藤総一郎の『思想の科学』に掲載された「柳田学の思想と学問」が所収されている『新版柳田国男論序説』もまた筆者にとっては同じである。

四年生の時のゼミ合宿は後藤総一郎の故郷遠山で行われ、悠久の昔から同地に宿る諸神に触れたような気がした思い出がある。後藤ゼミで反近代的世界に触れ、また、大学という制度においては丸山政治学、橋川文三を講義してくれた後藤総一郎には感謝の気持ちで一杯である。ありがとうございました。

本書は後藤総一郎第二ゼミナール（旧橋川文三ゼミナール）のゼミ論が出発点になっている。その後、大学院の紀要論文において明治国家の政治支配と「柳田国男の産業組合思想」をテーマに数本書き、それを修士論文にまとめた。さらにシオン短期大学（現茨城キリスト教大学）兼任講師時代に書いた研究紀要、『初期社会主義研究』などの書誌に柳田国男の農政学と民俗学への思想的展開を書き、それらの論文を評論エッセー形式に書き直し、ようやく今回、一冊にまとめることができた。殊に最後に付した「近代日本思想史研究と柳田国男」は吉本隆明の丸山眞男批判を出発点にした神島二郎、橋川文三から後藤総一郎の思想史における柳田学の成果をまとめたものであり、橋川の反政治的思想体系と後藤総一郎の天皇制の心性構造をリンクさせ思想史における柳田学の座標軸に据えることができたことは、大きかった。そのような幸甚な機会を与えて下さった弦書房の小野静男氏には感謝する次第である。今までにない柳田国男論ということで今回、後藤総一郎の功績を付したことは今後の新たな柳田国男論の大きな展望となることを望みたい。小野氏には改めて御礼を申し上げたい。

今後の課題としては第Ⅲ部の予備的段階を充実させることである。「常民」が民俗政治思想（反政治的思想体系）という意味付けを有するならば、民主主義におけるその集団的知性としていかに機能できるのか、その理論を構築する必要がある。そして、日本浪漫派の諸問題と柳田国男の思想の検討も「反近代と近代の超克」に対する柳田国男の「解答」を導くうえでも今後の重要な作業といえよう。最後に、後藤総一郎が展開した「常民」の行動学が戦後の主権者となった国民の政治行動とどう結びつくのか、戦後の柳田国男の教育思想と連結する作業もユニークな興味ある展開となるといえよう。

二〇二一年六月

菊池清麿

主要参考文献

柳田国男『故郷七十年』朝日選書、一九七四年
柳田国男『故郷七十年』講談社学術文庫、二〇一六年
柳田国男『青年と学問』岩波文庫、一九七六年
柳田国男『明治大正史　世相篇』講談社学術文庫、一九九三年
柳田国男『民間伝承論』伝統と現代社　一九八〇年
柳田国男『郷土生活の研究法（筑摩叢書79）』筑摩書房、一九六七年
柳田国男『定本柳田國男集　第十六巻』筑摩書房、一九六二年
柳田国男『定本柳田國男集　第二十八巻』筑摩書房、一九六四年
柳田国男『柳田國男全集4』ちくま文庫、一九八九年
柳田国男『柳田國男全集5』ちくま文庫、一九八九年
柳田国男『柳田國男全集13』ちくま文庫、一九九〇年
柳田国男『柳田國男全集27』ちくま文庫、一九九〇年
柳田国男『柳田國男全集28』ちくま文庫、一九九〇年
柳田国男『柳田國男全集29』ちくま文庫、一九九一年
柳田国男『柳田國男全集30』ちくま文庫、一九九一年
柳田国男『柳田国男対談集』筑摩書房、一九六四年
大藤時彦『柳田国男入門』筑摩書房、一九七三年
東雅夫編『文豪怪談傑作選　柳田國男集　幽冥談』ちくま文庫、二〇〇七年
小倉倉一『近代日本農政の指導者たち』財団法人農林統計協会、一九五三年
伝田功『近代日本農政思想の研究』未来社、一九六九年
東畑精一『農書に歴史あり』家の光協会、一九七三年
藤井隆至『柳田国男農政論集』法政大学出版局、一九七五年
藤井隆至『柳田国男　経世済民の学』名古屋大学出版会、一九九五年
藤井隆至『柳田国男　「産業組合」と「遠野物語」のあいだ』日本経済評論社、二〇〇八年
岩本由輝『柳田国男の農政学』御茶の水書房、一九七六年
牛島史彦『柳田國男の国民農業論』農文協、二〇一一年
神島二郎編『柳田國男研究』筑摩書房、一九七三年
後藤総一郎「柳田国男の少年体験」橋川文三「柳田国男の青春体験」谷沢永一「『時代ト農政』前後」安永寿延「柳田国男―その近代と土着の論理―」神島二郎「柳田國男―日本民俗学の創始者」花田清輝「柳田国男について」三島由紀夫「『遠野物語』」家永三郎「柳田史学論」相馬庸郎「柳田国男―主体形成期の探求―」家坂和之「柳田國男の都市論」芳賀登「民間史学と地方史」宮田登「地方史研究と民俗学」有泉貞夫「柳田國男考―祖先崇拝と差別―」

橋川文三『近代日本政治思想の諸相』未来社、一九六八年
「反近代と近代の超克」「明治政治思想史の一断面」「柳田国男―その人間と思想」
後藤総一郎『新版柳田国男論序説』伝統と現代社　一九八二年
後藤総一郎『常民の思想』風媒社、一九七四年
後藤総一郎『柳田学の思想的展開』伝統と現代社、一九七六年
後藤総一郎『郷土研究の思想と方法』伝統と現代社、一九八一年
後藤総一郎監修・柳田国男研究会編著『柳田国男伝』三一書房、一九八八年
神島二郎・伊藤幹治編『シンポジウム柳田國男』日本放送出版協会、一九七三年
伊藤幹治『柳田国男　学問と視点』潮出版社、一九七五年
福富正美『日本マルクス主義と柳田農政学』未来社、一九七八年
中村哲『新版柳田国男の思想』法政大学出版局、一九八五年
福田アジオ『柳田国男の民俗学』吉川弘文館、一九九二年
岡谷公二『柳田国男の青春』筑摩書房、一九七七年
牧田茂編『評伝　柳田国男』日本書籍、一九七九年
川田稔『柳田国男の思想史的研究』未来社、一九八五年
赤坂憲雄『柳田国男の読み方―もう一つの民俗学は可能か』ちくま新書、一九九四年
伊藤幹治『柳田国男と文化ナショナリズム』岩波書店、二〇〇二年
大塚英志『怪談前後――柳田民俗学と自然主義』角川選書、二〇〇七年
大塚英志『偽史としての民俗学―柳田國男と異端の思想』角川書店、二〇〇七年
丸山眞男『現代政治の思想と行動』未来社、一九六四年
丸山眞男『日本の思想』岩波新書、一九六一年
丸山眞男『戦中と戦後の間』みすず書房、一九七六年
神島二郎『近代日本の精神構造』岩波書店、一九六一年
神島二郎『常民の政治学』講談社学術文庫、一九八四年
藤田省三『第二版　天皇制国家の支配原理』未来社、一九八四年
石田雄『近代日本政治構造の研究』未来社、一九五六年
石田雄『明治政治思想史研究』未来社、一九五四年
福田歓一編『政治思想における西欧と日本（下）』東京大学出版会、一九六一年
橋川文三『増補　日本浪漫派批判序説』未来社、一九六八年
橋川文三『新版　現代知識人の条件』弓立社、一九七四年
橋川文三『ナショナリズム―その神話と論理』、紀伊国屋書店、一九七八年
橋川文三『昭和維新試論』朝日新聞社、一九八四年

吉本隆明『初期ノート』試行出版部、一九六四年
一九九四年
吉本隆明／橋川文三他『転位と終末』明治大学出版研究会、一九七一年
吉本隆明『柳田国男論・丸山真男論』ちくま学芸文庫、二〇〇一年
花田清輝『近代の超克』講談社文芸文庫、一九九三年
色川大吉『明治の文化』岩波現代文庫、二〇〇七年
綱沢満昭『近代日本の土着思想─農本主義研究』風媒社、一九六九年
饗庭孝夫『近代の解体─知識人の文学』河出書房新社、一九七六年
間宮陽介『丸山眞男を読む』岩波現代文庫、二〇一四年
山崎和正『日本文化と個人主義』中央公論社、一九九〇年
富永健一『近代化の論理』講談社学術文庫、一九九六年
佐伯啓思『西欧近代を問い直す』ＰＨＰ文庫、二〇一四年
保田與重郎『近代の終焉　保田與重郎文庫９』新学社、二〇〇二年
保田與重郎『日本に祈る　保田與重郎文庫15』新学社、二〇〇一年
保田與重郎『日本浪漫派の時代　保田與重郎文庫19』新学社、一九九九年
高畠通敏『政治学への道案内』講談社学術文庫、二〇一二年
西部邁『歴史感覚　何が保守政治の神髄か』ＰＨＰ研究所、

著者略歴

菊池清磨（きくち・きよまろ）

一九六〇年生まれ。岩手県宮古市出身。明治大学政経学部政治学科卒。同大学大学院政治経済学研究科修了（修士）。音楽評論・歴史家。橋川文三に日本政治思想史、後藤総一郎に柳田国男の思想を学ぶ。柳田学の近代と反近代の諸問題をテーマに日本の近代大衆音楽の分野において、藤山一郎、中山晋平、古賀政男、服部良一、古関裕而などの人物評伝、『日本流行歌変遷史　歌謡曲の誕生からJポップの時代へ』（論創社）『昭和演歌の歴史　その群像と時代』（アルファベータブックス）『昭和軍歌・軍国歌謡の歴史　歌と戦争の記憶』（アルファベータブックス）など著書多数。

明治国家と柳田国男（めいじこっかとやなぎたくにお）
――「地方」をめぐる「農」と「民俗」への探求

二〇二一年八月二〇日発行

著者　菊池清磨
発行者　小野静男
発行所　株式会社　弦書房
（〒810・0041）
福岡市中央区大名二―二―四三
ELK大名ビル三〇一
電話　〇九二・七二六・九八八五
FAX　〇九二・七二六・九八八六

組版・製作　合同会社キヅキブックス
印刷・製本　シナノ書籍印刷株式会社

ISBN978-4-86329-230-7　C0039

◆弦書房の本

【新編】荒野に立つ虹

渡辺京二　この文明の大転換期を乗り越えていくうえで、二つの課題と対峙した思索の書。近代の起源は人類史のどの地点にあるのか。極相に達した現代文明をどう見極めればよいのか。本書の中にその希望の虹がある。〈四六判・440頁〉2700円

最後の漂海民
西海の家船と海女

東靖晋　家船と海女たちからの聞き書きをもとに、海に生きた人々の漁法、交易、暮らしから、安徳天皇伝説・船霊信仰等民俗学的考察まで、忘れられた海人たちの文化史を海からの視点で読む。東シナ海をめぐる多様な交易の姿が甦る。〈四六判・220頁〉1800円

東京の片隅からみた近代日本

浦辺登　日本の「近代化」の中心・東京を歩く。都心に遺された小さな痕跡を手がかりに〈近代〉を読み解く。歴史の表舞台には出てこない土地の片隅にひっそりと息づいている有形無形の文化遺産は何を語るのか。〈四六判・256頁〉2000円

松田優作と七人の作家たち
「探偵物語」のミステリ

李建志　TVドラマ「探偵物語」の魅力の真相に迫る。一九七九年〜八〇年という時代と松田優作が語りかけようとしたものは何か。そのミステリを個性豊かな脚本から解き明かそうと試みた一冊。〈四六判・272頁〉【2刷】2200円

＊表示価格は税別